Kohlhammer

Wolfram Pyta (Hrsg.)

Geschichte des Fußballs in Deutschland und Europa seit 1954

Verlag W. Kohlhammer

Gefördert mit Mitteln der Fritz-Thyssen-Stiftung

Umschlag: Szene aus dem Bundesligaspiel Borussia Mönchengladbach gegen den FC Bayern München am 13. April 1971, in dem die heimische Borussia durch einen 3: 1 Erfolg die Weichen für die Meisterschaft stellte (zu sehen von rechts nach links: Günter Netzer, Uli Hoeneß, Franz Beckenbauer) (picture-alliance/dpa (1797753), Roland Scheidemann).

Gesamtherstellung:
W. Kohlhammer Druckerei GmbH + Co. KG, Stuttgart
Printed in Germany

ISBN: 978-3-17-022641-8

Inhalt

Die Bundesliga hat viele Kinder

Der vorliegende Band vereinigt Beiträge einer Tagung, die vom Herausgeber im Oktober 2011 in Köln durchgeführt wurde. Der Herausgeber dankt der Fritz Thyssen Stiftung für die großzügig gewährte Gastfreundschaft in ihren Räumlichkeiten im Herzen der Domstadt wie für die Finanzierung der Tagung. Da die Entwicklung der Fußballbundesliga das Zentrum der Konferenz bildete, war es auch Ausdruck des Traditionsbewußtseins, diese Tagung in der Stadt des ersten Meisters der Bundesliga zu veranstalten.

Es war Absicht dieser Tagung und ist damit zugleich Absicht des daraus erwachsenen Sammelbandes, zum einen eine Forschungsbilanz zur Geschichte des Fußballs in Deutschland zu präsentieren und dies zum anderen zu verbinden mit dem Identifizieren besonders erkenntnisträchtiger Felder künftiger Forschung. Der Herausgeber konnte dabei zurückgreifen auf Leitfragen der Sportgeschichte, die in jüngsten Publikationen[1] als heuristisch besonders ergiebig qualifiziert wurden; daher drängte es sich geradezu auf, deren Validität an einem sporthistorischen Gegenstand von besonderer Relevanz zu erproben: der Fußball-Bundesliga.

Retrospektiv erscheint die Entwicklung der 1963 ins Leben gegründeten bundesdeutschen Eliteklasse als einzigartige Erfolgsgeschichte. In der Tat hätte beim Anpfiff der ersten Begegnung zwischen Werder Bremen und Borussia Dortmund im August 1963 kaum einer der damals Beteiligten vorherzusagen gewagt, daß knapp 50 Jahre später die zeitnahe Übertragung der Bundesligabegegnungen im frei empfangbaren Fernsehen zur kulturellen Grundversorgung der Gebührenzahler gerechnet werden kann. Unzweifelhaft hat sich die Bundesliga von überschaubaren Anfängen zu einer kulturell wie ökonomisch gleichermaßen werthaltigen Marke etabliert. Diese Erfolgsgeschichte kann jedoch dazu verführen, über krisenhafte Entwicklungen hinwegzusehen; und daher widmen sich mehrere Beiträge des vorliegenden Bandes gezielt solchen Wegscheiden, an denen der Bundesligafußball nicht mehr unumstrittene Leitsportart war, sondern sich mit Imageverlust und stark rückläufigem Zuschauerinteresse herumzuschlagen hatte. Dies mag ein Beispiel verdeutlichen, das nicht zufällig die Zuschauerresonanz auf die Begegnungen zwischen Bayern München und Borussia Mönchengladbach herausgreift - waren diese beiden Clubs doch diejenigen Vereine, welche die Bundesliga in den 1970er Jahren dominierten und der Bundesliga den Stempel aufdrückten. Doch elf Jahre nach der letzten Meisterschaft der Elf vom Niederrhein lockte das am 12. März 1988 ausgetragene Duell dieser beiden Teams, das in den 1970er Jahren als *clásico* hätte gelten können, wenn dieser Begriff schon damals bekannt gewesen wäre, lediglich 18 000 Zuschauer in den weiten Rund des Münchner Olympiastadions, obgleich die Borussia als Tabellensechster in der Tabelle auf den vorderen Plätzen rangierte und der FC Bayern als

---

[1] Pyta, Wolfram: Sportgeschichte aus der Sicht des Allgemeinhistorikers – Methodische Zugriffe und Erkenntnispotentiale. In: Bruns, Andrea / Buss, Wolfgang (Hg.): Sportgeschichte erforschen und vermitteln, Hamburg 2009, 9–21; Pyta, Wolfram: Geschichtswissenschaft und Sport – Fragestellungen und Perspektiven, in: Geschichte in Wissenschaft und Unterreicht 61 (2010), 388–401.

aktueller Titelverteidiger die Saison mit einem zweiten Platz abschließen sollte. In den beiden Jahren darauf war das Olympiastadion bei den Begegnungen mit dem alten Rivalen mit 31 000 bzw. 20 000 Zuschauern auch nur spärlich gefüllt, obgleich die Bayern wieder einmal den Titel errangen.

Nicht nur hinsichtlich des Zuschauerverhaltens wäre ein Vergleich der Bundesliga mit der höchsten Spielklasse in den großen europäischen Fußballnationen England, Frankreich und Spanien reizvoll. Doch zu diesen Ligen existieren bislang keine historisch-systematischen, an archivalischem Quellenmaterial gehärteten Studien, die einen solchen Vergleich erlaubten. Der Beitrag des in Cambridge lehrenden Literaturwissenschaftlers und Historikers *Christopher Young* bietet aber immerhin vielversprechende Perspektiven für künftige Forschungen; seine Aussage, daß das bundesdeutsche Modell der Bundesliga eine Vielzahl struktureller Vorteile gegenüber den anderen Ligasystemen aufwies, verweist zugleich auf die politischen und gesellschaftlichen Faktoren, welche den Rahmen für die bundesdeutsche Eliteklasse schufen und damit deren Entwicklung maßgeblich bestimmten.

Damit ist zugleich ein Aspekt berührt, dessen Berücksichtigung heute zu den blanken Selbstverständlichkeiten der mittlerweile etablierten geschichtswissenschaftlichen Beschäftigung mit dem Fußball zählt, aber in der gewissermaßen semiprofessionellen Phase einer stärker publizistisch ausgerichteten Fußballgeschichte kaum beherzigt wurde: die Einordnung der Fußballgeschichte in den Kontext übergreifender geschichtswissenschaftlicher Fragestellungen. Dabei leisten Politik-, Wirtschafts-, Sozial- wie Kulturgeschichte[2] gleichermaßen unverzichtbare Dienste, um das heuristische Potential des fußballerischen Gegenstandes auszuschöpfen. Das sich daraus ergebende Anforderungsprofil an die Verfasser derartig konzipierter Studien mag ein Grund dafür sein, daß sich die Zahl entsprechender Monographien bislang in einem überschaubarem Rahmen hält. Doch seit der Entdeckung der Sportgeschichte im Allgemeinen und der Fußballgeschichte im Besonderen durch eine theoretisch geschulte Geschichtswissenschaft liegen einige maßstäbesetzende Studien vor, welche aus unterschiedlichen Blickwinkeln die Anfänge und die Etablierung des deutschen Fußballs in den Blick nehmen.[3]

Auch kann die Forschung auf einige wenige monographische Werke zurückgreifen, welche Vereine und fußballerische Großereignisse unter die Lupe nehmen. Auf Vereinsebene hat sich die geschichtswissenschaftliche Forschung bislang allerdings ausschließlich der Frage nach dem Verhalten prominenter Clubs während der NS-Zeit zugewandt. Daß Vereine wie Hertha BSC oder Schalke 04 derartige Studien initiierten, ohne in irgendeiner Weise Einfluß auf die Ergebnisse zu nehmen,[4] ist

---

2 Aus kulturhistorischer Perspektive vgl. die Skizze von Pyta, Wolfram; German football. A cultural history. In: Tomlinson, Alan / Young, Christopher (Hg.): German Football. History, culture, society, London 2006, 1–22.

3 Siehe vor allem die Pionierstudie von Eisenberg, Christiane: „English Sports" und deutsche Bürger, Paderborn 1999; weiterhin einschlägig Havemann, Nils: Fußball unterm Hakenkreuz, Frankfurt am Main/New York 2005; Oswald, Rudolf: „Fußball-Volksgemeinschaft". Ideologie, Politik und Fanatismus im deutschen Fußball 1919–1964, Frankfurt am Main/New York 2008; wichtig ist auch Tauber, Peter: Vom Schützengraben auf den grünen Rasen. Der Erste Weltkrieg und die Entwicklung des Sports in Deutschland, Münster 2008.

4 Vgl. Koerfer, Daniel: Hertha unter dem Hakenkreuz. Ein Berliner Fußballclub im Dritten Reich, Göttingen 2009; Goch, Stefan / Silberbach, Norbert: Zwischen Blau und Weiß liegt Grau. Der FC Schalke 04 im Nationalsozialismus, Essen 2005. Ohne Anstoß von Vereinsseite ist eine stilbildende Studie über den 1. FC Kaiserslautern entstanden: Herzog, Markwart: Der „Betze"

zweifellos ein ermutigendes Signal, daß Aushängeschilder des deutschen Fußballs die Konfrontation auch mit dunklen Seiten der Vereinsgeschichte nicht scheuen. Bei diesem heiklen Thema der Auseinandersetzung mit der eigenen Vergangenheit hat im Übrigen der Deutsche Fußball-Bund eine Schrittmacherrolle eingenommen, als er im Dezember 2001 eine dreijährige Forschungsarbeit über den DFB im NS-Staat an einen Allgemeinhistoriker vergab[5]; die daraus hervorgegangene Publikation setzte in vielerlei Hinsicht Maßstäbe, wie sich akademische Historiker solchen sensiblen Themen *sine ira et studio* annehmen sollten.

Doch fehlt es bislang an einer geschichtswissenschaftlichen Ansprüchen genügenden Monographie über einen sportlich herausragenden deutschen Fußballverein, welche dessen komplette Historie untersucht und dabei nicht zuletzt auf die Zeit der Bundesliga eingeht. Dieses Versäumnis mag neben der in vielen Fällen defizitären Quellenlage auch dem Umstand geschuldet sein, daß bislang keine einzige Darstellung zur Geschichte der Bundesliga vorliegt, welche den oben erwähnten Kriterien Genüge tut. Daher könnte von der kurz vor dem Abschluß stehenden Publikation von Nils Havemann zur Geschichte der Bundesliga[6] eine Signalwirkung ausgehen: Stellt diese Studie doch aller Voraussicht nach ein breites Kontextwissen bereit, auf welches künftige vereinsgeschichtliche Untersuchungen bei der Einordnung ihres Gegenstandes zurückgreifen könnten. Der Beitrag von *Nils Havemann* in dem vorliegenden Sammelband vermittelt einen Eindruck über erste Ergebnisse seiner Studie.

Sportliche Großereignisse haben sich in besonderer Weise als Motor für die Aufwärtsentwicklung des Sports in Deutschland erwiesen. Hier kann die Forschung auf zwei stilbildende Monographien Rekurs nehmen, welche zwei wichtige Wegscheiden in den Blick nehmen. Daß der Fußball in Deutschland durch den unverhofften Sieg bei der Weltmeisterschaft 1954 einen enormen Auftrieb erhielt, war lange Zeit eine scheinbar gesicherte Erkenntnis, die durch die Studie von Franz-Josef Brüggemeier[7] einer differenzierteren Sichtweise Platz machte, welche die Flüchtigkeit der sozial- und kulturhistorischen Auswirkungen des Sieges von Bern beleuchtete. Wie vorbildlich Politik-, Sozial- und Kulturgeschichte miteinander verflochten werden können, um ein olympisches Großereignis – in diesem Fall die olympischen Sommerspiele in München im Jahre 1972 – facettenreich zu betrachten, haben die beiden in Großbritannien lehrenden Historiker Kay Schiller und Christopher Young vorgeführt[8], die in dem vorliegenden Band mit eigenen Beiträgen vertreten sind. Der Aufsatz von *Kay Schiller* greift dabei zurück auf Erkenntnisse seines laufenden Forschungsprojekts zur Geschichte der Fußballweltmeisterschaft 1974, das verspricht, die erste geschichtswissenschaftlichen Maßstäben genügende Darstellung einer Fußballweltmeisterschaft zu werden.

Die vorstehenden Auswirkungen dürften verdeutlicht haben, daß die Bundesliga einen überaus reizvollen Untersuchungsgegenstand bildet, dem mit Hilfe des Instru-

---

unterm Hakenkreuz. Der 1. FC Kaiserslautern in der Zeit des Nationalsozialismus, Göttingen 2006.

[5] Siehe Havemann, Fußball unterm Hakenkreuz, 7.

[6] Havemann, Nils: „Samstags um halb 4“. Die Geschichte der Fußball-Bundesliga, erscheint München 2013.

[7] Brüggemeier, Franz-Josef: Zurück auf dem Platz. Deutschland und die Fußball-Weltmeisterschaft 1954, München 2004.

[8] Schiller, Kay / Young, Christopher: The 1972 Munich Olympics and the Making of Modern Germany, Berkeley/London 2010.

mentariums theoretisch geschulter Sporthistoriker eine Fülle von Facetten abzugewinnen sind. Dabei steht außer Frage, daß bei einer solchen Exploration Ansätze und Erkenntnisse aus anderen qualitativ arbeitenden Wissenschaften einfließen sollten, deren Begriffe und Methoden die Geschichte der Bundesliga heuristisch zu erschließen vermögen. Insofern vereinigt der vorliegende Band Beiträge von Wissenschaftlern aus sechs verschiedenen Disziplinen, die sich dem Gegenstand von ihrer jeweiligen disziplinären Blickrichtung zuwenden, aber dabei stets eine historische Perspektive einnehmen.

Der Sportwissenschaftler *Michael Krüger* geht ein auf den großen Konkurrenten des Fußballs in Deutschland, das Turnen, und beleuchtet die dynamische Interaktionsgeschichte beider körperlicher Praxen vom ausgehenden 19. Jahrhundert bis zur Mitte des 20. Jahrhunderts. Ebenfalls in das 19. Jahrhundert zurück geht der Soziologe *Tobias Werron*, der in historisch-systematischer Perspektive die Bedingungen für die Installierung eines spezifischen sportlichen Wettbewerbssystems – die Liga – erfaßt und damit einen zentralen Befund für den durchschlagenden Erfolg der Bundes-Liga benennt. Alle weiteren Beiträge konzentrieren sich auf die Bundesliga im engeren Sinne, setzen dabei aber unterschiedliche Schwerpunkte. Daß der Siegeszug des Bundesligafußballs nicht zuletzt darauf zurückzuführen ist, daß er als idealer Fernsehsport eine Symbiose mit dem wichtigsten Medium der Fußballpräsentation einging, dürfte unbestritten sein. Aber welche tieferen ästhetischen Voraussetzungen der Verwandlung des genuin performativen Ereignisses eines Bundesligaspiels in ein fernsehgerechtes Format zugrundeliegen, ist bislang eine kaum gestellte Frage, auf welche der Beitrag des Philosophen *Gunter Gebauer* perspektivenreiche Antworten gibt.

Die Historiker *Nils Havemann*, *Hannah Jonas*, *Andreas Mau* und *Kay Schiller* pirschen sich aus unterschiedlichen Positionen an die Früh- und Bewährungsphase der Bundesliga heran. Havemann widmet sich der Legitimation der Einführung des Profifußballs, die mit der Etablierung der Bundesliga verbunden war: Das Bekenntnis zum Profitum fiel aber nur halblaut und halbherzig aus, weil die maßgeblichen Akteure im DFB auf die Wahrung steuerlicher Vorteile ebenso erpicht waren wie sie eingebaute Rücksicht auf antikapitalistische und antimodernistische Vorbehalte gegen das Berufsspielertum nehmen wollten. Die Beiträge von Schiller, Mau und Jonas stimmen bei unterschiedlicher Schwerpunktsetzung in der Kernaussage überein, daß die 1970er und 1980er Jahre keineswegs die glorreiche Zeit der Bundesliga waren, zu der sie im Rückblick gelegentlich nostalgisch verklärt werden. So war der gesellschaftliche und politische Stellenwert des Fußballs in den frühen 1970er Jahren noch erstaunlich gering, was nicht allein auf den imageschädigenden Bundesligaskandal[9] des Jahres 1971 zurückzuführen war. Alle vom „Sommermärchen" des Jahres 2006 Begeisterten werden durch den Beitrag von Kay Schiller belehrt, daß die Olympischen Spiele in München des Jahres 1972 die zwei Jahre später stattfindende Weltmeisterschaft im Fußball im eigenen Land in der Wahrnehmung der Politik in den Schatten stellten. Untrüglicher Indikator hierfür war die haushälterische Zurückhaltung, mit der die Bundesregierung den Fußball bedachte. Ganze 50 Millionen Deutsche Mark flossen von Seiten des Bundes in die Leistungsschau des Weltfußballs, so daß Länder,

---

[9] Hierzu fehlt bis heute eine aus archivalischen Quellen gearbeitete gründliche Untersuchung; vgl. als ersten Überblick Pyta, Wolfram: Bundesligaskandal. In: Stiftung Haus der Geschichte der Bundesrepublik Deutschland (Hg.), Skandale in Deutschland nach 1945, Bielefeld 2007, 94–103.

Kommunen und die Lottogesellschaft „Glücksspirale" den Löwenanteil der etwa 240 Millionen Gesamtkosten für die erforderlichen Baumaßnahmen zu tragen hatten.

Zwar profitierten speziell diejenigen Vereine wie Schalke 04 oder Borussia Dortmund von den für die Weltmeisterschaft errichteten neuen Stadien, die eine erheblich höhere Zuschauerkapazität und vor allem besseren Komfort aufwiesen. Allerdings war die damit verbundene gestiegene Zuschauerresonanz nur ein Strohfeuer, da seit Ende der 1970er Jahre die Zuschauerkurve wieder bedenklich nach unten zeigte und sich vor allem in Gestalt der neuen Funsportart Tennis ein gefährlicher Rivale für „König Fußball" zu etablieren begann. Den Ursachen für die Stagnation der Bundesliga und einen bis Ende der 1980er Jahre währenden schleichenden Reputationsverlust sind zweifellos vielfältig. Hannah Jonas wählt in ihrem Beitrag den vielversprechenden Ansatz, diese Entwicklung aus einer konsumgeschichtlichen Perspektive zu deuten. Der Konsum von Fußball oder konkurrierender Sportarten ist aus diesem Blockwinkel nie eine rein ökonomisch orientierte Entscheidung, sondern immer ein Akt, in den auch Bedeutungszuweisungen eingelagert sind und der daher über die Verschiebung kultureller Präferenzen Auskunft geben kann.

Erst die Einführung des kommerziellen Fernsehens Ende der 1980er Jahre befreite die Bundesliga aus dieser Abwärtsentwicklung, weil der Wert der Fernsehrechte auf einen Schlag so in die Höhe schoß, daß die sich daraus entwickelnde Symbiose von Bundesligafußball und kommerziellem Fernsehen die Bundesliga auf ein neues ökonomisches Niveau hob. Die enorm gewachsene Finanzkraft von Liga und Vereinen ging einher mit einem ebenso markanten Professionalisierungsschub auf der Leitungsebene der Bundesligavereine, wobei der FC Bayern München den Vorreiter spielte. Allerdings konnten nicht alle Vereine gleichermaßen von diesem neuen Boom profitieren; Vereine in strukturschwachen Regionen wie dem Ruhrgebiet (Rot Weiß Oberhausen; Rot Weiß Essen) oder dem Saarland (1. FC Saarbrücken) verpaßten in dieser Zeit endgültig den Anschluß an die mit ICE-Tempo daher kommende Entwicklung.

Eine sozialhistorische Analyse der Zusammensetzung der Vereinsmitglieder unterstreicht diesen Befund. *Andreas Mau* widmet sich in seinem Beitrag den beiden einzigen Bundesligisten, die über ein komplettes Mitgliederverzeichnis seit den Anfängen ihrer Bundesligazugehörigkeit verfügen: Rot Weiß Essen und der FC Bayern München. Während der Verein aus der einwohnerstärksten Stadt des Ruhrgebiets ein reiner Lokalverein blieb, dessen Einzugsgebiet kaum über das Essener Stadtgebiet hinausreichte, konnte der FC Bayern bis Ende der 1970er Jahre immerhin zahlreiche Mitglieder aus ganz Bayern, Süddeutschland und den deutschsprachigen Nachbarregionen gewinnen. Allerdings blieb selbst dieser Verein, der dank seiner Erfolge in den goldenen 1970er Jahren unzählige Anhänger auch in West- und Norddeutschland zählte, hinsichtlich der Vereinsmitglieder durch eine klare Konzentration auf den süddeutschen Raum gekennzeichnet. Die Expansion des FC Bayern außerhalb seiner süddeutschen Stammlande war mithin eine Entwicklung, die erst später einsetzte, als regionale Identitäten im Zuge einer neuen Konsumkultur zunehmend an Bedeutung einbüßten.

Der Deutsche Fußball-Bund hat an dem Auf und Ab seines Aushängeschild Bundesliga zweifellos erheblichen Anteil. In politikwissenschaftlicher Perspektive drängt sich dabei die Frage auf, warum der DFB ohne Legitimationsprobleme Kollektivgüter anbieten kann, die sich kommerziell verwerten lassen sowie zugleich als gesellschaftspolitischer Akteur zu Fragen Stellung nimmt und dabei Gehör findet, die außerhalb seines sportlichen Kerngeschäfts liegen. Für den Politikwissenschaftler *Christoph Strünck* ist die Wächterrolle des DFB, d.h. die Abschottung des Fußballs gegenüber einer schrankenlosen Kommerzialisierung wie in England oder Italien, zugleich die Bedingung dafür, daß der DFB so erfolgreich ein allgemeinpolitisches Mandat wahrnehmen kann: Die Bewahrung des kulturellen Kerns des Fußballs erlaubt dem DFB sowohl eine gesellschafts- wie kulturpolitische Akteursrolle als auch die Vermarktung eines authentischen Kulturguts.

Politikgeschichtlich ist die Bundesliga auch deswegen von herausragender Bedeutung, weil sie aus der Wahrnehmung der Fußballfans in der DDR nicht wegzudenken war. Eine Geschichte der innerdeutschen Beziehungen wird daher nicht auf den Beitrag der Bundesliga zur kulturellen Aufweichung der deutschen Teilung verzichten können. Zwar fehlt es bislang an einer monographischen Darstellung des Fußballs im zweiten deutschen Staat. Aber der Beitrag der Historikerin *Jutta Braun* gibt für die künftige Exploration dieses Gegenstandes wertvolle Fingerzeige. Man wird wohl nicht ferngehen in der Annahme, daß Millionen von Fußballfans in DDR emotionale „Republikflucht" begingen, indem ihr Herz für einen der bundesdeutschen Bundesligavereine schlug. So ist der Anteil der Bundesliga an der Aufrechterhaltung der deutsch - deutschen Gemeinsamkeiten nicht gering zu veranschlagen.

II.

Die vorliegenden Beiträge sind nicht nur auf den Fluchtpunkt der Bundesligageschichte hin verfaßt worden. Sie greifen zudem mehr oder weniger ausgeprägt vier übergreifende Fragestellungen auf, für welche die Bundesliga ein geradezu idealer Untersuchungsgegenstand ist. Daher erscheint es angezeigt, in den folgenden Ausführungen auf diese systematischen Aspekte einzugehen und zu vertiefen, um heuristisch ergiebige künftige Forschungsfelder genauer zu markieren.

Als *erstes* erscheint es vielversprechend, dem spezifischen Wettbewerbscharakter der Bundesliga noch stärkere systematische Aufmerksamkeit zu widmen. Der Beitrag von *Michael Krüger* läßt anklingen, daß der strukturelle Vorteil des Fußballs gegenüber dem Turnen darin bestand, daß sich der im DFB organisierte Fußball offensiv auf das Konkurrenzprinzip einließ. Damit war der Weg geebnet für eine Entwicklung, in deren Verlauf der Fußball auch Warencharakter erhielt, wenngleich – wie alle entsprechenden Beiträge konstatieren – dieser Prozeß nur stockend und in vielen Windungen und Wendungen verlief. Dieser spezifische Umgang mit Wettbewerb und Leistung könnte ertragreich in eine übergreifende Kulturgeschichte des Leistungsgedankens eingebracht werden.[10]

Aber auch in der spezifischen Konstruktion des fußballerischen Wettbewerbs liegt *zweitens* ein enormes kulturwissenschaftliches Erkenntnispotential. Die Bundesliga entschied sich 1963 für ein Ligensystem, in dem alle Teilnehmer zweimal gegeneinander anzutreten hatten, was zur Folge hatte, daß die zunächst 30 und später 34 Spieltage denselben sportlichen Ertrag abwarfen, weil es immer um dieselbe zu errin-

---

[10] Erste Skizze bei Pyta, Wolfram: Vom Segen zum Fluch? Der Beitrag von Leistung und Wettbewerb zur Karriere des Sports in Deutschland. In: Denzel, Markus A. / Wagner-Braun, Margarete (Hg.): Wirtschaftlicher und sportlicher Wettbewerb, Stuttgart 2009, 239–255.

gende Punktzahl ging. Da an den Regeln des Ligasystems eisern festgehalten wurde, konnte mit zunehmender Dauer der Bundesliga ein Ligapublikum heranwachsen, das sich nicht nur für einzelne Spiele oder einzelne Vereine, sondern für die Liga in toto interessiert. *Tobias Werron* stellt in seinem wegweisenden Beitrag aber noch einen weiteren Effekt dieser Vereinheitlichung des Spielbetriebs heraus: Die Liga schuf einen verläßlichen Rahmen für eine Stabilisierung des Wettkampferlebnisses. Die Zuschauer einer Bundesligabegegnung wissen, daß eine miserable Leistung der Heimmannschaft im Regelfall im nächsten Spiel durch einen souverän herausgespielten Erfolg kompensiert werden kann; sie gehen mit der Einstellung zu einem Spiel zu Beginn der Saison, daß ein Fehlstart wettgemacht werden kann. Die „Stabilisierung von Präsenzerleben in einem kontinuierlichen Wettkampfbetrieb"[11] enthält einen wichtigen kulturwissenschaftlich ausschöpfbaren Befund, wenn der Besuch eines Fußballspiels als Teilnahme an einer performativ gestalteten Aufführung begriffen wird. Dann zählt der Stadionbesuch zu der jüngst vom Literatur- und Kulturwissenschaftler Hans Ulrich Gumbrecht herausgestellten „Präsenzkultur"[12] – allerdings wird diese Präsenzerfahrung gelenkt durch das Wissen des Publikums darum, daß in spätestens 14 Tagen an derselben Stelle erneut um Punkte gestritten wird. Es wäre eine vertiefte Betrachtung wert, inwieweit Pokalspiele, die ja deswegen ihre eigenen Gesetze haben, weil sie ein einmaliges Ereignis darstellen und eine Niederlage im Pokalwettbewerb nicht mehr wettgemacht werden kann, eine vom normalen Ligabetrieb tendenziell abweichende Präsenzkultur hervorbringen.

Der performative Charakter eines Fußballspiels besitzt *drittens* immer eine räumliche Dimension: das Stadion ist gleichermaßen die Bühne, auf der ein Fußballspiel zur Aufführung gelangt. Daher bietet es sich an, die Erkenntnisse der Theatralitätsforschung gewinnbringend mit dem *spatial turn* zu verbinden[13] und systematisch das Fußballstadion als Aufführungsraum in den Blick zu nehmen, der durch seine architektonische Gestaltung raumästhetische Vorgaben macht, die aber von den Zuschauern im Akt der Aufführung leibhaftig in Besitz genommen werden müssen, um die in diesem Zusammenhang sprichwörtliche Atmosphäre zu erzeugen. Atmosphäre ist in der Lesart des Philosophen Gernot Böhme[14] eine heuristisch ergiebige Kategorie, welche genau diese räumlich gebundene und körperlich vollzogenen Erlebnishaftigkeit des Stadionbesuchs auf den Begriff zu bringen vermag. Damit liegen genügend interdisziplinär nutzbare Ansätze vor, um an der Schnittstelle von Sport, Architektur und Stadtplanung interdisziplinär ertragreiche Erkenntnisse zu generieren.[15] Der Beitrag von *Kay Schiller* liefert hierfür wertvolle Ansatzpunkte, indem er die Moderni-

---

[11] Werron, Tobias: Die „Liga", in diesem Band 56.

[12] Vgl. seine programmatische Schrift Gumbrecht, Hans Ulrich: Diesseits der Hermeneutik. Die Produktion von Präsenz, Frankfurt am Main 2004; siehe auch ders. Lob des Sports, Frankfurt am Main 2005.

[13] In diese Richtung argumentiert die Habilitationsschrift von Dinçkal, Noyan: Sportlandschaften. Sport, Raum und (Massen)kultur in Deutschland, 1880-1930, Darmstadt 2011; siehe auch seinen konzeptionellen Beitrag „Kulturraum Stadion" – Perspektiven und Potentiale für die Geschichtswissenschaft im Schnittfeld von Sport und Stadt. In: Forum Stadt. Vierteljahreszeitschrift für Stadtgeschichte, Stadtsoziologie, Denkmalpflege und Stadtentwicklung 39 (2012), 105–119.

[14] Böhme, Gernot: Atmosphäre, Frankfurt am Main 1995; anregend auch die Studie des Philosophen Mersch, Dieter: Ereignis und Aura. Untersuchungen zu einer Ästhetik des Performativen, Frankfurt am Main 2002.

[15] Siehe dazu die Beiträge in Jessen, Johann / Pyta, Wolfram (Hg.): Stadt – Fußball – Stadion, Esslingen 2012.

sierung der Stadioninfrastruktur anläßlich der Weltmeisterschaft 1974 in den Blick nimmt, wobei – wenn man sich etwa das Beispiel des Gelsenkirchener Parkstadions vor Augen hält – zu diesem Zeitpunkt noch das multifunktionale, nicht zuletzt für Leichtathletikveranstaltungen taugliche Stadion als Leitbild dominierte und nicht die gezielt als Erlebnisräume konzipierten „Arenen", wie sie seit der Jahrtausendwende anstelle der leichtathletiktauglichen Sportstätten in den Austragungsorten der Weltmeisterschaft von 1974 errichtet wurden (München, Gelsenkirchen, Düsseldorf).

Viertens fordern viele Beiträge implizit oder explizit ein, den Blick künftig noch stärker auf die Zuschauer und deren sinnhafte Aneignung sportlicher Ereignisse zu richten. Dieser Perspektivwechsel würde die Forderung der Kulturgeschichte nach einer akteursorientierten Zugangsweise einlösen, stößt aber auch in der Sportgeschichte auf erhebliche Schwierigkeiten hinsichtlich der Beschaffenheit und Verfügbarkeit von Ego-Dokumenten. So muß sich der Beitrag von *Andreas Mau* genau aus diesem Grund damit behelfen, einen Umweg über die registrierten Mitglieder zweier Bundesligavereine zu gehen und auf sozialhistorische Weise aus dürren Daten zur Person Schlüsse hinsichtlich der regionalen Rekrutierungsbasis dieser Clubs zu ziehen. Wer sich der autonomen Sinnzuweisung durch die Zuschauer auf einer quellenmäßig soliden Basis in historischer Perspektive zuwendet, steht vor dem nicht geringen Problem, daß weder die Archive der meisten Vereine (wenn sie denn überhaupt einigermaßen professionell geführt sind) noch die als Ersatzüberlieferungen wertvollen kommunalen Archive hierzu im Regelfall entsprechend ausgewiesene Provenienzen aufzuweisen haben. Allerdings sollte der Historiker nicht vorschnell kapitulieren, da auch Erfindungsreichtum und Zähigkeit beträchtliche Erfolge hinsichtlich des Aufspürens solcher raren Quellengattungen ermöglichen. So verspricht etwa das vom Sporthistoriker und Literaturwissenschaftler Tobias Fuchs ehrenamtlich geleitete Archiv des ehemaligen Bundesligisten Borussia Neunkirchen in dieser Hinsicht wertvolle Erkenntnisse. Das Stadtarchiv Karlsruhe verfügt über ein gezielt aufgebautes „Sportarchiv" mit mehr als 1000 Verzeichniseinheiten, darunter auch nicht wenige der begehrten Selbstzeugnisse.[16] Sporthistorisch ausgewiesene Organisatoren von Ausstellungen haben überdies eine bemerkenswerte Findigkeit bewiesen, um Dokumente aus Privatbesitz für Ausstellungszwecke zu akquirieren. Hier hat vor allem das Team des Hauses der Geschichte Baden-Württemberg unter Leitung von Paula Lutum-Lenger mit einer Großen Landesausstellung im Jahre 2010 Maßstäbe gesetzt, die der Geschichte des Fußballs im deutschen Südwesten auf die Spur ging.[17] Schließlich bietet auch die kulturgeschichtliche Auswertung von Fotographien, die das Stadionpublikum über einen längeren Zeitraum auf die Linse bannten, mancherlei Aufschlüsse über eine sich allmählich entwickelnde Fankultur in den Fußballstadien seit den 1960er Jahren. Besonders bemerkenswert ist dabei der Nachlaß des saarländischen Sportfotografen Ferdi Hartung, der in Gestalt einer Sonderausstellung im Historischen Museum Saar in Saarbrücken der Öffentlichkeit im Sommer 2012 präsentiert wurde.[18]

---

[16] Bestand 8/ SpoA – Karlsruher Sportdokumente.

[17] „Gefühle, wo man schwer beschreiben kann". Katalog zur Großen Landesausstellung des Hauses der Geschichte Baden-Württemberg im Kunstgebäude am Schloßplatz in Stuttgart, Stuttgart 2010.

[18] Vgl. die daraus entstandene Dokumentation Burgard, Paul / Linsmayer, Ludwig: 90 Minuten. Mit Ferdi Hartung in die Bundesliga. Teil 1: Borussia Neunkirchen, Saarbrücken 2012.

Das Sportpublikum ist bis heute vielfach ein unbekanntes Wesen geblieben, wobei sich immer mehr die Einsicht durchsetzt, daß wohlfeile Erklärungen, das Sportpublikum als eine leicht formbare Masse anzusehen, dessen Verhalten durch entsprechende Inszenierungspraktiken in eine gewünschte Richtung dirigiert werden könne, der performativen Eigendynamik sportlicher Aufführungen nicht gerecht werden. Fußballspiele sind konstitutiv ungeeignet, um bedingungslos jubelnde Massen zu produzieren, weil das unkalkulierbare Geschehen auf dem grünen Rasen nicht steuerbare Auswirkungen auf die Zuschauerreaktionen bewirkt.

Dies ist auch die wichtigste Ursache dafür, daß den Fußballfunktionären in der DDR die Deutungshoheit über das sportliche Geschehen im Stadion und darüber hinaus entglitt, wie der Beitrag von *Jutta Braun* verdeutlicht. Auch wenn insbesondere die Verantwortlichen von Dynamo Berlin, des mit der Führung der Staatssicherheit am engsten verflochtenen Clubs in der DDR, anläßlich von Europapokalspielen gegen westdeutsche Mannschaften nicht davor zurückschreckten, Mitarbeitern des „Ministeriums für Staatssicherheit" den Stadionbesuch zur Dienstpflicht zu machen. Um unkontrollierte Zuschauerreaktionen zu verhindern, blieb das Stadion für die Staatsmacht in der DDR ein unsicheres Terrain, in dem sich der „Eigensinn" des Publikums auf eine manchmal subversive Weise Ausdruck verschaffte. In der anderen deutschen Diktatur, dem NS-Regime, war im übrigen der Staatsmacht genau so wenig Erfolg beschieden, Fußballspiele zu politischen Manifestationen für das Regime zu instrumentalisieren.[19]

Insgesamt läßt sich bilanzieren, daß sich die geschichtswissenschaftliche Erforschung des Fußballs in einer Phase befindet, in der methodische Offerten sportaffiner Geistes- und Sozialwissenschaften immer stärker aufgegriffen und dabei zugleich die Quellenbasis signifikant erweitert wird. Daß innerhalb der Geschichtswissenschaft und benachbarter Disziplinen der Fußball als seriöser und ergiebiger Untersuchungsgegenstand betrachtet wird, daß Wissenschaftler keinen enormen Begründungsaufwand mehr betreiben müssen, um die Beschäftigung mit dem Kulturphänomen Fußball zu rechtfertigen, hängt zweifellos auch mit einem gesellschaftlichen und kulturellen Klimawandel zusammen, der dieses Thema begünstigt. Zwar steht die Errichtung eines sporthistorisch denominierten Lehrstuhls an einem historischen Institut einer deutschen Universität noch aus – aber man wird gewiß nicht fehl in der Annahme gehen, daß die Sporthistoriker von heute in gewisser Weise auch zu jener Kategorie der „Kinder der Bundesliga" zählen, die Otto Rehhagel, als Spieler wie Trainer das Gesicht dieser Liga, geprägt hat.

---

[19] Vgl. die entsprechenden Nachweise bei Oswald, „Fußball – Volksgemeinschaft", vor allem 187–210 und 252–261.

Gunter Gebauer

Die Bundesliga und das Fernsehen

Kulturtheoretische Bemerkungen zur Geschichte des Fußballs in Deutschland

Die Geschichte des Fußballs in Deutschland und Europa seit 1963 kann man nicht schreiben, ohne dem Fernsehen eine wesentliche Rolle einzuräumen. Mit der Verbreitung des Fernsehens ist eine Entwicklung zunehmender Ökonomisierung verbunden und damit der Professionalisierung eines ehemaligen Volkssports, der zum populärsten Stoff des Fernsehens wurde. Geld hat im Fußball immer eine Rolle gespielt, nicht aber eine professionelle Einstellung zum Spiel und nicht die Dominanz eines Mediums.

Eine Vorherrschaft des Fernsehens, wie wir sie heute kennen, bestand noch nicht in den 1960er Jahren. Ihren Anfang nahm sie in den 1970er Jahren; sie entwickelte sich rasant und mit unübersehbaren Konsequenzen nach der Einführung des Privatfernsehens im Jahr 1987. Sport und Unterhaltung sind heute *der* umkämpfte „Rohstoff", der zu einem wesentlichen Merkmal eines TV-Senders veredelt wird. Für die Verantwortlichen des öffentlich-rechtlichen Fernsehens gilt der Zugriff auf die Großereignisse des Sports (insbesondere auf die Fußball-WM und -EM sowie die Olympischen Spiele) als ein entscheidendes Kriterium für die Leistungsfähigkeit ihrer Anstalt. Den Sportevents wird zugetraut, die Zuschauerquote zu steigern, auf die ihre Sender gar nicht angewiesen sind. Die angestrebte Steigerung zielt darauf, die privaten Anbieter in der Gunst des Publikums auszustechen, die ihrerseits dringend sportlicher Highlights bedürfen, um überleben zu können.[1]

Aus der Sicht der Intendanten der öffentlich-rechtlichen Fernsehanstalten wird die Quote der Sehbeteiligung als entscheidender Indikator für die Qualität ihrer gebührenfinanzierten Sender angesehen. Der Sport gehört gemeinsam mit der Unterhaltung zum Kernbereich der großen deutschen TV-Kanäle. Es ist nicht verwunderlich, daß diese beiden „Quotenbringer" dazu tendieren, miteinander zu fusionieren. So ist in den letzten Jahren eine TV-Dramaturgie des Sports entstanden, die Elemente der Personality-Show, des Verbrecherfilms (*„Eine Frage der Ehre"*), der Soap Opera (die Einwohner des Heimatdorfs eines Athleten vor der Großbildleinwand) und des Gerichtsfernsehens (*„Warum haben Sie versagt?"*) mit Bildern sportlicher Kämpfe verschmilzt. Bei der Europameisterschaft im Fußball 2012 führte dieses TV-Amalgam zu übersteigerten Erwartungen gegenüber der deutschen Mannschaft, die sich nach der Niederlage gegen ein schlau operierendes italienisches Team in einer maßlosen Enttäuschung entluden.

---

[1] Dies gilt insbesondere für den Bezahlsender *Sky*, der sein kommerzielles Image nahezu ausschließlich auf der Übertragung von Bundesligaspielen aufbaut.

Was man an der Geschichte des Fußballs in Deutschland von 1963 bis 2000 erkennen kann, ist die zunehmende gegenseitige Abhängigkeit von Fußball und Fernsehen. Dies ist ein bekannter Sachverhalt; ich möchte ihn in einem neuen Licht betrachten: Die TV-Dominanz des Fußballs macht auf die Schwäche des Fernsehens aufmerksam. Was das Fernsehen selbst nicht zu leisten vermag, besorgt es sich beim Fußball. Die Erfolgsgeschichte des Fußballs ist die Geschichte einer Kompensation – er füllt eine Leerstelle des Fernsehens, das seinen Mangel nicht mit eigenen Mitteln beheben kann. Seine Schwäche wurde von dem Moment an deutlich, in dem es zum Leitmedium, d.h. das für das politische und alltägliche Leben unverzichtbare meinungsbildende und unterhaltende Medium in der Bundesrepublik (und für die Zuschauer des „Westfernsehens" in der DDR) wurde. Es wurde in der Zeit, die auf die Privatisierung des Fernsehens folgte, die wohl wichtigste Kraft der Gestaltung von Alltag und Sport in der Bundesrepublik. Diese These soll im Verlauf meines Beitrags dargestellt und begründet werden.

Während der vier Jahrzehnte, die hier betrachtet werden sollen, hat die Beziehung zwischen Fußball und Fernsehen unterschiedliche Ausprägungen erfahren. Um die Entwicklung dieses Verhältnisses zu diskutieren, nehme ich eine Untergliederung in vier Phasen vor, die bis zum Jahr 2000 reichen und die Vorgeschichte des heutigen Zustands darstellen. Jede dieser Phasen umfaßt etwa eine Dekade:[2]

1. Phase: die Gründungszeit der Bundesliga; es kommt zu einer ersten Beteiligung des Fernsehens an der Berichterstattung über Fußball; die „Sportschau" von Ernst Huberty wird zu *der* (allerdings auch einzigen) Institution des TV-Fußballberichts (1963–1969).

2. Phase: die Zeit der Dominanz des deutschen Fußballs; das Fernsehen bietet eine wirkungsvolle Begleitung durch Direktübertragungen von EM-, WM- und Europacupspielen; einzelne herausragende Spieler erhalten eine hohe Medienpräsenz (1970–1980).

3. Phase: eine Zeit der Restauration; es kommt zu einer Stagnation des deutschen Fußballs bei gleichzeitiger Entfaltung des TV-Mediums (1981–1990).

4. Phase: ein Zurückfallen des deutschen Fußballs im internationalen Vergleich; die neuen Entwicklungen geschehen in anderen europäischen Ländern; es kommt zu Bedeutungsgewinnen des Clubfußballs, zu einer Dominanz des Fernsehens, zum Entstehen neuer Formen der Berichterstattung und zu deutlich wachsenden ökonomischen Gewinnen in Fußballclubs, für die Spieler und für das Fernsehen (1991–2000).

Wie sich die Beziehung zwischen Fußball und Fernsehen in diesen einzelnen Phasen gewandelt hat, soll im Folgenden detailliert dargestellt werden.

[2] Wie jede Gliederung in Phasen kann auch die hier vorgeschlagene – mit guten Gründen – kritisiert werden. Es kommt mir allerdings nicht so sehr auf eine Detailanalyse an, sondern ich will zeigen, welche Etappen der Veränderung in der Beziehung Fußball – Fernsehen durchlaufen wurden, so daß die heutige Struktur entstehen konnte. Auch der schärfste Kritiker der hier vorgeschlagenen zeitlichen Gliederung wird kaum bestreiten können, daß sich die gegenwärtigen Verhältnisse *entwickelt* und sich die gegenseitigen Abhängigkeiten im Verlauf der Zeit *verändert* haben. An anderer Stelle habe ich die Entwicklung der Bundesliga detaillierter beschrieben; siehe Gunter Gebauer: Die Bundesliga. In: François, Etienne / Schulze, Hagen (Hg.): Deutsche Erinnerungsorte II, München 2001, 450–465.

Zur ersten Phase

Am Anfang der Bundesliga gehörten weder der Fußball noch der Fernsehkonsum zu den wichtigsten Beschäftigungen im alltäglichen Leben der Deutschen. Im Alltag wurde gearbeitet, gelernt, gespart, das Auto repariert, radgefahren, am Samstag stand vielleicht ein Kinobesuch an, an Sonntagen wurde gewandert, Verwandte besucht, in Vereinen Sport getrieben. Fußball, auch als „Bolzen" bezeichnet, galt den höheren gesellschaftlichen Schichten als proletarisch aufgrund seines ausgeprägten körperlichen Einsatzes, des Tretens mit den Füßen und des verdreckten Aussehens der Spieler. Zugleich übte gerade das Unfeine und Körperliche eine nicht zu unterschätzende Anziehungskraft auf Jungen und junge Männer auch aus den Mittelschichten aus.

Im Fernsehen dieser Zeit kam Körperliches kaum zur Geltung. Dies war eindeutig dem Kino vorbehalten. Die packenden Kriminal- und Liebesgeschichten mit ihren großen Emotionen gehörten in die dunklen Säle der „Lichtspiele", wo ungestört geweint werden konnte. Der emotionale Film wirkte über unmittelbare Faszination durch die berühmten Stars, das große analoge Kinobild, die Filmmusik und die Stimmen.[3] Dieses Kino hatte mit dem Alltag wenig zu tun; es bildete eine Traumwelt, die Effekte von Zerstreuung, Tröstung und Wirklichkeitsflucht lieferte. Auf den Alltag der Zuschauer hatte es keine nennenswerten Auswirkungen. Dies änderte sich schlagartig mit den ersten „Zeitgeist"-Filmen. Sie trafen den Nerv eines jungen Publikums auf der Suche nach Verhaltensmodellen; ihre Stars wie James Dean, Humphrey Bogart, Marlon Brando, schließlich Elvis Presley mit seinen Rock'n-Roll-Filmen boten zugkräftige Rollenbilder zur Nachahmung im gewöhnlichen Leben an.

Das Fernsehen hatte mit *seinen* Produktionen keine herausragenden Rollenmodelle und keine großen Gefühle zu bieten; sie wären auf der kleinen Mattscheibe auch wirkungslos geblieben. Sinnlichkeit, Emotionalität, Stars, Geschichten weltweit bewunderter Helden,[4] die packende Geschichte gehörten dem Kino. Bis heute hat das Fernsehen zwar Berühmtheiten, aber – mit Ausnahme der TV-Unterhaltung – nichts Vergleichbares hervorbringen können. Das Geschehen auf der kleinen Mattscheibe im Wohnzimmer konnte niemanden zum Weinen bringen. Im Vergleich zum Kino war es für das Fernsehen ungleich schwieriger, Emotionen wie Leidenschaft, Freude und Schmerz, die im Zuschauer Empathie hervorrufen, zu erzeugen. Marshall McLuhan hat als erster darauf hingewiesen, daß dieses Problem in der Struktur des Mediums Fernsehen begründet liegt, insofern es elektronische Bilder mit einer relativ

---

[3] Nicht zu vergessen ist, daß es schon damals Gegenbewegungen zum Starkino der Hollywoodschen Prägung gab, das gegen den Faszinations-Effekt anging und das Alltagsleben mit *künstlerisch-analytischen Mitteln* einzufangen strebte – der italienische Neorealismus, die *Nouvelle Vague* aus Frankreich und der Autorenfilm in Deutschland.

[4] Auch im deutschen Fernsehen wurden Versuche unternommen, in Fortsetzungsgeschichten Heldentaten zu erzählen. Als Beispiel kann man den Mehrteiler „So weit die Füße tragen" erwähnen. Heldentum wird darin nicht wie bei mythischen Helden als Gründungsakt, als heroische Hervorbringung von neuem dargestellt, sondern als die Geschichte der Flucht aus russischer Kriegsgefangenschaft. Sie konnte als dramatisches Entkommen eines Deutschen aus einer verzweifelten Lage nach der Kriegsniederlage rezipiert werden. Insofern ist die Wirkung dieser Geschichte in erster Linie auf deutsche Zuschauer bezogen, denen mit der Serie ein Identifikationsangebot gemacht wurde – ein kalkuliertes Angebot im übrigen, das seine Attraktivität der Behauptung verdankt, daß es sich um eine wahre Geschichte handelte. Tatsächlich war sie eine Fälschung.

niedrigen Auflösung produziert, die eine andere Rezeption erfordern als die analogen Bilder des Films. Er bezeichnet das Fernsehen als „kaltes“, den Film als „heißes“ Medium.[5]

Die Stärke des Fernsehens liegt darin, daß es zu Hause, also im Innenraum des privaten Lebens rezipiert wird und daß sein Konsum bei den meisten Menschen regelmäßig geschieht. Seine Prinzipien sind Intimität, Nähe und Wiederholung. Mit dem Fernsehen werden weit entfernte Geschehnisse in den Innenraum der eigenen vier Wände geholt. Wer im Fernsehen auftritt, erscheint dem Zuschauer in dessen vier Wänden, als ein Bild in einem zweidimensional dargestellten Raum. Die Menschen in diesem Raum sind Fernsehprodukte; sie funktionieren über die Logik des Mediums; ihre Körper sind flach und fast ohne Sinnlichkeit. Erst die Einbildungskraft macht sie zu einer Art Dialogpartner, die uns nur dann, wenn wir sie mit Aufmerksamkeit betrachten, „etwas zu sagen haben“.

Nicht nur der fremde Raum wird in den eigenen eingefügt – auch die Zeit des Fernsehens wird in die Alltagszeit integriert. Die Stärke des Mediums erweist sich, wenn die dargestellten Personen regelmäßig wiederkehren und wir sie jeden Abend oder jede Woche zur selben Zeit bei uns zu Hause sehen, wie die Moderatoren der „Tagesschau“ und der Wetternachrichten oder die „Lottofee“ und ähnliche „Berühmtheiten“. Seine unwiderstehliche Macht gewinnt das Medium Fernsehen durch das Prinzip der Serie, die aufgrund ihrer regelmäßigen Wiederholungen zu bestimmten Zeiten im Alltagsleben der Zuschauer als Fortsetzungsgeschichte in die Wohnungen kommt. Als erster großer Publikumserfolg ging eine Kriminal*serie* in die deutsche Fernsehgeschichte ein. Sie wurde in mehreren Folgen an verschiedenen Tagen etwa zur gleichen Zeit ausgestrahlt, *Das Halstuch*, in deren ersten Folge ein Mord geschah, der in der letzten aufgeklärt wurde. In der Erzeugung von Spannung, die das Alltagsleben durchdringt und zum Tagesgespräch wird, konnte fortan das herausragende mediale Merkmal des Fernsehens erblickt werden.

Die Organisation der Bundeliga verband sich von Anfang an mit dem Seriellen des Fernsehens. Beide ergänzten sich auf ideale Weise, ohne daß dies besonders bemerkt wurde: An jedem Samstagnachmittag wurden die Ligaspiele ausgetragen; von der „Sportschau“ wurden kurze Ausschnitte von ausgewählten Spielen in die Wohnzimmer (und WGs) der Sportinteressierten geliefert. Die Sinnlichkeit des Fußballs versorgte das Fernsehen mit Emotionalität; die regelmäßig ausgestrahlte „Sportschau“ verlieh dem Bundesligafußball eine rituelle Präsenz in den Innenräumen der Deutschen. Rituell sind Ereignisse,[6] wenn sie zu festgelegten Zeiten an bestimmten Orten mit hoher körperlicher Beteiligung nach einem wenig variierenden Ablaufschema vollzogen werden und in den Handelnden nachhaltige Wirkungen hervorrufen. Nach Marcel Mauss unterbrechen Rituale das gewöhnliche Leben und erweitern es um magische Momente, die einen Glauben an höhere Mächte hervorrufen können.

---

[5] McLuhan, Herbert Marshall: Die magischen Kanäle – Understanding Media, Dresden/Basel 1994 (zuerst 1964), 22, 25. In neuerer Zeit hat sich aufgrund technischer Innovationen, insbesondere durch die Großbildleinwand, den Flachbildschirm und das Public Viewing sowie das HD-Fernsehen die Situation deutlich verändert.

[6] Bei der Explikation von Ritualen folge ich Mauss, Marcel: Die Techniken des Körpers. In: Mauss, Marcel: Soziologie und Anthropologie, Band II, Frankfurt am Main/Berlin/Wien 1978, 197–220, hier 204f. Zu den besonderen Ritualen im Sport siehe Röller, Frank: Rituale im Sport. Der Kult der Religio Athletae. Eine Zusammenschau religionsanaloger Phänomene im weiten Feld des Kulturphänomens Sport, Homburg 2006.

Ohne die Partnerschaft des Fernsehens zu suchen, gestaltete sich der Fußball in der Bunderepublik in einer Weise um, daß er fernsehtauglich wurde: In der Zeit vor 1963 war er in regionale Oberligen gegliedert, die in jeder Spielzeit ihren Regionalmeister ausspielten – ein Geschehen, bei dem die Fußballinteressierten die Spitzenvereine ihrer Region und ihre bekanntesten Spieler aus eigener Anschauung kennenlernen konnten. Über die jeweils eigene Region hinaus gab es Informationen durch Ergebnisberichte in Radio und Zeitungen (aus ganz Deutschland im „Kicker") und das Fußballtoto mit Spielen aus der gesamten Bundesrepublik. Am Ende der Saison spielten die Regionalmeister in einer Art Turnier um die Deutsche Fußballmeisterschaft, die in einem Endspiel entschieden wurde.[7] Die Übertragungen der Endspiele gehörten zu den Höhepunkten des Radio- und Fernsehjahrs, wobei die TV-Darstellung technisch anspruchslos war. Ausländisches Fußballgeschehen bekam man durch das Fernsehen nur bei Spielen mit deutscher Beteiligung zu Gesicht. Ein Fußball-Europa gab es noch nicht. Das änderte sich auch nicht sofort mit Einführung der Bundesliga, aber der Boden für die Allianz von Fußball und Fernsehen war gleich ab 1963 bereitet worden.

Zur zweiten Phase

Mit Beginn der 1970er Jahre profitierte der Fußball von den deutlich verbesserten technischen Möglichkeiten des Fernsehens: Die WM 1970 Mexiko wurde (wie schon die Olympischen Spiele 1968) per Satellit live nach Europa übertragen. Mit einer vergrößerten Anzahl von TV-Kameras in den Stadien wurden die Blickmöglichkeiten auf das Geschehen vervielfacht; Wiederholungen in Zeitlupe und eine variationsreiche Bildregie erzeugten besondere Seheffekte – eine eigene Ästhetik, die mit Perspektiven und unterschiedlichen Zeiten spielte.[8] Insbesondere der temporale Aspekt erhöhte die mit dramaturgischen Mitteln gewonnene Intensität: Die Regie begann mehrere Zeiten miteinander interferieren zu lassen: zum einen die Zeit der Direktübertragung mit der Zeit der Zuschauer, zum anderen die verschiedenen Ereigniszeiten: Wiederholungen aus verschiedenen Perspektiven, Zeitlupen, bewegliche Schnitte, d.h. eine fortlaufende Darstellung *eines* Geschehens von verschiedenen Blickpunkten aus. Durch die dramaturgische Bearbeitung der dargestellten Zeit wurde die Spannung intensiviert, durch den Einsatz von Teleobjektiven eine größere Nähe hergestellt und der sinnliche Eindruck von Körperlichkeit erhöht. Bildregie war zugleich auch *Wirklichkeits*regie; sie konnte zwar keine *andere* Wirklichkeit erzeugen, die dem übertragenen Ereignis widerspricht, aber sie verschob die Blickpunkte, wechselte die Geschwindigkeiten, hob bestimmte Ereignisse und Personen hervor, wiederholte und dramatisierte sie. Sie war der Meister des Spiels; sie prägte die Wirklichkeit[9]. Seit jener Zeit wurde diese wirklichkeitserzeugende Dramaturgie zum Grundmodell von Sportüberragungen beibehalten und ständig weiterentwickelt.

---

[7] Die Pokalspiele wurden nach einem Modus veranstaltet, der bis heute weitgehend Gültigkeit behalten hat.

[8] Die Überlegungen zur Regie verdanke ich zahlreichen Diskussionen mit Dr. h.c. Horst Seifart, dem Leiter der Fernseh-Weltregie mehrerer Fußball-WMs und Olympischer Spiele.

[9] Der Filmregisseur Christian Petzold.

Für ein zunehmend größer werdendes Publikum waren in den 1970er Jahren die fachmännischen Kommentare erfahrener Fußballreporter (die ursprünglich für den Hörfunk ausgebildet worden waren) nützlich und hilfreich; ihre Kennerschaft war geeignet, die verwirrenden Bilder zu ordnen. Sie wirkten dabei mit, eine Einheitlichkeit des wiedergegebenen Geschehens herzustellen. Von ihnen wurde vor allem Sachlichkeit und Spielanalyse verlangt.

Die Steigerung der Sinnlichkeit war dem Fernsehen nur dadurch möglich, daß es mit dem Fußball ein ideales Darstellungsobjekt gefunden hatte: ein Ereignis mit einer optimalen Dauer von 90 Minuten, einer mit Hilfe von vielen Kameras perfekt erfassbaren Sichtbarkeit auf einem relativ großen Feld, das von verschiedenen Blickwinkeln zu betrachten ist, von komplexen Situationen vor den Toren, die erst in der Zeitlupenwiederholung „verstanden" werden können. In dieser Dekade wurde der Fußball als ideales Darstellungsobjekt dem Fernsehen angepasst. In umgekehrter Richtung begann sich das Alltagsleben der Zuschauer um das TV-Programm herum zu organisieren: Fußballspiele erlangten im gewöhnlichen Leben der Zuschauer den Status von herausragenden Momenten unter den Alltagsdingen; sie wurden zu Lieferanten von Bildern, die mit Bedeutung aufgeladen wurden und heftige Reaktionen hervorriefen. Allerdings verfehlten sie, in den Rahmen des Alltagslebens der Zuschauer eingefügt, das stärkste Merkmal, das der Fußball im Stadion zu bieten hat: die Sinnlichkeit des Ereignishaften. Vom Fernsehen kann eine Ereignis*darstellung* durch Dehnung, Wiederholung und Verdichtung der Zeit spannend gemacht werden – die Sinnlichkeit aber muss es sich von den *wirklichen* Ereignissen borgen.

Genau in dieser Phase entwickelte der deutsche Fußball eine bis dahin noch nicht gekannte Ästhetik. Von den Zuschauern wurde sie begierig aufgenommen und geradezu als Verklärung ihrer Gegenwart erlebt (bei der EM 1972, der WM 1974 und bei den Erfolgen des deutschen Vereinsfußballs durch Bayern München und Borussia Mönchengladbach). Zur Verbreitung und allgemeinen Anerkennung des Fußballs in der Bundesrepublik trug das aufkommende Interesse der gebildeten Schichten wesentlich bei, insbesondere von bildenden Künstlern, Filme- und Theatermachern, die von der körperlichen Sinnlichkeit des Spiels angezogen wurden. Dies war insofern nicht verwunderlich, als die Künste jener Zeit sich der Alltags- und Körperästhetik, dem Pop und Video, dem Happening und Melodram zugewandt hatten.

Zur dritten Phase

Nach seiner großen Zeit geriet der Bundesligafußball Ende der 1970er in eine Phase der Restauration, die bis tief in die 1980er Jahre reichte. Obwohl er weiterhin internationale Erfolge erringen konnte, entwickelte er sich nicht weiter; er verlor viel von seinen mitreißenden Qualitäten. Einen Sprung nach vorn machten hingegen die Technik und Verbreitung des Fernsehens. Während die *medialen* Möglichkeiten des Fußballs – durch die weite Verbreitung des Farbfernsehen, die größeren Bildschirme und schließlich das Auftreten privater Sender – verbessert wurden, fielen die Spielkultur und die Einstellung der Spieler trotz erhöhter Professionalisierung deutlich zurück. In dieser Phase zeigte sich, daß die Annäherung des Fernsehens an den Fußball in der BRD eine gefährliche Sache war: Spieler und Vereine wurden mit größeren Geldsummen als vorher bedacht; die Zahlungen riefen den Anschein einer Entlohnung für erbrachte Leistung hervor. Der ökonomische Wert des Bundesligafußballs hatte jedoch mit den sportlichen Fähigkeiten der Spieler wenig zu tun. Entscheidend war die große Nachfrage nach Fußball im Fernsehen, die von den TV-Programmgestaltern forciert wurde. Die offenkundige Differenz zwischen ökonomischem Wert und realer Qualität des deutschen Fußballs begann dessen Entwicklung zu behindern: Die Clubs und der Deutsche Fußballbund wurden amateurhaft geführt; was noch schlimmer war: Die Verantwortlichen des deutschen Fußballs waren unfähig, seine Schwächen zu analysieren.

Zur vierten Phase

In den 1990er Jahren verlor der deutsche Bundesligafußball trotz bedeutender Erfolge der Nationalmannschaft (je ein WM- und EM-Titel) seine Spitzenstellung in Europa. Ein wichtiger Grund für diesen Bedeutungsverlust war der geringe Grad der Professionalisierung der Verbands- und Vereinsführung, die Rückständigkeit der Fußballtrainer und die Vernachlässigung der Nachwuchsarbeit. Anders als beispielsweise in der englischen Liga wurden weder von den Bundes- noch von den Vereinstrainern wissenschaftliche Erkenntnisse der Trainings- und Bewegungsforschung aufgenommen, wie es in der Leichtathletik, im Volley- und Wasserball üblich war. Es gab Bestrebungen, die Kinder- und Jugendsportschulen, das Erfolgsmodell der untergegangenen DDR, fortzuführen, was aber nur auf einem niedrigen Effizienzgrad gelang. Eine Verbindung der Jugendarbeit mit Schulen fand nur in Ausnahmefällen statt. Kinder aus Migrantenfamilien spielten zwar damals schon guten Fußball, wurden aber weder von Vereinen noch vom DFB umworben. Gängige Strategie der Bundesliga-Vereine war es, fertige Spieler aus dem Ausland, bevorzugt aus den Ländern des ehemaligen Ostblocks, einzukaufen: da sie aber an ökonomischer Kraft den Clubs aus England, Spanien und Italien unterlegen waren, konnten sie nicht die besten Fußballer verpflichten. Rühmliche Ausnahmen waren der FC Bayern München und Borussia Dortmund, die einzigen Vereine in der Bundesliga, die in dieser Phase kraftvoll an ihrer Modernisierung arbeiteten, allerdings mit unterschiedlichen Geschäftsmodellen, von denen nur das ökonomisch abgesicherte der Münchner eine langfristiger Wirkung zeitigte.

Ganz anders sah es in der deutschen Fernsehlandschaft aus: In der Konkurrenz zwischen den privaten Anbietern und den öffentlich-rechtlichen Sendeanstalten begann der Bundesligafußball die Rolle einer „heißen Ware“ zu spielen. Mit dem Privatfernsehen entstand eine neue Form der TV-Unterhaltung, die ausschließlich den Sinn hatte, eine für die Werbung günstige Umgebung zu schaffen. Werbung als Einnahmequelle der neuen Sender bildete den Mittelpunkt ihrer Programme; und Einnahmen waren das einzige Ziel ihrer Inhaber. Sinnliche und emotionale TV-Bilder wurden zu Trägern der Werbebotschaften, womit sie vollkommen im Trend der Zeit lagen. Angesichts der Veränderungen der Alltags- und Arbeitswelt im Zuge der Rationalisierung und Computerisierung wird dieses Begehren verständlich. Schon in den zwei Phasen zuvor hatten sich tiefgreifende Veränderungen im Freizeit- und Urlaubsverhalten angedeutet: Die Gesellschaft der Bundesrepublik war aufgebrochen, ihre Wünsche in Fernreisen, Abenteuersuche und intensivem Sportkonsum zu verwirklichen. Im privaten Fernsehen wurden Mittel eingesetzt, die den Konsum von TV-Programmen so veränderten, daß die Zuschauer mit emotionalen Erregungen in das von ihm dargestellte Geschehen involviert wurden. Auf diese Weise konnte zwar nicht die Wirklichkeitserfahrung gesteigert, wohl aber die Intensität des Zuschauens vertieft werden.

Es entstand eine Vermischung von Sport und Unterhaltung, mit der die Sportdarstellung an die Atmosphäre der Werbung angepasst wurde. Dies geschah zum ersten Mal mit dem von R. Beckmann gestalteten Fußballformat *ran*, in dem Techniken des Musikclips auf die Fußballberichterstattung angewendet wurden.[10] Auf einen Schlag wirkte die *Sportschau* von Heribert Faßbender dagegen altväterlich. Mit den neuen Darbietungsformen, die wesentlich auf das Spektakuläre setzten, wurde ein deutlich jüngeres Publikum für den Bundesligafußball gewonnen. Zwei entscheidende Veränderungen wurden von dieser Innovation hervorgerufen: Zum einen bestimmten trotz der gestiegenen Bedeutung des Fußballs nicht die Erfordernisse des Sports die Übertragung, sondern die Anforderungen des Mediums bestimmten, was der Fußball und die Spieler für den Sender, der die Übertragungsrechte besaß, zu erbringen hatten. Zum zweiten wurde die Darstellungsweise eines privaten Senders (SAT 1) zum Vorbild für die öffentlich-rechtlichen Anstalten, die in der Folge die Dramaturgie und Ästhetik ihrer Fußballberichterstattung nach diesem Modell umgestalteten.

Mit diesen Veränderungen war ein ungleich höherer ökonomischer Einsatz des Fernsehens für die Übertragungsrechte als zuvor verbunden. Diese konnten nicht mehr beim DFB direkt erworben, sondern mußten bei Sportrechte-Händlern gekauft werden. Große Film- und Sportagenturen dominierten nicht nur den deutschen Markt, sondern, nachdem sie die Rechte für die Fußball-WM und die Olympischen Spiele erworben hatten, das Mediengeschehen des Weltsports insgesamt. Dennoch gelang es nicht, in Deutschland ein profitables Pay TV (wie in England BSkyB und Frankreich Canal+) einzuführen: Das öffentlich-rechtliche Fernsehen konkurrierte erfolgreich um die Übertragung der Bundesliga – mit immer höheren Geldsummen, die sie den garantierten Gebühren entnahmen und damit anderen Verwendungen entzogen.

Als Reaktion auf die wachsenden Übertragungskosten wurde die Dramaturgie des Fernsehens in der Weise weiterentwickelt, daß die Fußballdarstellung immer enger in das Alltagsgeschehen der Zuschauer eingewoben wurde. Der Arbeitsalltag wurde von einem Fußballalltag überlagert – jeder Wochentag erhielt eine fußballerische Bedeutung. In den letzten Jahren ist dieses Konzept mit folgendem Ablaufschema vollendet worden: Der Samstagnachmittag bleibt die Kernzeit der Bundesliga; das Vorabendprogramm ist der „Sportschau“ gewidmet; am Sonntag wird das „Sonntagsspiel“, am Montag das „Montagsspiel“ der 2. Liga übertragen; Dienstag und Mittwoch sind die Tage der Champions League; am Donnerstag spielt die Europaliga; am Freitagabend finden die ersten Spiele des neuen Bundesliga-Spieltags statt. Die Alltäglichkeit der Arbeitswoche ist der Rahmen, in den das Serielle der Ligaspiele eingepaßt wird, so daß der Fußball nicht aus dem gewöhnlichen Leben eines Sportbegeisterten wegzudenken ist: Routine und Leidenschaft.

---

[10] Siehe Empacher, Sascha: Die Vermarktung der Fußball-Bundesliga, Pforzheim 2000, 132–153; siehe darin auch das höchst aufschlussreiche Interview mit Reinhold Beckmann, 204–213.

Unser Leitmedium der Wirklichkeitserfassung greift mit seinen Fußballsendungen nach dem, was sich ihm entzieht: Das materielle Geschehen in den Arenen mit seiner körperlichen Sinnlichkeit ist für das Fernsehen aufgrund seiner medialen Struktur unverfügbar, insofern es nur zweidimensionale Bilder liefert. Seine Stärke ist jedoch seine Bearbeitung der erlebten Zeit: Der Ehrgeiz des Fernsehens ist es, die Zeit zu seinem unausgesprochenen Thema zu machen („Tagesschau", „Tagesthemen", „heute", „Frühstücksfernsehen", „Abendschau") – immer handelt es sich um die Zeit in ihren jeweils *präsenten* Momenten.[11]

In der Fußballarena bedeutet Gegenwart etwas ganz anderes als im Fernsehen. Hier heißt Gegenwart, daß man der präsenten Situation nicht entkommen kann; so ist man im Stadion in die Enttäuschung über eine Niederlage eingesperrt; man muss körperlich und psychisch mit ihr fertigwerden, was dadurch erschwert wird, daß es allen anderen um einen herum ähnlich geht. Das körperliche Sich-Spüren mit allen psychischen und körperlichen Folgen kann vom Fernsehen nicht reproduziert werden; noch weniger die Bildung einer Gemeinsamkeit mit anderen und das Existenzgefühl, das ich als *mein* Gefühl spüre. Mehr als jede andere Sportart setzt der Fußball bei den Zuschauern das Glück des freien Verhaltens ohne Gängelei frei, bei dem man seine Spontaneität ausleben, wo man primitiv werden, seinen sozialen Status ablegen und sich einer männlich geprägten Kultur hingeben kann.[12]

Welche maßgeblichen Veränderungen sind seit Einführung der Bundesliga 1963 geschehen, so daß der Fußball von allen Schichten der Bundesrepublik anerkannt wird? Drei große Trends sind zu konstatieren:

1. Die Lebens- und Arbeitsverhältnisse haben sich von der körperlichen Praxis weit entfernt. Grund dafür ist die Maschinisierung und Computerisierung der Arbeitswelt und das deutlich gestiegene Bildungsniveau. Die Erinnerung an die Mühen und die erniedrigenden Seiten der körperlichen Arbeit, die noch zur Zeit der Großeltern lebendig war, ist weitgehend verschwunden. Das körperliche Arbeiten der Fußballer ist heute hochattraktiv.
2. Die Dominanz des Fernsehens als Leitmedium führt zu einer Suche nach sinnlicher Gegenwart, nach einem Wunsch, mit den dargestellten Körpern und Ereignissen selbst Fühlung aufzunehmen.
3. Das Körperliche ist ästhetisiert worden. Dies gilt nicht nur für die schönen Körper; es gibt auch starke Wünsche nach einer „Rückkehr" zum Primitiven und Kraftvollen. Das Leben hat sich verfeinert; es ist luxuriöser und wohlhabender geworden, aber nicht raffinierter. Die Suche nach sinnlichen Aspekten des Lebens hat zugenommen, zugleich auch die Nutzung von Medien, die nicht zu ihrem erklärten Ziel, sondern zu Surrogaten führt. Mit den Fußballübertragungen soll das Fernsehen diese Aspekte in den Alltag der Zuschauer bringen, ist aber dazu nur begrenzt fähig. Es *behauptet die Wirklichkeit* der von ihm in Bildern gezeigten Sinnlichkeit, Emotionen und Körperlichkeit. Es tut so, als sei das Dargestellte die Wirklichkeit selbst.

---

[11] Hingegen hat es Schwierigkeiten, Vergangenheit darzustellen: Kein TV-Film über die großen Spiele der 1970er Jahre kann uns heute noch begeistern. Für die Erinnerung an Spiele, Eindrücke, Erlebnisse aus der Vergangenheit ist das – sprachliche – Erzählen notwendig.

[12] Diese Kultur lässt natürlich auch Frauen zu, insofern die Zugehörigkeit zu ihr nicht vom Geschlecht determiniert wird. Weil die Kultur in den Stadien eine solche vorübergehende Freiheit gewährt, galt der Fußball zu Anfang der 1960er Jahre als vulgär, so daß es viele Mittelschichtfamilien nicht gern sahen, wenn ihre Jungen in einen Fußballverein eintreten wollten.

In der ersten Phase der TV-Darstellung der Bundesliga, in Hubertys *Sportschau*, war das Fernsehen noch von der Wirklichkeit geprägt; es war noch auf der Suche nach einem eigenen Stil, der über das Zeigen von Spielausschnitte hinausging. In der letzten hier betrachteten Phase entstand eine eigene Dramatisierung von Bildern: Fußball wurde emotionalisiert und zu einer Show sinnlich präsentierter Körper und artistischer Handlungen gemacht. Auf der anderen Seite unternahmen die Spieler, Veranstalter und Zuschauer alle Anstrengungen, um dem Anspruch einer Show gerecht zu werden. Aus dem Privatfernsehen kam der entscheidende Entwicklungsschub, das Fernsehen als Glamour-Medium neu zu erfinden. Für ein Programm, das sich über Werbung finanziert, hat dies den ökonomischen Sinn, die Werbespots zu verteuern. Wesentliches Ergebnis der Strategie, Fußball kostbar zu machen, war die Explosion der Kosten für die Übertragungsrechte. Wenn Fußballer als glamouröse Werbeträger eingesetzt werden, versucht man mit Sportlern, mit recht alltäglichen Menschen also, denen die Ausstrahlung und das schauspielerische Können von Filmstars abgeht, „großes Kino" zu machen. An die Größe des Films mit seinen Welterfolgen kommen Sportsendungen bei weitem nicht heran. Wie das Beispiel Lionel Messi zeigt, ist dies auch gar nicht nötig, um die Herzen der Zuschauer zu gewinnen: Es ist vielmehr die Banalität seiner gewöhnlichen Existenz außerhalb der Arena, die für ihn einnimmt – er ist wie wir, können die Zuschauer denken, und er vollbringt Wunder, wahre Wunder.

Seit etwa 2005 hat sich der Fußball in Deutschland verändert. Er hat sich auf die Qualität des *Sportlichen* zurückbesonnen: Das Training wurde intensiviert; junge Trainer haben mit deutlich höherem Fachwissen als ihre älteren Kollegen die Spielweisen reformiert; die Vereine bilden ihren eigenen Nachwuchs heran; gestiegene Professionalität der Spieler hat zu einem höheren Arbeitsethos geführt. Wichtig ist in diesem Zusammenhang, daß auch die Vereinsführungen an Qualität gewonnen haben und die für einen professionellen Fußball notwendigen Innovationen unterstützen.

Heute ist der Bundesligafußball an dem Punkt angekommen, daß das Fernsehen eines an ihm erkennen kann: Es hat sich mit der Steigerung des Realen das falsche Ziel gesetzt. Seine Fußballdarstellung ist eine Annäherung nicht an das reale Geschehen, sondern an den Stil von Unterhaltung und Werbung.

Michael Krüger

Fußball, Fußball, über alles – Die Verdrängung von Turnen sowie konkurrierenden Sportarten durch „König Fußball"

In den Darstellungen des Internationalen Fußballverbandes zur Fußballgeschichte, beispielsweise in dem Band FIFA 1904–2004, der 2004 anläßlich des 100-jährigen FIFA-Jubiläums herausgegeben wurde, wird betont, daß das Fußballspiel historische Wurzeln in aller Welt habe, von den Kickspielen im alten China über die Fuß-Ballspiele der Indianer in Nord- und Südamerika bis hin zu Frankreich, Italien und schließlich natürlich England, dem Mutterland des modernen Fußballs. Fußball ist mit anderen Worten ein Weltkulturerbe, das jedoch nicht geschützt werden muß. Im Gegenteil steht der Fußballsport in Verdacht, durch seine Hegemonie die Artenvielfalt der Kultur der Leibesübungen und Bewegungsspiele zu bedrohen. Der Fußball dominiert den Sport, zumindest in Europa und Südamerika. Er verdrängt alle anderen Sportarten. Besorgte Turnlehrer und Leibeserzieher, zu denen sich auch der Autor zählt, befürchten seit über 100 Jahren den Niedergang der Körperkultur im Allgemeinen und der Leibeserziehung und Körperbildung speziell, insbesondere der männlichen Jugend – eben durch Fußball. Die Attraktivität des Fußballs für Mädchen und Frauen scheint dagegen nach wie vor begrenzt zu sein.

Wie war es denn möglich, daß der Fußballsport zu dieser universellen Verbreitung und Dominanz kommen konnte? Wie und warum kam es dazu, daß andere Inhalte und Formen der Körperkultur wie die des Turnens in Deutschland vom Fußball regelrecht vom Platz gefegt wurden. Der Ball, schrieb der Journalist Hans Seiffert 1932 in dem Künstler- und Intellektuellenblatt *Der Querschnitt*, sei das Symbol der neuen Weltreligion des 20. Jahrhunderts, des Sports, und er meinte vor allem den Fußball. Er konnte noch nicht wissen, wie viele und mächtige Kathedralen bis heute gebaut wurden, um den Gläubigen in aller Welt Gelegenheit zu geben, diesem „religiösen Dienst am Ball", wie er schrieb,[1] zu huldigen; wahrscheinlich mehr und mächtigere als es die Kirche in 2000 Jahren geschafft hat.

Die Verdrängung des Turnens und ggf. anderer Sportarten in Deutschland durch „König Fußball" ist kein aktuelles Phänomen, sondern läßt sich bis in die Anfänge von Turnen und Sport zurückverfolgen, als zwei unterschiedliche Modelle von Leibesübungen aufeinander trafen: Der britisch-englische Sport und das deutsche Turnen bzw. weiter gefaßt die kontinentaleuropäische Form der Gymnastik und des Turnens. Aus der Sicht des englischen Sports hat das gar nichts mit Sport zu tun, sondern höchstens mit *physical education, physical exercises, physical recreation* oder auch mit *drills*, die man in der Armee für die einfachen Soldaten kannte oder auch für Mädchen zur Haltungsschulung und Gesundheitserziehung.

---

[1] Seiffert, Hans: Weltreligion des 20. Jahrhunderts. Aus einem Werk des 120. Jahrhunderts. In: Der Querschnitt 12,6 (1932) 385–387, hier 386.

Im Folgenden geht es um die komplexe Beziehungsgeschichte zwischen Fußball und Turnen. Wie das meistens in langen Beziehungen der Fall ist, gibt es nicht nur einen Sieger. Eine zentrale These dieses Beitrags lautet, daß der sportliche Fußball das Turnen in Deutschland nicht nur verdrängt, sondern auch dazu beigetragen hat, Turnen zu modernisieren bzw. zu „versportlichen", wie in der Fachliteratur gesagt wird.[2] Außerdem fand auch eine Art „Verturnung" des Fußballs statt; das ist die zweite These, der im Folgenden nachgegangen wird. Im Ergebnis läßt sich jedenfalls nicht behaupten, daß es heute außer Fußball in Deutschland keinen anderen Sport oder keine anderen Leibesübungen und Bewegungsspiele mehr gäbe. „König Fußball" dominiert eindeutig die Medien und die öffentliche Wahrnehmung des Sports, aber es gibt auch einen anderen Sport, der nicht oder kaum in den Medien präsent ist. Und dieser Sport heißt Breiten- und Freizeitsport und war historisch gesehen in Deutschland das, was man „Turnen" nannte.

Nach den aktuellen Mitgliederzahlen steht zwar der Deutsche Fußball-Bund mit rund 6,5 Millionen Mitgliedern in den Fußballvereinen und -abteilungen mit Abstand an erster Stelle der Rangliste der Spitzenverbände im Deutschen Olympischen Sportbund. An zweiter Stelle rangiert allerdings schon der Deutsche Turner-Bund mit 5 Millionen Mitgliedern; davon ca. 70% Mädchen und Frauen. Eine kritische Bereinigung dieser Statistik ergibt außerdem, daß die Zahl der passiven Mitglieder in den Fußballvereinen und -abteilungen wesentlich höher ist als in den Turnvereinen und -abteilungen. Die Tatsache, daß der DFB von seinen Vereinen viel geringere Pauschalen als andere Verbände verlangt, führt schließlich dazu, daß Vereine Mitglieder einfach beim DFB melden, ohne daß sie Fußball spielen. Dies trifft vor allem für Mädchen und Frauen zu. Nach der Statistik sind rund eine Million Mädchen und Frauen als Mitglieder beim DFB gemeldet. Nach realistischen Schätzungen spielt jedoch höchstens die Hälfte Fußball.[3]

Zur Geschichte der Beziehung von Fußball und Turnen

In praktisch allen europäischen und auch zahlreichen außereuropäischen Ländern läßt sich nach den historischen Quellen eine Fülle vormoderner Volksspiele (*folk-games*) nachweisen, die als Vorläufer moderner Fußballspiele angesehen werden können. Sie wurden im angelsächsischen Raum als *football*, *campball*, *hurling* oder *knappan* bezeichnet, *soule* und *calcio* in Frankreich und Italien. Auch bei den Indianern Nord- und Südamerikas ist man fündig geworden. Bei allen lokalen und regionalen Unterschieden solcher *folk-games* handelte es sich generell um wilde, rauhe, kampfbetonte Spiele. Das Ausmaß physischer Gewalt war wesentlich höher, als es heute im Fußball (*soccer*), Rugby oder anderen, vergleichbaren Spielen erlaubt ist, auch im American Football, der amerikanischen Variante des Fußballspiels. Sie ist

---

2 Diese verbreitete These der „Versportung" oder *sportization* der Leibesübungen geht zurück auf Elias, Norbert: The Genesis of Sport as a Sociological Problem. In: Elias, Norbert / Dunning, Eric: Quest for Excitement. Sport and Leisure in the Civilizing Process, Cambridge 1986, 126–149.

3 Siehe die Homepages des DOSB, des DTB und des DFB mit den jeweiligen Mitgliederstatistiken bzw. Bestandserhebungen, die wegen methodischer Mängel aus sportpolitisch-strukturellen Gründen jedoch nur eine eher grobe Orientierung bieten können. Siehe Thieme, Lutz: Mitgliedermeldungen und Bestandserhebungen, in: Sportwissenschaft 40 (2010) 191–203.

einerseits brutaler und aggressiver als der weltweit verbreitete „Soccer", weist aber andererseits ein höheres Maß an Differenzierung, Spezialisierung, Bürokratisierung und Planung des Spiels auf, wie Allen Guttmann[4] und andere Soziologen und Historiker betonen.[5] Die Fouls, für die heute rote Karten gezeigt werden, sind jedenfalls im Vergleich zu den Gewalttätigkeiten vormoderner Volksspiele harmlos.

Die Entstehung und Entwicklung des modernen Fußballsports in England sind eng mit der Geschichte der *Public Schools* verbunden, in denen die Söhne der neuen und die Welt beherrschenden Klasse der Gentlemen erzogen wurden.[6] In der Geschichte der *Public Schools* spiegeln sich nach Dunning/Sheard[7] wie in einem Mikrokosmos die Prozesse der Staatsbildung und Zivilisierung der englischen Gesellschaft. Im 18. Jahrhundert und bis ins frühe 19. Jahrhundert hinein waren Aufstände rebellischer Schüler gegen die Lehrer an der Tagesordnung.

Die erste Schule, an der es den Schulautoritäten gelang, das Schulleben wieder zu kontrollieren, war Rugby unter ihrem legendären Headmaster Thomas Arnold. Sein Erziehungskonzept des *Christian Gentleman* gewährte den Schülern auf der einen Seite ein hohes Maß an Autonomie und Selbstverantwortung, Arnold verstand es aber auf der anderen Seite, die Schüler an allgemeine Regeln und Normen zu binden. Obwohl Arnold entgegen den Legenden, die sich um ihn rankten, nie eine Zeile über Sport oder gar Fußball, aber dafür viel über Moral und *Christianity* schrieb, spielte der Fußball in seiner Erziehungsreform in Rugby eine zentrale Rolle. Arnold wollte an seiner Schule die aus den Fugen geratene Ordnung wiederherstellen. Er schaffte dies durch eine neue Balance von Fremd- und Selbstkontrolle der Schüler. In diesem Zusammenhang entstanden schließlich 1845 in Rugby die ersten geschriebenen Fußballregeln. Sie hatten auch den Zweck, das Ausmaß physischer Gewalt in diesem alten Volksspiel zu begrenzen, indem das Tragen schwerer, eisenbeschlagener Schuhe verboten wurde. Die Rivalität zwischen Rugby und Eton führte dazu, daß 1849 in Eton eigene Fußballregeln niedergeschrieben wurden, nach denen im Unterschied zu Rugby das Aufnehmen des Balls verboten war, aber wie in Rugby der Ball nicht nach vorne abgespielt werden durfte.

Transformationen des Fußballsports

Als der Fußball um 1900 auch in Deutschland Verbreitung fand, bildete er einen deutlichen Kontrast zu der Form der Körper- und Bewegungskultur, die in Deutschland unter dem Namen Turnen bekannt und damals in weiten Kreisen der Bevölkerung beliebt war.

[4] Guttmann, Allen: Games & Empires. Modern Sports and Cultural Imperialism, New York 1994.

[5] Wer mehr über die Konkurrenz von „American Football" und Soccer in Amerika erfahren möchte, sei auf das Buch von Markovits, Andrej S. / Hellermann, Steven L.: Im Abseits. Fußball in der amerikanischen Sportkultur. Hamburg 2002 (am. Original: Offside: Soccer and American Exceptionalism. Princeton University Press 2001) verwiesen.

[6] Vgl. die grundlegende Studie: Mangan, J.A.: Athleticism in the Victorian and Edvardian Public School, Cambridge 1981.

[7] Dunning, Eric / Sheard, Kenneth: Barbarians, Gentlemen, and Players. Sociological Study of the Development of Rugby Football, Oxford 1979.

Christiane Eisenberg, die sich in ihrem grundlegenden Werk „‚English sports' und deutsche Bürger"[8] mit diesem „Kulturtransfer" intensiv beschäftigte, schreibt, daß das Fußballspiel in Deutschland weder „vorindustrielle Traditionen" gehabt habe noch in den Turnvereinen gepflegt worden sei. Dem kann und sollte im Grundsatz nicht widersprochen werden. Zugleich darf nicht unerwähnt bleiben, daß der unerschöpfliche Schatz von Volks-, Jugend-, Kinder- und Bewegungsspielen, den u.a. die philanthropischen Leibeserzieher der Aufklärungszeit gehoben haben, wenn auch sehr selektiv durchaus Ballspiele birgt, bei denen Bälle mit Hand und Fuß gespielt wurden. Der Begriff „Kulturtransfer" als analytischer Begriff lässt zunächst offen, in welche Richtung und welcher Form dieser Kulturtransfer stattfand und es immer noch tut. Eisenbergs These geht jedoch eindeutig von einem Transfer von Großbritannien nach Deutschland aus. Weniger bzw. gar keine Aufmerksamkeit schenkt sie erstens dem Kulturtransfer in die umgekehrte Richtung, also von Deutschland bzw. von Kontinentaleuropa nach England und Großbritannien, und zweitens der Frage, ob und wie sich kulturelle Inhalte und Formen von Spiel und Sport, speziell des Fußballs, in Deutschland verändert haben oder neu interpretiert wurden. Diese Veränderungen lassen sich als eine Art *Verturnung* oder *Verdeutschung* des (Fußball-)Sports interpretieren; wenn auch nicht auf der Ebene des realen Sportgeschehens selbst – der Ball war und ist auf der Insel gleich rund wie in Germanien -, aber auf der ideellen Ebene der nationalkulturellen Deutung und Bedeutung des Spiels.

Eine Bemerkung zu der Behauptung von Eisenberg, daß es in Deutschland keine vorindustrielle Tradition des Fußballspiels gegeben habe, sei jedoch noch erlaubt: Johann Christoph Friedrich GutsMuths, der „Groß- und Erzvater der deutschen Turnkunst", wie ihn die Turner nannten, verstand sich im übrigen nicht in erster Linie als *deutscher* Turnlehrer, sondern als Menschen- und Jugenderzieher, der sich in ganz Europa umtat, um geeignete Übungen und Spiele für seine „Gymnastik für die Jugend" von 1793 zu finden.[9] In seinem Spielebuch erwähnt und beschreibt er auch zahlreiche englische Ballspiele, vom Baseball über Cricket bis hin zum „Handball, ein englisches Spiel"[10], wie er schreibt. Liest man die Beschreibung dieses Spiels, erkennt man, daß es jedoch nicht mit dem heutzutage gespielten Handballspiel zu tun hat, sondern eher Ähnlichkeit mit einem Spiel aufweist, das in der FIFA-Museums Collection[11] als eines der Vorläuferspiele des Spiels der Spiele in einer zeitgenössischen Lithographie als *football at the wall* abgebildet ist. Konrad Koch beschrieb in seiner „Geschichte des Fußballs" aus dem Jahre 1895[12] dieses Spiel als „Mauerball". GutsMuths erwähnt ausdrücklich auch das „in England gewöhnliche Football"[13], das er in die Kategorie der Ballonspiele einordnet, „wobei der Ball bloß mit den Füßen geschlagen wird, so wie beim *gioco del calcio* der Italiener, die es aber nur bei großen Freudenfesten spielen." In England war es jedoch ein „gewöhnliches" Volksspiel, das GutsMuths nicht näher erläutert. Es findet sich auch keine Erwähnung, ob diese

---

8 Vgl. Eisenberg, Christiane: „English sports" und deutsche Bürger. Eine Gesellschaftsgeschichte 1800–1939, Paderborn 1999, 178.

9 GutsMuths, Johann Christoph Friedrich: Gymnastik für die Jugend. In: Schwarze, Max / Limpert, Wilhelm (Hg.): Quellenbücher der Leibesübungen , Band I. Dresden 1928 [1793].

10 Ebd., 77.

11 1000 years of football. FIFA Museum Collection, [Hg. von SPI Group und der FIFA], Berlin 1996, 46.

12 Koch, Konrad: Die Geschichte des Fußballs im Altertum und in der Neuzeit, Berlin 1983 [1895], 28.

13 GutsMuths: Gymnastik für die Jugend, 44.

englischen Spiele auch als Wettkampfspiele mit mehr oder weniger klaren Regeln und Siegern gespielt wurde. Es scheint sich eher um Spiele gehandelt zu haben, die eben in der freien Zeit und bei Festen gespielt wurden, aber eben nicht als Wettspiel mit Siegern und Verlierern.

Zu der Zeit, als GutsMuths die deutschen Körpererzieher auf dieses und andere englische Schulspiele hinwies, gab es das später berühmt gewordene *football* noch gar nicht – weder in der Form mit noch ohne Aufnehmen des Balles mit der Hand. Die Kontakte auf die Insel waren damals wegen der napoleonischen Kriege ohnehin schwierig geworden. Englandreisende wie der berühmte Fürst Pückler-Muskau (1785–1871) oder Johann Georg Kohl (1808–1878) berichteten zwar ihren Lesern über den für deutsche Verhältnisse wunderlichen Gentlemansport, zu dem in erster Linie Jagen und Reiten sowie „Wettrennen, Kämpfe zu Wasser und zu Lande, mit der Faust, mit den Beinen, mit dem Ruder, mit dem Prügel, mit dem Balle usw.“[14] zählten, aber (noch) nichts über das sich damals erst entwickelnde Fußballspiel bzw. seine Vorläufer.

Aus deutscher Sicht und bezogen auf die Entwicklung der Körper- und Bewegungskultur war das 19. Jahrhundert das Jahrhundert des Turnens. Unter den besonderen politischen, sozialen und kulturellen Verhältnissen entwickelte sich hier eine Kultur der Leibesübungen und Bewegungsspiele, die nach ihren Protagonisten Friedrich Ludwig Jahn und Johann Christoph Friedrich GutsMuths als Turnen oder wahlweise und unter Bezug auf die das antike Vorbild als „Gymnastik“ bezeichnet wurde. Turnen war der Name für die Körper- und Bewegungskultur der Deutschen. Es leistete einen spezifischen Beitrag zu ihrer (körper-)kulturellen Nationsbildung. Dieser Prozess verlief bekanntermaßen anders als in Großbritannien, wenn man denn in diesem Fall von einer Nation reden darf. Gemeinsam ist jedoch, daß der englische Sport und die Spiele – *sports and (national) games* – für den Prozeß des *nation-bulding* der Briten eine durchaus vergleichbare Rolle gespielt haben wie das Turnen für die Deutschen.[15]

Eine Gemeinsamkeit und zugleich einen Unterschied zwischen englischem Sport, respektive *football*, und deutschem Turnen möchte ich an dieser Stelle hervorheben. Turnen war von Anfang an politisch und pädagogisch. Es sollte dazu dienen, wie dies Jahn und Eiselen in der „Deutschen Turnkunst“ geschrieben hatten, „ein deutscher Mann zu werden und geworden zu bleiben, um für Volk und Vaterland kräftig zu würken“[16]. *Sports and games* hatten zur selben Zeit in England dagegen gar keinen formulierten Zweck, weder einen politischen noch einen pädagogischen oder erzieherischen. Sport war reiner Zeitvertreib der oberen, wohlhabenden Schichten, derjenigen die sehr viel Zeit und sehr viel Geld hatten. Zeit und Geld sind bis heute die Voraussetzungen für Sport. Thorstein Veblen spottete bekanntlich in seiner *Theory of the Leisure Class* (1899) über diesen martialischen Zeitvertreib der „räuberischen müßigen Klasse“. „Der Sport befriedigt nicht nur die Forderung nach wesentlicher

---

[14] Zit. nach Diem, Carl: Weltgeschichte des Sports, Stuttgart 1971, 676.

[15] In Krüger, Michael: Körperkultur und Nationsbildung. Die Geschichte des Turnens in der Reichsgründungsära – eine Detailstudie über die Deutschen, Schorndorf 1996 habe ich mich intensiv mit der Rolle des Turnens im Prozess der Nationsbildung in Deutschland und der Entwicklung eines nationalen Habitus durch die Praxis turnerischer Leibesübungen und ihrer nationalen Kommunikation auseinandergesetzt.

[16] Jahn, Friedrich Ludwig / Eiselen, Ernst: Deutsche Turnkunst. In: In: Schwarze, Max / Limpert, Wilhelm (Hg.): Quellenbücher der Leibesübungen , Band IV. Dresden 1928 [1816], 252.

Sinnlosigkeit", schrieb Veblen, „sondern er bietet auch – anstelle eines eigentlichen Zwecks – einen annehmbaren Vorwand"[17]. Die Pädagogisierung und Nationalisierung des englischen Sports begann erst, als die englischen *Public Schools* und deren Repräsentanten seinen Wert für die Erziehung der nationalen Eliten erkannten.

Sports waren Angelegenheiten der *upper class*, während das deutsche Turnen die bürgerliche bzw. kleinbürgerliche Schicht in Deutschland repräsentierte, die – angeführt von bildungsbürgerlichen Kreisen, sprich evangelische Pfarrers- und Lehrerfamilien – auch die Basis des „gesellschaftlich organisierten Nationalismus in Deutschland" bildeten, wie dies Dieter Düding in seiner immer noch grundlegenden Studie zu den Sängern, Turnern und Schützen im deutschen Vormärz aufzeigte.[18]

Zur Zeit der Veblen'schen Analyse um 1900 hatte sich die gesellschaftliche und politische Rolle des Sports bzw. der *sports and games* in England allerdings gründlich geändert. Die Briten suchten im Zeitalter des Nationalismus und Imperialismus genauso wie alle anderen Völker und Nationen nach Gründen für ihre nationale Identität und Stärke. Die typisch britisch-englischen *games and sports*, die an den Schulen so intensiv betrieben würden, seien dafür verantwortlich, hieß es bereits 1864 in einem Kommissionsbericht über die Qualität der englischen *public schools*, daß die jungen Gentleman diejenigen Tugenden erlernen würden, die nötig seien, *to govern others and to control themselves*[19]. Den *cult of athleticism*, der bis weit ins 20. Jahrhundert an britischen Schulen, Colleges und Universitäten gepflegt wurde, begleiteten im übrigen Intellektuelle wie George Bernard Shaw und George Orwell mit reichlich Hohn und Spott.

Der Fußball hatte die *playing fields* der *public schools* und *colleges* verlassen und die großen Städte und Industriezentren Großbritanniens erreicht. Insbesondere der in der *Football Association* (FA) von 1863 zusammengeschlossene *Fußball* ohne Aufnehmen des Balles mit der Hand erfreute sich größter Beliebtheit bei den proletarischen Massen, die zu Zehntausenden, um nicht zu sagen Hundertausenden in die Stadien von Wembley, Liverpool und Birmingham strömten, um die von den Industriebaronen finanzierten Fußballprofis zu bejubeln.[20] Fußball wurde zum Massenspektakel. Die Gentlemen selbst zogen sich zunehmend aus dieser Art des Fußballspiels zurück und widmeten sich anderen *sports and games*, Crickett nach wie vor sowie Tennis und Golf. Beim *football* bevorzugten sie die in Rugby gespielte Version mit Aufnehmen des Balles mit der Hand; wobei der Ball gar keiner ist, sondern eben ein Ei. Aber auch beim Rugby waren die *old boys* uneins: In der 1871 gegründeten Rugby-Union spielten die echten Gentlemen-Amateure, von denen sich schließlich 1895 die Profis der *Rugby League* abspalteten.

Eine Gemeinsamkeit von Turnen und Sport bzw. Fußball besteht darin, daß sie einen Beitrag zur nationalen Erziehung leisteten. Dies sollte man bedenken, wenn man sich mit der Rezeption des englischen Fußballs in Deutschland und der deutschen Turnkultur beschäftigt. Beide waren Bestandteil des nationalen Habitus.

---

17 Veblen, Thorsten: Theory of the Leisure Class, Köln 1981 [1899], 191.

18 Düding, Dieter: Organisierter gesellschaftlicher Nationalismus in Deutschland (1808–1847). Bedeutung und Funktion der Turner- und Sängervereine für die deutsche Nationalbewegung, München 1984.

19 Zit. nach Holt, Richard: Sport and the British. A Modern History, Oxford 1989, 76.

20 Wheeler, Robert F.: Organisierter Sport und organisierte Arbeit: Die Arbeitersportbewegung. In: Ritter, Gerhard A. (Hrsg.): Arbeiterkultur, Königstein 1979, 58–74.

Es gab nämlich gegen Ende des 19. Jahrhunderts zwei Fraktionen im Turnerlager hinsichtlich der Frage, ob und wie man mit diesem Spiel umgehen sollte, das bei der männlichen Jugend in Deutschland immer mehr Anhänger fand. Sogar das Militär stellte seine Exerzierplätze für diese „Fußlümmelei" zur Verfügung. „Fußlümmelei" als Schimpfwort für den unaufhaltsam an Popularität gewinnenden Fußballsport in Deutschland stammt bekanntlich von dem Stuttgarter Gymnasialprofessor Karl Planck, der die Fraktion der entschiedenen Fußballgegner anführte. Der geistige Vater dieser Fundamentalkritik eines großen Teils der akademischen Turnlehrerschaft war jedoch der Altphilologe und Leiter der Stuttgarter Turnlehrerbildungsanstalt Otto Heinrich Jäger, dem Planck seine Schrift zum 70. Geburtstag gewidmet hatte. „Wollen wir aber unserer Missachtung und Verachtung Ausdruck verleihen, dann stoßen wir das Ding, das wir gering schätzen, mit dem Fuß beiseite", hatte Jäger geschrieben. „Wir geben dem bissigen Köter einen Tritt. Dieses ‚Hundstritts' halber, der beim Fußballspiel eine so große Rolle spielt, dann aber auch wegen der vorgebeugten erbärmlichen Haltung, in welcher hier die Spieler dem Ball entgegen- und nacheilen, verabscheue ich das Fußballspiel. Es sollte auf keinem deutschen Turnplatz Eingang finden."[21]

In Wirklichkeit hatte das Fußballspiel aber schon längst Eingang auf deutschen Turnplätzen in Schulen und Vereinen gefunden. Das Interesse von Schülern und Studenten an diesem Spiel wurde nicht zuletzt durch Turnlehrer geweckt und unterstützt, die ganz im Gegensatz zu Planck und Jäger in Stuttgart der Auffassung waren, daß dieses Spiel auch pädagogisch wertvoll sei, durchaus zum patriotischen Auftrag der Erziehung der männlichen Jugend dienen und deshalb gefördert und in Schule und Verein verbreitet werden müsste. Zu ihnen gehörte übrigens auch der spätere Turner-Jugendführer und kurzfristig Erste Vorsitzende der Deutschen Turnerschaft, Dr. Edmund Neuendorff. Er kritisierte in seinem Jugend- Turn- Sportbuch ausdrücklich, daß sich „ein deutscher Gelehrter dazu (verstieg, M.K.), das Fußballspiel als Fußlümmelei zu bezeichnen"[22]. Diese Äußerung ist insofern aufschlussreich, als aus ihr der Konflikt zwischen den Modernisierern des alten deutschen Turnens und den alten „Turnphilologen" spricht. Bei Neuendorff wird dieser Gegensatz noch mit einer anti-intellektuellen Spitze gegen die „Gelehrten" versehen, während die Modernisierer die Leidenschaft und Begeisterung am Spiel und Sport betonten.

Diese Modernisierer und zugleich Kritiker der alten turnerischen Körperkultur, die im Wesentlichen aus straffen gymnastischen Frei- und Ordnungsübungen sowie dem Geräteturnen in geschlossenen Turnhallen mit anschließendem *Maulturnen* in den Wirtshäusern bestand, prägten den 1891 gegründeten Zentralausschuss für Volks- und Jugendspiele.[23] Er hatte sich die Aufgabe gestellt, Volks- und Jugendspiele an der frischen Luft in Deutschland bekannt zu machen und für deren Verbreitung zu werben. Das vom Zentralausschuss herausgegebene Jahrbuch für Volks- und Jugendspiele ist die bis heute wichtigste Quelle für Bewegungs-, Turn-, Ball- und Sportspiele

---

[21] Zit. nach Hueppe, Ferdinand: Über die Spielbewegung in Deutschland und die Entstehung des Deutschen Fußball-Bundes. In: Die Leibesübungen 2 (1926) 267–271, hier 271. Kurioserweise hatte einer der größten Fußballideologen der 1920er und 1930er Jahre, Universitätsturnlehrer Paul Sturm aus Tübingen (s.u.), bei Jäger in Stuttgart seine Turnlehrerausbildung absolviert und war ein großer Verehrer seines Meisters.

[22] Neuendorff, Edmund: Jugend- Turn- und Sportbuch, Berlin 1926, 116.

[23] Vgl. Prange, Klaus: Der Zentralausschuss zur Förderung der Volks- und Jugendspiele in Deutschland (1891–1922). In: Stadion 17 (1991) 193–206.

aller Art und aus verschiedenen Kulturen, die vor rund 100 Jahren von spiel- und sportbegeisterten Turn- und Sportlehrern zusammengetragen wurden. Sie bildeten die Grundlage für die zahlreichen Spielesammlungen und die moderne Sportspielpädagogik heute. Einer der Meinungsführer des Zentralausschusses war der Arzt und stellvertretende Vorsitzende der Deutschen Turnerschaft, Ferdinand August Schmidt. Für die Verbreitung englischer Spiele und speziell des Fußballspiels setzten sich die Brauschweiger Turn- und Gymnasiallehrer Konrad Koch und August Hermann besonders ein.

Der „Turnphilologe" Konrad Koch aus Braunschweig spielte schon um 1870, also nur wenige Jahre nachdem die *Football Association* 1863 und noch bevor die *Rugby Union* 1871 in England gegründet worden waren, mit seinen Schülern des Gymnasium *Martino Catharineum* in Braunschweig Fußball, wie es ihm aus England bekannt war; d.h., sowohl mit als auch ohne Aufnehmen des Balles mit der Hand – eine Frage, die Koch und die Turner-Fußballer bzw. Fußball-Lehrer sehr beschäftigte. Das Gründungsdatum der Deutschen Turnerschaft war übrigens informell das Jahr 1860 anläßlich des Ersten Allgemeinen Deutschen Turnfestes in Coburg und offiziell 1868 auf einem Turntag in Weimar. Koch führte schon 1872 einen Pflichtspielnachmittag ein – übrigens eine Idee, die in den 1920er Jahren vom DRA und Carl Diem aufgegriffen und zu einer schulsportpolitischen Forderung erhoben wurde. 1875 schrieb Koch die ersten deutschen Fußballregeln. Im nahen Hannover gründete sein Kollege Ferdinand Wilhelm Fricke den ersten Fußballverein, den „Deutschen Fußballverein zu Hannover 1878", der sich vom dort bestehenden Rugby-Club der Engländerkolonie abgrenzte. Koch entwickelte sich zu einem Vertreter des *Association Football.* Dem gröberen und verletzungsträchtigeren Rugbyspiel der Engländer stand er kritisch und schließlich ablehnend gegenüber. Konrad Koch und viele seiner Turnlehrerkollegen, von denen die meisten sowohl in den Vereinen der Deutschen Turnerschaft als auch in den Schulen pädagogisch wirkten, wollten Fußball zu einem deutschen Turnspiel machen. Um dies zu erreichen, entfaltete er nicht nur eine Fülle praktischer Initiativen als Fußballehrer und Mitglied des Zentralausschusses, sondern betätigte sich auch als Fußballhistoriker, -theoretiker und -pädagoge.

Eine seiner Abhandlungen zum Fußball ist seine im Jahr 1895 erschienene Schrift mit dem Titel „Die Geschichte des Fußballs im Altertum und in der Neuzeit". Koch steht in der Tradition der Turnphilologen des 19. Jahrhunderts und ist bemüht, das Fußballspiel historisch und pädagogisch zu legitimieren. Fußballspiele seien in allen Hochkulturen und in allen Epochen der Menschheitsgeschichte wegen ihrer segensreichen Wirkungen gepflegt worden; auch bei den alten Griechen.[24] Mit anderen Worten: Fußball ist keine Erfindung der Engländer, sondern ein universelles und mithin kulturell und pädagogisch wertvolles Spiel. Inzwischen erfreue es sich auch beim deutschen Volk großer Beliebtheit. Deshalb sei auch keine andere Organisation als die Deutsche Turnerschaft besser geeignet, sich dieses Volksspiels „Fußball" anzunehmen, weil deren Ziel und Aufgabe bekanntlich darin bestehe, volkstümliche Spiele und Leibesübungen im Volk bekannt zu machen und zu verbreiten. Koch beendet seine Abhandlung mit einem Jahn-Zitat und der Versicherung, daß der Turnvater das Fußballspiel wegen seiner erzieherischen und belebenden Wirkungen

---

[24] Der Bezug zu den alten Griechen, die ebenfalls Fußball gespielt hätten, ist historisch eher nicht zutreffend. Die Argumentation ist jedoch prinzipiell dieselbe wie die in den Festschriften der FIFA, wo, wie erwähnt, Fußball als eine Art kulturanthropologische Konstante angesehen wird.

ganz bestimmt unter die Turnübungen aufgenommen hätte, wenn ihm das Spiel bekannt gewesen wäre.

Diese Transformation des englischen Fußballs in das deutsche Turnen zeigt, daß es nicht nur eine *Versportung* oder *Sportisierung* des Turnens gab, sondern umgekehrt auch eine *Turnisierung* des Sports und des Fußballs. Sie trug noch vor der Gründung des Deutschen Fußball Bundes im Jahr 1900 wesentlich dazu bei, dieses englische Spiel in Deutschland zu popularisieren und als ein Erziehungsmittel für Schule, Verein und Militär in Deutschland zu legitimieren. Der Zentralausschuss für Volks- und Jugendspiele, in dem die patriotischen Kräfte des deutschen Turn- und Sportwesens, Turnlehrer, Verbandsvertreter und Militärs, vertreten waren, setzte sich besonders dafür ein. Ein Mitglied des Zentralauschusses, der Arzt und Sozialhygieniker Professor Hueppe, wurde der erste Vorsitzende des Deutschen Fußball-Bundes.[25] Es ist im Übrigen kein Zufall, daß sich Ärzte wie F.A. Schmidt, F. Hueppe und viele andere, die in der Tradition von Rudolf Virchow (der ein aktiver Turner war) standen und Medizin als eine in erster Linie soziale Aufgabe verstanden, für dieses kräftigende Spiel an der frischen Luft einsetzten.

Den Bemühungen von Turnlehrern wie Konrad Koch um die Kontrolle des Fußballspiels durch Pädagogisierung und Disziplinierung sowie seine Integration in die DT war jedoch nur ein mäßiger Erfolg beschieden; denn erstens ließ sich nur ein kleiner Teil der Fußball spielenden männlichen Jugend für die disziplinierte turnerische Variante des Spiels begeistern, und zweitens waren weder die Personen noch die Strukturen der Turnerschaft offen und flexibel genug, um das Interesse am Fußball organisatorisch-institutionell auffangen zu können.

Unabhängig von den Bemühungen dieser sport- und fußballfreundlichen Turnlehrer infizierte sich die männliche Jugend zunehmend mit dieser „englischen Krankheit", um zum letzten Mal Karl Planck zu zitieren. Sie lernte es durch englische Schüler an Internaten kennen, ebenso durch englische Techniker, Angestellte und Handlungsreisende, die für ihre Firmen in Deutschland arbeiteten, meistens in den größeren Städten mit „Engländerkolonien" wie Berlin, Hamburg, Hannover und München. Aber auch englische Touristen in Kur- und Erholungsorten pflegten ihre *sports and games*. In Bad Homburg soll 1876 das erste Tennismatch auf deutschem Boden ausgetragen worden sein.

Stellvertretend für diese Gruppe junger Männer, die in der Regel den gehobenen bürgerlichen Kreisen angehörten, und deren Faible für den Fußballsport steht Walter Bensemann aus Karlsruhe, „der Mann, der den Fußball nach Deutschland brachte", wie sein Biograph Bernd M. Beyer titelte. Dies trifft jedoch nur zum Teil zu. Jedenfalls gründete der Schüler Bensemann schon 1889 mit 16 Jahren den Karlsruher Fußballclub und als Student 1892 den Straßburger Fußballverein sowie 1894/95 die Karlsruher Kickers.[26]

Bensemann ist insofern typisch, als in praktisch jeder Universitätsstadt in Deutschland um 1900 die Studenten anfingen Fußball zu spielen und sich der Fußballvirus rasch auf die Oberschüler, aber dann auch auf andere männliche Jugendliche

[25] Vgl. Eisenberg, Christiane (Hrsg.): Fußball, Soccer, Calcio. Ein englischer Sport auf seinem Weg um die Welt, München 1997.

[26] Vgl. auch Bräuche, Ernst Otto: Sport in Karlsruhe. Von den Anfängen bis heute, hg. vom Stadtarchiv Karlsruhe, Karlsruhe 2006.

übertrug, die genügend Zeit und Geld hatten. Die jungen Männer in den Turnvereinen, die eher dem Handwerker- und Arbeiterstand angehörten, wollten ebenfalls Fußball spielen. Sie setzten dies meistens auch gegenüber ihren Turnwarten durch und spielten vor und nach der Turnstunde und in der Schule Fußball. Wenn dies nicht gelang, gründeten sie eigene Turn-Spielabteilungen in den Turnvereinen und spielten Fußball. Auch die „volkstümlichen Turner", die also weniger das Gerätturnen betrieben, sondern die volkstümlichen Übungen des Laufens und Werfens auf dem Turnplatz pflegten, spielten gern Fußball.

Das „volkstümliche Turnen" war der turnerische Name für den athletischen Sport. Die Athleten und „leichten Athleten", die nicht im turnerischen, sondern im sportlichen Geist wettkampf- und leistungsorientiert laufen, springen und werfen wollten, schlossen sich in eigenen Clubs zusammen, die anderen blieben im Turnverein.[27] Der erste und bekannteste Athletik-Club war der 1894/95 gegründete Berliner Sportclub, der wesentlich von Carl Diem geprägt wurde. Viele junge Leute, die *athletic sports* nach englischer Art betrieben, spielten ebenfalls Fußball, und umgekehrt. Das bekannteste Beispiel ist der Berliner Architekt Georg Demmler, der gemeinsam mit Diem 1898 die Deutsche Sportbehörde für Athletik ins Leben rief.[28] Demmler spielte beim FC Germania Berlin Fußball und führte 1905 die bei der DSBfA geführte Rekordliste im Fußballweitstoßen mit 60 m an.[29]. Fußballweitstoßen gehörte genauso zum Standardprogramm athletischer Wettkämpfe wie Weitwerfen mit dem Cricketball – analog zum Schlagballweitwerfen bei den volkstümlichen Turnern, das auch auf den Turnfesten zum Programm gehörte. In vielen Vereinen, in denen englische Spiele gespielt wurden, betrieb man neben Fußball, Tennis und Cricket auch Athletik bzw. Leichtathletik. Viele brachten dies im Vereinsnamen auch zum Ausdruck. In Hamburg hatten sich im Olympiajahr 1896 die Fußball und Cricket spielenden Vereine zum Hamburger Fußball- und Cricket-Bund zusammengeschlossen. Die Fußball- und Cricketvereine organisierten im Übrigen neben Wettspielen auch athletische Meetings. Der Zusammenhang von Fußball und Leichtathletik ist bis heute im Fußball- und Leichtathletikverband Westfalen (FLVW) erhalten geblieben. Leichtathletik war die Ergänzungssportart für die Fußballer, mit der sie sich im Sommer fit hielten und konditionell auf die Fußballsaison vorbereiteten. Peco Bauwens, der bekannte internationale Fußballschiedsrichter und erste Vorsitzende des Deutschen Fußball Bundes nach dem Zweiten Weltkrieg, forderte 1925, Jugendliche erst nach einer gründlichen leichtathletischen Schulung überhaupt für Fußball-Wettspiele zuzulassen.[30]

Leider gibt es vor der Gründung des Deutschen Fußball Bundes 1900 keine verlässlichen Zahlen über Fußball spielende Mannschaften oder Vereine, schon gar nicht über „wilde", d.h. unorganisierte Teams, die auf Wiesen, Exerzier- oder anderen freien Plätzen kickten. Es ist auch nicht möglich die Zahl der Fußball spielenden

[27] Der Sportjournalist und Mitgründer der Deutschen Sportbehörde für Athletik, Kurt Doerry, sprach in seinem Büchlein (Doerry, Kurt: Leichte Athletik, m. Abb., Leipzig 1904) von der „leichten Athletik" im Unterschied zur Schwerathletik.

[28] 1933 wurde die Sportbehörde als *Fachamt Leichtathletik* im DRL gleichgeschaltet. 1949 wurde in der Bundesrepublik der Deutsche Leichtathletikverband gegründet.

[29] Vgl. Bernett, Hajo: Geschichte der Leichtathletik im Wandel, Schorndorf 1987, 36.

[30] Jürgen Klinsmann und Joachim Löw sind im übrigen aus modernen trainingsmethodischen Gründen und natürlich unter dem Einfluß ihrer sportmedizinischen Abteilungen nicht weit von dieser Auffassung entfernt.

Turner in den Turnvereinen zu bemessen, weil diese in der Regel in den Spielabteilungen Fußball spielten und nicht auf Anhieb als Fußballspieler zu identifizieren sind. Je nach lokalen und regionalen Umständen bzw. je nach Unterstützung durch Turnlehrer, Vorturner und Vorsitzende der jeweiligen Vereine fühlten sich die Fußballer in den Turnvereinen wohl und hielten fest zu ihrem Turnverein, oder sie traten aus und gründeten einen eigenen Fußball- und Sportverein, weil sie in ihrem Turnvereine nicht wohl gelitten waren.

Es war jedenfalls keineswegs so, daß das Fußballspielen in den Turnvereinen generell auf Ablehnung stieß. Im Gegenteil teilten ganz offensichtlich zahlreiche Vereine und Turnspielabteilungen die Meinung der Fußball-Turnlehrer Koch, Hermann, Fricke uvam., daß das Fußballspiel ein deutsches und turnpädagogisch wertvolles Spiel sei, das einen festen Platz in den Turnvereinen und in den Schulen bekommen sollte.[31] Selbst die Führung der Deutschen Turnerschaft war dem Fußballspiel nicht grundsätzlich abgeneigt. Viele hatten jedoch erzieherische und disziplinarische Bedenken. Typisch ist die Äußerung des Wiener Turnlehrers Hoffer auf der 8. Deutschen Turnlehrerversammlung 1876 in Braunschweig: „Die Spiele sind zwar nützliche Bewegungen, aber sie entziehen sich mehr oder weniger der Berechnung des Lehrers“[32] – das war die große Sorge der Lehrer.

Wie Ferdinand Hueppe, der erste Vorsitzende des 1900 gegründeten Deutschen Fußball Bundes schrieb, wurde Planck nach der Veröffentlichung seiner Schmähschrift auch eher als „komische Figur“ wahrgenommen und nicht ernst genommen. Das ist bis heute so geblieben. Hueppe schrieb in seinem Rückblick zum 25jährigen Bestehen des DFB, daß sich schon damals der Spielgedanke des Fußballs so sehr verbreitet habe, daß in der Turnerschaft neben den üblichen harmlosen kleinen Spielen wie Raffball, Korbball, Torball, Turmball usw. auch andere, dem Fußball ähnliche Spiele entwickelt worden seien. Als Beispiel nennt er den Berliner Turnwart Heise, der das Handballspiel eingeführt habe: „Ein reines Fangspiel mit den Händen unter dem Namen des Handballs, das einige Verbreitung erreichte, besonders bei den Mädchen, aber als männliches Kampfspiel nicht ganz an Fußball heranreicht“, wie Hueppe meinte.[33] Die ideologische Ablehnung des Fußballspiels durch die Turnlehrer und zugleich der Spielgedanke des Fußballs, der auch die Turner faszinierte, führte nach Hueppe also dazu, daß neue Spiele erfunden wurden, bei denen der Ball zwar nicht mit dem Fuß getreten wird, die aber den Grundgedanken des Fußballs als eines von Mannschaften gespielten Kampfspiels vertrat; und dieses Spiel war Handball.

Die Turner scheinen jedoch mehrheitlich eher Sympathien für das Spiel gehabt zu haben. Auf dem Deutschen Turnfest 1889 in München wurde ein Fußballspiel zwischen dem „Allgemeinen Turnverein in Leipzig“ und dem Londoner Fußball-Club Orion ausgetragen, um den Turnern dieses neue englische Spiel vorzustellen.[34]

[31] Auf die zahlreichen Bemühungen um eine „Verdeutschung“ des Sports und Fußballsport speziell, die auch darin bestand, englische Fachbegriffe einzudeutschen, wird nicht näher eingegangen. Dafür steht auch das Buch des Vorsitzenden des Deutschen Schwimmverbandes, Geisow, Hans: Deutscher Sportgeist, Stuttgart 1925.

[32] Vogt, Karl: Die 8. deutsche Turnlehrer-Versammlung in Braunschweig vom 27. bis 30.7.1876. In: Deutsche Turn-Zeitung 21 (1876) 305–310, hier 308.

[33] Vgl. Hueppe: Spielbewegung, 271.

[34] Vgl. Handbuch der Turnspiele. Amtliches Jahrbuch der Turnspiele der Deutschen Turnerschaft (D.T.), Jahrgänge 1925 und 1926, 52.

„Allgemeine Turnvereine" in den größeren Städten wie der in Leipzig, die man im heutigen Verständnis als Großsportvereine bezeichnen könnte, waren in der Regel offener für solche sport- und bewegungskulturellen Neuerungen als kleine Dorfturnvereine. Aber auch dort wurde Fußball gespielt. Daß dieses Demonstrationsspiel gerade in München durchgeführt wurde, hat bestimmt auch damit zu tun, daß im Turnverein 1860 München, aus dem der heutige TSV 1860 München hervorging, viel Fußball gespielt wurde. 1899 bildete sich eine eigene Fußballabteilung, die Münchener „Löwen". Nach der Gründung des Deutschen Fußball-Bundes nahmen sie auch an dessen Ligarunden teil.

In den Arbeiterturnvereinen wurde ebenfalls Fußball gespielt. Die sozialistischen Arbeiterturn- und Sportführer agitierten jedoch ab dem Moment gegen Fußball, als große Betriebe wie Siemens und Osram Fußballvereine gründeten oder unterstützten. Die strengen Partei- und Gewerkschaftsfunktionäre befürchteten, daß das Fußballspielen nicht nur der Gesundheit der Arbeiter, sondern auch ihrem Klassenbewusstsein abträglich sein könnte. Ähnlich argumentierte die katholische Kirche, die große Bedenken gegen das Fußballspielen an den Schulen, aber auch in den katholischen Jugendvereinen, den späteren Vereinen der DJK, anmeldete.[35]

Vielleicht passt zu diesem kreativen Miteinander und Nebeneinander von Turnen und Fußball innerhalb und außerhalb von Turn- und Sportvereinen die berühmte Geschichte vom „Kleinen Frieden im Großen Krieg", die Michael Jürgs nach authentischen Quellen und der Vorlage des britischen Autors Michael Foreman erzählte.[36] Es war 1914 an der Westfront, als Deutsche, Briten und Franzosen nicht nur einen begrenzten Waffenstillstand schlossen und gemeinsam Weihnachten feierten, sondern sie spielten zwischen aufgestellten Weihnachtsbäumen auch miteinander und gegeneinander Fußball.[37] Nach einigen Quellen sollen die Sachsen 3:2 gegen die Schotten gewonnen haben. Das ist eine bewegende Geschichte und belegt die Phrase von der völkerverbindenden Kraft des internationalen Sports und des Fußballs. Es ist nicht überliefert, ob die Soldaten, die auf deutscher Seite mitgespielt haben, Turner, Fußballer oder Leichtathleten, Arbeiterturner und -sportler, Betriebssportler oder konfessionell engagierte Sportler, ob sie überhaupt Mitglieder in Turn- und Sportvereinen waren. Aber es liegt nahe, denn fast alle jungen Männer waren, ebenso wie heute, auch Turner und Sportler. Es ist deshalb davon auszugehen, daß es nicht nur lupenreine Fußballer waren, die Weihnachten 1914 an der Westfront kickten, sondern auch Turner, Athleten und Spieler, einfach junge Männer, die Spaß am Fußball hatten. Das Fußballspiel selbst hat in dieser Situation offenbar für kurze Zeit alle politischen, nationalen und ideologischen Gräben und sogar die Schützengräben zugeschüttet. Bis heute liegt eine Faszination des Fußballs darin, daß zumindest für 90 Minuten alle politischen, sozialen, wirtschaftlichen, kulturellen, religiösen und sonstigen Schranken, die Menschen entzweien, überwunden oder vergessen zu sein scheinen. Im Spiel selbst gelten nur sportliche Regeln und Grenzen.

Der Erste Weltkrieg war in jeder Hinsicht ein einschneidendes Ereignis; auch für Turnen und Sport. Trotzdem setzte sich die seit dem Ende des 19. Jahrhunderts zu

---

[35] Vgl. Koppehel, Carl: Geschichte des deutschen Fußballsports. Hg. in Zusammenarbeit mit dem deutschen Fußballbund, Frankfurt am Main 1954, 133.

[36] Jürgs, Michael: Der kleine Friede im großen Krieg. Westfront 1914. Als Deutsche, Franzosen und Briten gemeinsam Weihnachten feierten, München 2003; Forman, Michael: War Game, London 1993.

[37] Jürgs: Der kleine Friede, 174–180.

beobachtende *Versportung* des Turnens fort, bzw. sie verstärkte sich: Fußball wurde immer beliebter, Turnen in allen seinen Varianten zwar auch, aber die Zuwachsraten an Mitgliedern und Vereinen beim DFB, der 1900 gegründet wurde, lagen deutlich im zweistelligen Bereich, während bei den Turnern eher mäßige Bilanzen zu verkünden waren: In zehn Jahren von 1904 bis 1913 stieg die Zahl der Mitgliedsvereine des Deutschen Fußball-Bundes von 194 auf 2233, also um mehr als das Zehnfache, die der Mitglieder in den Fußballvereinen von 9317 auf 1892/94, das ist mehr als das Zwanzigfache. Bei den Turnern stagnierte die Zahl auf hohem Niveau bei rund 1,2 Millionen Mitgliedern in den Turnvereinen vor dem Ersten Weltkrieg, fiel dann im Krieg dramatisch ab, um jedoch bald wieder das Vorkriegsniveau zu erreichen bzw. zu übertreffen. 1922 lag die Mitgliederzahl der DT bei rund 1,6 Millionen, des Arbeiter-Turnerbunds bei etwa 850 000 und des DFB bei 1,1 Millionen Mitgliedern. Ferdinand Hueppe hatte ohne Zweifel Recht, wenn er 1925 behauptete, daß Fußball „ein wahres Volksspiel, das deutsche Nationalspiel" geworden sei;[38] und daß Fußball nicht nur innerhalb des Fußball-Bundes gespielt würde, wie er hinzufügte, „sondern auch in den Arbeitersportkreisen, in der Turnerschaft, und dann noch in vielen wilden Vereinen."

Die Turnerschaft partizipierte nicht im selben Maß vom Aufschwung der Sportbewegung in Deutschland nach dem Weltkrieg wie der Fußball. Der Fußball erlebte nach dem Ersten Weltkrieg seinen Durchbruch zum Sportspiel Nr. 1. Das hatte auch damit zu tun, daß die Deutsche Turnerschaft nicht nur Mitglieder an die Sportler und Fußballer verlor, sondern auch aus politischen Gründen an die Arbeiterturn- und Sportvereine und -verbände und schließlich ebenso an die konfessionellen Vereine und Verbände; insbesondere an die DJK.

Wegen der starren bismarck- und kaisertreuen, nationalistischen und anti-sozialistischen Haltung der Turnerschaft kehrten viele klassenbewußte Arbeiter der DT den Rücken und traten entweder den sozialistischen Turnvereinen bei oder schlossen sich in freien Turnvereinen zusammen, die politisch neutral und in körperkultureller Hinsicht liberal und offen sein wollten. Diese starre patriotische und anti-sozialistische Haltung war um so unverständlicher, als sehr viele Arbeiter und kleine Handwerker in den Turnvereinen organisiert waren. Auf dem äußersten rechten politischen Rand trennte sich die Turnerschaft von antisemitischen Vereinen und Verbänden, beispielsweise im Turnkreis XV, Deutsch-Österreich. Und trotzdem war die Deutsche Turnerschaft nach wie vor die größte Organisation für Leibesübungen in Deutschland bzw. auf der Welt. Es gab jedoch immer mehr Turner, die die ideologischen Positionen der Turnfunktionäre in der DT nicht mehr billigten. Vieles kam unten in den Vereinen auch gar nicht an, was oben schwadroniert wurde – das scheint damals nicht viel anders gewesen zu sein als heute.

Die bürgerliche Turnerschaft stand sich in mehrfacher Hinsicht selbst im Wege: Obwohl sie laut Satzung eigentlich politisch neutral sein wollte und sollte, realisierten viele ihrer Funktionäre nicht oder verstärkten sogar bewußt die Tendenz, daß sich die DT „zum Unterfutter des nach rechts verschobenen Nationalismus" in Deutschland entwickelte, wie Dieter Langewiesche einmal formulierte. Bezeichnend sind dafür die noch vor dem Ersten Weltkrieg geäußerten verschrobenen, nationalistischen Ausfälle des greisen DT-Führers und Abgeordneten der Nationalliberalen Partei im Reichstag, Ferdinand Goetz, die sich gegen den internationalen Sport, gegen die Spielerei und

---

[38] Vgl. Hueppe: Spielbewegung, 271.

die Sozialisten richteten und die DT wahrscheinlich Zehntausende von Mitgliedern kosteten. Die DT öffnete sich nicht neuen Mitgliedern in den Turnvereinen, sondern verschloß sich ihnen. Obwohl die DT im Sinne ihres „Turnvaters Jahn" vorgab, die Interessen des ganzen Volkes in Sachen Turnen und Gymnastik zu vertreten, ignorierten viele Turnfunktionäre an der Spitze die gewandelten Turn-, Sport- und Spielinteressen und -bedürfnisse der Menschen in Deutschland, besonders die der Jugend. Obwohl die Turnerfunktionäre in ihren Festreden immer wieder behaupteten, daß Turnen die Gesamtheit aller im deutschen Volk betriebenen Leibesübungen beinhalte, argumentierten und agitierten viele gegen den Sport, der doch so viele junge Menschen in Deutschland begeisterte.

Selbst auf ihrem ureigenen Feld, der turnerischen Wehrerziehung, mußten die Turner Federn lassen. Die jüngeren Offiziere der kaiserlichen Armee schätzten nicht mehr so sehr das straffe Turnen als militärische Vor- und Ausbildung, sondern den athletischen und kämpferischen Sport. Der sportlich gestählte Walter von Reichenau, später IOC-Mitglied und Hitlers General, steht für diesen neuen Typ des Sportlersoldaten und für den wehrpropädeutischen Paradigmenwechsel der Körper- und Bewegungskultur. Die Offiziere der preußischen und auch der anderen Armeen in Deutschland öffneten nicht nur bereitwillig den Sportlern und Fußballern ihre Exerzierplätze, sondern 1910 wurde sogar offiziell in einem neuen Militär-Turnerlaß im Rahmen der Heeres-Dienstvorschrift das Fußballspiel in den Ausbildungsplänen der preußischen Armee verankert. Fußball avancierte in den letzten Jahren vor dem Ersten Weltkrieg zum „Soldatenspiel", meint zu Recht Christiane Eisenberg.[39]

Und schließlich sperrten sich die Meinungsführer der Turnbewegung gegen die Olympischen Spiele, weil nach ihrer Meinung deutsche Turner nicht an einem internationalen Sportfest teilnehmen sollten. Die DT-Führung vertrat im Zeitalter des Imperialismus immer noch den alten, anachronistischen Einigungs-Nationalismus der Revolutions- und Reichsgründungszeit des 19. Jahrhunderts und realisierte nicht, daß der deutsche Kaiser und die ihn stützenden Eliten bereits eine ganz andere, eben imperialistische Idee von Deutschland vertraten, wenn sie mit Reichskanzler Bülow forderten, daß Deutschland seinen „Platz an der Sonne" bekommen müsse. Es ging nicht mehr darum, die Deutschen zu einem Volk zu einen, sondern der ganzen Welt die Macht und Stärke Deutschlands zu demonstrieren. Die Turner blieben jedoch eher ihrem kleinbürgerlich-patriotischen Nationalismus verhaftet. Sie blieben lieber zu Hause und turnten auf ihren Turnfesten, während die Sportler zu Olympischen Spielen reisten und internationale Wettkämpfe, Turniere und Fußball-Länderspiele bestritten.

Mit anderen Worten: Die DT fand nur mühsam den Weg in die moderne Gesellschaft des 20. Jahrhunderts. Sie wurde auch in körper- und bewegungskultureller Hinsicht als eine Art Auslaufmodell angesehen. Die Zukunft gehörte dem Sport und dem Fußball. Diese Fehleinschätzung der politischen sowie körper- und bewegungskulturellen Entwicklung und Modernisierung Deutschland durch die Meinungsführer der Turnerschaft läßt sich im Endeffekt bis zu Edmund Neuendorff – „zurück zu Jahn, es gibt kein besseres Vorwärts" – und seiner Politik der Anbiederung und Selbstgleichschaltung gegenüber dem NS-Regime beobachten. Die Turner verkannten die Zeichen der Zeit.

[39] Vgl. Eisenberg: „English Sports" und deutsche Bürger, 193.

Willibald Gebhardt und Carl Diem, die jungen Repräsentanten der modernen olympischen Sportbewegung in Deutschland, streckten mehrfach die Hand zu den Turnern aus. Der eine, Gebhardt, versuchte sie mit Engelszungen zur Teilnahme an den Olympischen Spielen zu bewegen. Aber die Turnführer konnten nicht über ihren Schatten springen und hielten es mit der Ehre eines deutschen Turners unvereinbar, der Einladung eines französischen Barons zu einem internationalen Sportfest zu folgen. Der andere, Diem, bot ihnen am Beginn des Ersten Weltkriegs einen „Frieden zwischen Turnen und Sport" an. Der damals 32jährige Chef des OK der Spiele von Berlin 1916 schlug vor, pragmatische Lösungen zu finden und die ideologischen Gräben zwischen Turnen und Sport zuzuschütten. Weder Turnern noch Sportlern könne man die nationale, patriotische Gesinnung absprechen. Vielmehr seien die Olympischen Spiele in Deutschland eine einmalige Gelegenheit, auch und gerade für die Turner, der ganzen Welt zu zeigen, zu welchen Leistungen deutsche Turner und Sportler fähig seien – so wie das die Schweden 1912 in Stockholm demonstriert hatten. Es sei deshalb eine patriotische Pflicht, daß Turnen und Sport, Turn- und Sportvereine und -verbände zusammenarbeiteten. Analog hatte Kaiser Wilhelm zu Beginn des Weltkriegs verkündet, daß er nun keine Parteien mehr kenne, sondern nur noch Deutsche. Diem schlug konkrete Absprachen zwischen den Turn- und Sportorganisationen vor, wer welche „Gebiete der Leibesübungen" vertreten, Wettkämpfe und Turniere, aber auch Turn- und Sportfeste durchführen sollte. Sein Ziel war es letztlich, die gesamte Turn- und Sportbewegung in Deutschland hinter der olympischen Flagge zu vereinen und mit einer großen und leistungsfähigen Mannschaft auf den Olympischen Spielen im eigenen Land aufzutreten. Daraus wurde bekanntlich nichts, weil der Weltkrieg einen Strich durch diese Rechnung machte. Aber der Deutsche Rechtsausschuß für Olympische Spiele, der noch während des Krieges in Deutscher Rechtsausschuß für Leibesübungen umbenannt wurde, etablierte sich nun unter der Führung Theodor Lewalds und Carl Diems zum neuen, bürgerlichen Dachverband für Leibesübungen neben der Deutschen Turnerschaft.

Der Begriff Leibesübungen wurde von Diem, aber auch von Turnfunktionären wie Neuendorff nicht naiv, sondern bewußt als Fachbegriff benutzt, um den Anspruch des DRA zu verdeutlichen, alle Turn-, Sport- und Spielvereine in Deutschland zu vertreten. Damit wurde Turnen aus der Sicht des DRA als ein Fachgebiet der „deutschen Leibesübungen" eingestuft.[40] Die Deutsche Turnerschaft wurde wie der Deutsche Fußball-Bund oder die Deutsche Sportbehörde für Athletik als ein Fachverband für Leibesübungen angesehen. Das war aus der Sicht der Deutschen Turnerschaft eine nicht hinnehmbare Anmaßung; denn seit Jahn vertrat sie die Gesamtheit der Leibesübungen bzw. der körper- und bewegungskulturellen Interessen der deutschen Bevölkerung.

Nach dem Ersten Weltkrieg erlebte das Turn- und Sportleben in Deutschland einen großen Boom. In der Turnerschaft war die Ära des Alt-Achtundvierzigers Ferdinand Goetz zu Ende gegangen. Spiel und Sport hielten nun verstärkt Einzug in die

---

[40] Siehe den Sammelband von Neuendorff, Edmund (Hg.): Die deutschen Leibesübungen. Großes Handbuch für Turnen, Spiel und Sport, Berlin und Leipzig 1927. Diem hatte schon 1914 in seiner Schrift *Friede zwischen Turnen und Sport* die gemeinsamen Aufgaben und Interessen aller „Leibesübungen" treibenden Vereine und Verbände betont. (Diem, Carl: Friede zwischen Turnen und Sport, Leipzig 1914.) Eisenberg: „English Sports" und deutsche Bürger, 311 deutet den Begriff Leibesübungen als „Indiz für die erfolgreiche Integration des Sports in die deutsche Gesellschaft".

Turnvereine. Die Spielerfraktion gewann bei den Turnern und Turnlehrern die Oberhand, und ihr neuer Vorsitzender Dr. Oskar Berger, Oberstudiendirektor aus Aschersleben bei Magdeburg, förderte nachhaltig die Verbreitung der Turnspiele und auch des Fußballs in den Turnvereinen. Es gibt viele bekannte Beispiele von Turnvereinen, in denen Fußballabteilungen gegründet wurden, die auch an den Spielrunden des Deutschen Fußball-Bundes teilnahmen. Viele Turnvereine nannten sich in Turn- und Sportvereine um. Dies hatte wohl auch damit zu tun, daß während des Ersten Weltkriegs, als sowohl Turner als auch Sportler und Fußballspieler zu den Waffen geeilt waren, keine vollständigen Mannschaften mehr zusammenkamen und deshalb Turn- und Sportvereine bzw. -abteilungen fusionierten. Der Turnverein Münster 1862 beispielsweise schloss sich gleich nach dem Krieg mit den Münsteraner Ballspielvereinen von 1906 („Ballspielverein Münster") und 1909 („Spiel und Sport") zum Turn- und Spielverein Münster zusammen. Schon 1920 kam es jedoch mit den Fußballern zu Konflikten, die schließlich aus dem Verein austraten. Der TSV wurde wieder zum TV Münster, und die Fußballer gingen zum SC Münster und FC Preußen, aus dem dann der heutige Fußballverein FC Preußen Münster hervorging. Solche und ähnliche Geschichten lassen sich von vielen Vereinen aus vielen Städten erzählen. In München und Stuttgart beispielsweise gingen die Fußballvereine aus den Fußballabteilungen der großen Männerturnvereine hervor. Vom FC Schalke 04 ist hinlänglich bekannt, daß der Vorsitzende des Schalker Turnvereins, Fritz Unkel, die Schalker Kicker schon 1912 bereitwillig beim Turnverein aufnahm, weil sie beim Westdeutschen Spielverband abblitzten.

Es herrschte also ein buntes Durcheinander in der deutschen Turn- und Sportlandschaft. Fußball wurde in eigenen Fußballvereinen gespielt, in Sportvereinen mit mehreren Abteilungen, in denen häufig englische Spiele wie Crickett und Athletik betrieben wurde. Fußball wurde aber auch in Arbeiter-Turnvereinen gespielt. Der ATB nannte sich deshalb 1919 in Arbeiter- Turn- und Sportbund um, weil eben schon längst nicht mehr nur nach altväterlicher Sitte an Geräten geturnt wurde, sondern auch englische Spiele und athletische Übungen sowie Radfahren betrieben wurden. Die Deutsche Turnerschaft blieb natürlich bei ihrem Namen, aber in den Turnvereinen, besonders in den größeren Vereinen in den Städten mit mehreren Abteilungen und vielen jungen Mitgliedern hatten längst Spiel und Sport Einzug gehalten; daneben jedoch auch das Frauen- und Mädchenturnen sowie neue gymnastische Übungen, Bewegungen und Tänze für Mädchen und Frauen.

Dieses auf den ersten Blick harmonische, bunte Miteinander und Nebeneinander von Turn-, Sport- und Spielvereinen ist jedoch nur die eine Seite der Medaille. Die andere war, daß die Organisationen um Mitglieder konkurrierten und im Kampf um Mitglieder auch mit harten Bandagen kämpften, indem sie beispielsweise Fußball spielende Mitglieder von Turnvereinen nicht bei Meisterschaften mitspielen oder die Leichtathleten die volkstümlichen Turner nicht bei Meisterschaften an den Start gehen ließen und umgekehrt. Hintergrund dieses Konflikts war der von den Sportverbänden und dem DRA unter Führung von Lewald und Diem vertretene „Grundsatz der Ausschließlichkeit", der besagte, daß ein Sportverband für die von ihm vertretene Sportart oder Sportarten das ausschließliche Vertretungsrecht bekommen müsse. Der Grund für dieses Prinzip war die Teilnahme an Olympischen Spielen und die Meldung einer Olympiamannschaft. Der zuständige Fachverband hatte aber auch die Verantwortung für die Regeln, die Durchführung von Meisterschaften oder auch die Vertretung der jeweiligen Sportart gegenüber der Politik. Da die Turnerschaft aber kein Fachverband im sportlichen Sinn war, musste dieses Prinzip naturgemäß zu Konflikten mit der Deutschen Turnerschaft führen, in deren Vereinen natürlich auch Leichtathletik betrieben und Fußball gespielt wurde.[41]

Dieser Konflikt beherrschte die Zusammenarbeit der Turn- und Sportverbände im nach 1917 neu konstituierten und so genannten Deutschen Reichsausschuss für Leibesübungen. Staatsekretär Dr. Theodor Lewald wurde zum Vorsitzenden gewählt. Seine beiden Stellvertreter wurden der Vorsitzende der DT, Dr. Oskar Berger und Alexander Dominicus, der 1921 für wenige Monate preußischer Innenminister war und der liberalen Deutschen Demokratischen Partei (DDP) angehörte. Dominicus hatte 1915, nach dem Tod Emil von Schenckendorffs, dessen Nachfolge als Vorsitzender des Zentralausschusses für Volks- und Jugendspiele angetreten. Er war auch einer der Herausgeber der Jahrbücher für Volks- und Jugendspiele. 1929 wurde er Nachfolger von Oskar Berger als DT-Vorsitzender.

Ausgerechnet unter diesen in politischer und (körper-)kultureller Hinsicht eher liberalen Turn- und Sportfunktionären und Freunden des Spielsports kam es 1922 zur „reinlichen Scheidung" zwischen Turnen und Sport und 1925 zum förmlichen Austritt der DT aus dem DRA. Der Streit eskalierte dermaßen, daß Lewald offenbar erwog, Berger zum Duell herauszufordern, was jedoch dann doch nicht realisiert wurde.[42] Turnern wurde nun nicht mehr erlaubt, an Sportwettkämpfen und Sportlern, an Turnfesten und Turnmeisterschaften teilzunehmen.

Diese „reinliche Scheidung" hatte katastrophale Folgen, wie auch Carl Diem und Guido von Mengden im Rückblick berichteten: „Mit brutaler Unbekümmertheit wurden Freundschaften auseinandergerissen; der Nachbar, gestern noch beliebter und bequemer Wettkampffreund, wurde zum ‚Verbandsgegner', mit dem zu verkehren verboten war. [...] Hunderte von Wettkampfgruppen wurden zerstört. Man musste nicht mehr nur bis ins nächste oder übernächste Dorf oder Städtchen fahren, um für alle Mannschaften Partner zu finden. Man musste Zeit und Fahrgeld opfern, nur weil es einer engstirnigen Führung gefiel, sich die eigene Verbandsmacht zu erhalten".[43]

Was das konkret bedeutete, belegt das Beispiel des MTV Stuttgart, der die DT- und DRA-Führung „im Interesse der deutschen Jugend" vergeblich um eine Lösung des Problems anflehte. Die Spielabteilung des MTV Stuttgart musste den Verein verlassen, wenn sie weiterhin an den Spielrunden des Süddeutschen Fußballverbandes teilnehmen wollte. Der neue Fußballverein im DFB nannte sich demonstrativ „Jahn 1912", nach dem Jahr, in dem die Spielabteilung im MTV gegründet worden war, um seine Verbundenheit mit dem Stammverein und der Turnbewegung zum Ausdruck zu bringen. 1933, als die nationalsozialistische Gleichschaltung des Sports begonnen hatte, kehrte der Verein wieder als Fußballabteilung in den Stammverein MTV Stuttgart zurück.[44]

Die gescholtenen Funktionäre der DT entfalteten nun jedoch große Aktivitäten, um die Spieler in den Turnvereinen zu halten. Es gelang aber nur mühsam, ein attraktives Ligasystem aufzubauen; zumal man eben nicht nur das Fußballspiel, sondern

41 Vgl. Neuendorff, Edmund: Geschichte der neueren deutschen Leibesübung von Beginn des 18. Jahrhunderts bis zur Gegenwart, Wisconsin [1932], Bd. IV, 670.

42 Vgl. Eisenberg: „English Sports" und deutsche Bürger, 380.

43 Zit. nach ebd.

44 Vgl. Körner, Frieder: Männerturnverein Stuttgart. Die Geschichte eines Turnvereins, Stuttgart 1953, 129.

auch die anderen Turnspiele pflegen und wettkampfmäßig betreuen und dazu noch Deutsche Meisterschaften im volkstümlichen Turnen und anderen Sportarten ausrichten wollte.

Im Handbuch der Turnspiele, das die Turnerschaft seit 1925 in der Nachfolge des Jahrbuchs für Volks- und Jugendspiele des im DRA aufgegangenen Zentralausschusses herausgab, wurden diese Aktivitäten dokumentiert.[45] Demnach wurde in 13 der 15 Turnkreise Fußball gespielt. „Rund 500 Mannschaften waren an den Wettspielreihen 1923/24 beteiligt", hieß es.[46] Das war im Vergleich zum DFB noch wenig, unterstreicht aber das Bemühen der DT, die Konkurrenz zum DFB aufzunehmen. Gespielt wurde im übrigen nach den englischen Fußballregeln, genauso wie im Deutschen Fußball-Bund. Der Allgemeine Turnverein von Leipzig, der 1889 beim Deutschen Turnfest in München das Demonstrationsspiel gegen den Londoner Fußballclub Orion bestritt, hatte sich die offiziellen englischen Fußballregeln übersetzen lassen.[47] Die Einheitlichkeit der Fußballregeln war ein wichtiger Grund für die allgemeine Verbreitung und Popularität des Fußballspiels über Vereins- und Verbandsgrenzen hinweg. Einheitliche Regeln gab es dagegen im Turnen nicht.

Die Deutsche Turnerschaft trug siebenmal von 1925 bis 1930 Fußball-Meisterschaften aus und verlieh den Titel eines Deutschen Fußballmeisters der Turnerschaft. Zweimal spielte eine Auswahl der Turner-Fußballer in einem Fußball-Länderspiel gegen die niederländische Fußball-Nationalmannschaft: 1927 in Köln mit 2:2; und 1932 endete die Begegnung der Fußballauswahl der DT mit einem klaren 5:0-Sieg. DT-Fußballmeister wurde 1925 und 1926 der MTV Fürth, 1927 der TV 1861 Forst, 1928 der Harburger TV, 1929 der TV Mannheim und 1930 die Kruppsche Turngemeinde Essen.

Die „reinliche Scheidung", die 1926 nach dem Wiedereintritt der DT in den DRA beendet wurde, trug jedoch auch zur Klärung der Verhältnisse bei – allerdings zum Nachteil der Turnerschaft. Der DFB profitierte auf längere Sicht von der Konkurrenz mit der Turnerschaft; denn die DT und ihr Spielausschuss schafften es nicht, ein attraktives Meisterschaftssystem aufzubauen. Der DFB sicherte sich das Monopol auf Fußball. Er definierte die Regeln, organisierte die Ligen und bestimmte Niveau und Qualität des Spiels in Deutschland.

Der Deutsche Fußball-Bund entwickelte sich in der Weimarer Republik rasch neben der Deutschen Turnerschaft zum größten Sportfachverband in Deutschland, und der Fußballsport wurde zu einem echten Massensport. In Anlehnung an Norbert Elias könnte man sagen, daß die Menschen beim Fußballspielen, sei es als aktive Spieler oder als Massenpublikum bei den Spielen von Schalke, Hertha, Köln oder Preußen Münster eine Möglichkeit fanden, ihre aggressiven Leidenschaften zu befriedigen und die Spannungen zu lösen, die sie in ihrem Arbeits- und Familienleben zu überwältigen drohten. Die ist sicher bis heute ein wesentlicher Grund für die Karriere von „König Fußball".

Die Weimarer Zeit war geprägt von wachsenden sozialen Spannungen und nationalen Emotionen. Turnen und Sport wurden insgesamt als Mittel der nationalen

---

[45] Die Jahrbücher des 1921 aufgelösten Zentralausschusses gingen im Jahrbuch der Leibesübungen auf, das Carl Diem für den DRA herausgab. Die DT verstand ihr Handbuch der Turnspiele auch als Alternative zu diesem Jahrbuch des DRA.

[46] Schmugge, Paul (Hg.): Handbuch der Turnspiele 1925. Amtliches Jahrbuch der Turnspiele der Deutschen Turnerschaft (D.T.), Dresden 1925, 130.

[47] Vgl. Handbuch der Turnspiele, 1925. S. 52.

Erziehung und Wehrhaftigkeit angesehen; zumal im Versailler Friedensvertrag das Heer auf 100 000 Mann reduziert wurde. In diesen politisch-gesellschaftlichen Zusammenhang sind auch die seit dem 19. Jahrhundert anhaltenden Versuche einzuordnen, Sport und Fußball zu verdeutschen oder besser zu germanisieren; d.h. in der Terminologie von Elias, das Spiel dem Habitus der Deutschen zu adaptieren. Nicht nur an Barren und Reck sollte fürs Vaterland geturnt, sondern auch auf dem Fußballfeld fürs Vaterland gestürmt, gekämpft und gesiegt werden. Allein an diesem Sprachspiel kann man jedoch erkennen, daß sich der Kampfsport Fußball für aggressive nationalistische und militaristische Funktionalisierungen weit besser eignete als das biedere Turnen.

Fußball als deutsches Kampfspiel

Der „Turnführer ins Dritte Reich" (Ueberhorst), Edmund Neuendorff, ein glühender Verehrer der nationalsozialistischen Bewegung, bewunderte diesen kämpferischen „Grundgedanken beim Fußballspiel" besonders: „Zwei feindliche Heere stehen zwischen ihren Burgen", schrieb er in seinem Jugend- Turn- und Sportbuch. „Jedes sucht mit seinen Stoßstrupps die feindliche Burg zu erobern und mit seiner Besatzung die eigene Burg gegen den feindlichen Angriff zu verteidigen. […] Jedes Heer besteht aus 11 Fußballspielern."[48]

Der Tübinger Universitätsturnlehrer Paul Sturm vertrat eine noch elaboriertere Ideologie des „deutschen Kampfspiels" Fußball; wie neben ihm zahlreiche weitere Sport- und Fußball-Ideologen. Sturm war der vielleicht wichtigste und auch einflussreichste von ihnen. Er hatte bei dem schwäbischen „Turnlehrerbildner" Otto Heinrich Jaeger seine Turnlehrerprüfung abgelegt und veröffentlichte im Jahr 1924 ein Buch mit dem Titel „Die seelischen und sittlichen Werte des Sports, insbesondere des Fußballsports, als Grundlage zur Befreiung aus der Knechtschaft." Da einzelne Passagen fast wörtlich in Hitlers „Mein Kampf" zu finden sind, ist zu vermuten, daß es Hitler als Quelle diente.[49]

In Sturms Fußballbuch kommt zum Ausdruck, welche Funktion dem Fußballsport nach dem Ersten Weltkrieg in Deutschland zugesprochen wurde. Er sollte helfen, nach der Niederlage im Weltkrieg und dem „Schmachfrieden" von Versailles die körperlichen und „sittlichen" Kräfte des Volks wieder zu stärken und zu bündeln. Mit den Mitteln des Kampfsports Fußball könnte es gelingen, sich aus der „Knecht-

[48] Neuendorff: Jugend- Turn- und Sportbuch, 115f.

[49] In der vom DFB in Auftrag gegebene Studie von Havemann, Nils: Fußball unterm Hakenkreuz. Der DFB zwischen Sport, Politik und Kommerz, Frankfurt am Main 2005, untersucht dieser erstmals auf der Grundlage von differenzierten, umfangreichen Quellenstudien die Geschichte des deutschen Fußballs im „Dritten Reich". Paul Sturm erwähnt er leider nicht. Sturms Abhandlung steht jedoch im Kontext einer Fülle von Äußerungen von Fußball- und Sportfunktionären, die ähnlich wie Sturm die nationalen und militärischen Funktionen des Fußballs betonten. Auf der anderen Seite kommt Havemann zu dem Ergebnis, daß – ähnlich wie der internationale olympische Sport – der Fußball sich auch einer ausschließlich nationalistischen und militaristischen Interpretation entzog, weil schon in den 1930er Jahren die Internationalisierung des Sports sehr weit gediehen und es nicht zu leugnen war, daß sich über Fußball (und Sport allgemein) zahlreiche internationale und freundschaftliche Verbindungen ergaben und auch gepflegt werden sollten.

schaft", wie Sturm schreibt, zu befreien, in die das deutsche Volk von den Siegermächten gezwungen worden sei.

In Sturms Interpretation des Kampfmotivs beim Fußball läßt sich ein typisch deutsches Verständnis von Kampf und Wettkampf erkennen, das bereits im alten deutschen Turnen angelegt ist. Der Kampf spielte eine große Rolle in der Tradition der deutschen Leibesübungen; aber nicht im Sinne des englischen Verständnisses eines sportlich-fairen Wettkampfs, sondern zur Stärkung des „Wir-Gefühls" der Deutschen und um die Kräfte des Volkes gegen äußere Feinde zu mobilisieren. In diesem Sinn entdeckte Sturm den Fußball als „deutsches Kampfspiel". Nicht nur herausragende körperliche und kämpferische Fähigkeiten sowie spielerisches Können seien nötig, schreibt Sturm, um eine Mannschaft zum Sieg zu führen, sondern vor allem Disziplin, Kampfgeist und mannschaftliche Geschlossenheit. Bis heute gelten diese drei Elemente als die besonderen fußballerischen Tugenden der Deutschen, denen man bekanntlich nachsagt und die auch von sich selber sagen, daß sie in der Regel über den Kampf zum Spiel finden würden.

Die besondere Aufgabe des „Fußballlehrers" (bis heute wird in Deutschland offiziell nicht von Trainern, sondern von Fußballlehrern gesprochen), bestand nach Sturm darin, die Einzelspieler zu einer Mannschaft zu formen. „Bedenkt man, wie unwürdig es ist, seine eigene Kraft nutzlos zu vergeuden, wie unklug es ist, das gemeinsame Vorwärtsstreben zu stören, wie wichtig es dagegen ist, auch die geringste Handlung so einzurichten, daß sie dem gemeinsamen Ziele näher führt, so muß man zu der Ansicht gelangen, daß in der Zügelung der sinnlichen Lust, des Ehrgeizes, die vornehmste Aufgabe einer Mannschaft liegt und die Hauptaufgabe eines Fußballehrers in dieser Richtung liegen muß. Der Grad der Selbstbeherrschung hängt ab vom Grade der Verstandeszucht. Diese Richtung der Arbeit greift tief hinein in das Reich des Geistes und der Seele" – soweit der Tübinger Universitätsturnlehrer Paul Sturm.[50]

Das alte Turnen hatte dies nicht zu bieten. Die DT konnte auch mit dem organisatorischen und logistischen Apparat und Geschick des DFB nicht mithalten; denn es ging den Turnern ja nicht nur um Fußball speziell, sondern um Fußball als einem Turnspiel unter anderen. Die Turnspiele selbst waren wiederum nur Elemente des Turnens als Kultur „deutscher Leibesübungen", wie Edmund Neuendorff seine Sammelbände überschrieb. Für ihn gehörten alle deutschen Leibesübungen einschließlich des Nationalspiels Fußball zur Turnkultur. Dies war der tiefere körper- und bewegungskulturelle Grund, warum er 1933 ernsthaft glaubte, die Turnerschaft würde im Dritten Reich die Gesamtverantwortung für alle deutschen Leibesübungen übertragen bekommen.

Wie bekannt hatte sich der selbsternannte Turnführer Neuendorff in diesem Punkt gewaltig getäuscht. Die Deutsche Turnerschaft wurde auf geradezu zynische Art und Weise zum 75jährigen Jubiläum der DT aufgelöst. Der Reichssportführer schrumpfte die DT zum Fachamt 1 für Turnen, Gymnastik und Sommerspiele (kurzfristig auch Fechten). Fußball gehörte natürlich nicht dazu, sondern bildete ein eigenes Fachamt. Durch Zwang wurde das Organisationsmodell des Sports nach Sportarten durchgesetzt, das Diem schon als DRA-Geschäftsführer favorisiert hatte, allerdings

[50] Sturm, Paul: Die seelischen und sittlichen Werte des Sports, insbesondere des Fußballsports, als Grundlage zur Befreiung aus der Knechtschaft, Stuttgart 1924, 93.

auf freiwilliger Grundlage. Es wurde als politisches System des Sports nach dem Zweiten Weltkrieg in der DDR fortgeführt.

Die Beziehung zwischen Turnen und Fußball war damit geklärt: Sie waren geschiedene Leute und hatten nichts mehr miteinander zu tun.

In der Bundesrepublik begann nun die eigentliche große Karriere des deutschen Nationalspiels Fußballs: Die Mitgliederzahl in den Vereinen und Abteilungen des Deutschen Fußball-Bundes wuchs von 1950 mit knapp 1,5 Millionen Mitgliedern (in 13 000 Vereinen mit 54 000 Mannschaften) auf heute 6,7 Millionen in 25 000 Vereinen mit rund 170 000 Mannschaften. Der Deutsche Turner-Bund zählte im Jahr nach seiner Gründung 1951 rund 900 000 Mitglieder und heute (2011) rund 5 Millionen Mitglieder in etwa 20 000 Vereinen. D.h., praktisch jeder der insgesamt 27 000 Turn- und Sportvereine in Deutschland hat eine Fußballabteilung; außerdem ist der Anteil der reinen Fußballvereine besonders in dörflichen Gegenden besonders hoch. Fast jeder Sportverein hat aber auch eine Turnabteilung; wobei nach der Strukturanalyse des Deutschen Olympischen Sportbundes gerade die größeren, mehrspartigen Vereine aus traditionellen Turnvereinen hervorgingen. Sie weisen in der Regel ein großes Angebot im Breiten-, Freizeit- und Gesundheitssport auf, sprich im Bereich von Gymnastik, Turnen, Spiel und Sport für Groß und Klein. Eingangs wurde bereits erwähnt, daß Fußball und Turnen heute die an Mitgliedern und Vereinen stärksten Verbände im Deutschen Olympischen Sportbund sind. Vergröbert kann man sagen, daß der DFB ein Männersportverband und der DTB ein Frauen- und Mädchensportverband ist.

Der DFB vertritt im Kern eine kämpferisch-aggressive Sportart – Fußball –, und der DTB gymnastische und ästhetische sowie gesundheitlich motivierte Sport- und Gymnastikbereiche. Zu den vier olympischen Sportarten – Kunstturnen männlich und weiblich, Trampolinturnen und Wettkampfgymnastik – kommen zahlreiche weitere Sportarten und Fachgebiete; auch solche, die sich gar nicht einer bestimmten Sportart zuordnen lassen wie Kinderturnen oder Gesundheitssport.

Resümee und Ausblick

Wie lässt sich nun zusammenfassend der Erfolg von „König Fußball“ erklären? Bei dem Versuch einer Antwort geht es nicht ohne theoretische Schützenhilfe. Sie leistet in diesem Fall einer der Begründer der modernen Sportsoziologie, Norbert Elias, und sein Schüler und Kollege von der University of Leicester, Eric Dunning. Demnach hat die Verbreitung des Sports im Allgemeinen und des Fußballsports im Besonderen in modernen Gesellschaften viel mit den Veränderungen des Gewalthaushalts in diesen Gesellschaften zu tun.

Der zehnte Abschnitt des zweiten Kapitels im „Prozess der Zivilisation“ lautet „Über Wandlungen der Angriffslust“ und enthält Passagen, in denen die spätere Beschäftigung von Elias mit Sport und speziell mit Fußball vorweggenommen wird. „Angriffslust“ oder allgemeiner Triebe und Affekte, die mit der Lust am Kämpfen, Besiegen oder Töten von anderen Menschen verbunden sind, erfahren nach Elias im Prozess der Zivilisation eine spezifische Modellierung; sie werden in bestimmte Bahnen gelenkt, „verfeinert“, „raffiniert“ oder „zivilisiert“, wie Elias sagt.

> Die Lust zu kämpfen und zu töten ist aus zivilisierten Gesellschaften nicht verschwunden, sondern sie wurde zum einen „verfeinert", und zum anderen hat sie ihren Platz in eigens legitimierten Räumen und Situationen. „Die Kampf- und Angriffslust findet z.B. einen gesellschaftlich erlaubten Ausdruck im sportlichen Wettkampf", schreibt Elias im Prozess der Zivilisation. „Und sie äußert sich vor allem im ‚Zusehen', etwa im Zusehen bei Boxkämpfen, in der tagtraumartigen Identifizierung mit einigen Wenigen, denen ein gemäßigter und genau geregelter Spielraum zur Entladung solcher Affekte gegeben wird. Und dieses Ausleben von Affekten im Zusehen oder selbst im bloßen Hören, etwa eines Radio-Berichts, ist ein besonders charakteristischer Zug der zivilisierten Gesellschaft. Er ist mitbestimmend für die Entwicklung von Buch und Theater, entscheidend für die Rolle des Kinos in unserer Welt. Schon in der Erziehung, in den Konditionierungsvorschriften für den jungen Menschen wird diese Verwandlung dessen, was ursprünglich als aktive, oft aggressive Lustäußerung auftritt, in die passivere, gesittetere Lust am Zusehen, also in eine bloße Augenlust, in Angriff genommen."[51]

Nach der Lektüre dieser Abschnitte aus Elias' Buch „Über den Prozess der Zivilisation" aus dem Jahr 1939 kann man verstehen, warum der moderne Sport und gerade der Fußballsport in zivilisierten Gesellschaften, in denen von den Menschen ein hohes Maß an Kontrolle gefordert wird, eine so große Rolle spielt, und warum dieser Sport inzwischen eine enge Verbindung mit der Unterhaltungsbranche und Kulturindustrie eingegangen ist.

Sport besteht für Elias aus Kämpfen und Wettkämpfen nicht gewalttätiger Art, die durch körperliche Kraft und Geschicklichkeit gekennzeichnet sind. Kämpfe und Wettkämpfe sind das konstituierende Element des modernen Sports, wobei die damit verbundene körperliche Gewalt auf spezifische Weise kontrolliert wird. Ausprägung und Richtung dieser Verfeinerung körperorientierter Kämpfe und Wettkämpfe sind in den Zivilisations- und Staatsbildungsprozess der modernen Gesellschaften des 19. und 20. Jahrhunderts eingelassen, die in England als Sport und auf dem Kontinent respektive in Deutschland als Gymnastik und Turnen bezeichnet wurden.

Bei der Entwicklung von „König Fußball" in Deutschland ist jedenfalls auffällig, daß er nach jedem verlorenen Weltkrieg einen gewaltigen Aufschwung erlebte – sowohl an aktiven Spielern als auch an Zuschauern. Erst nach den Kriegen ist der Fußball zum „König" geworden.

Nach 1945 ist das ganz offensichtlich: Das „Wunder von Stalingrad" blieb aus, aber dafür bekamen die Deutschen 1954 ihr „Wunder von Bern"; es machte Stalingrad nicht vergessen, aber der Sieg im Ersatzkrieg Fußball tröstete darüber hinweg. Die „Helden von Bern" wurden von einem Fußballlehrer zu einer Mannschaft zusammengeschweißt, der seinen Fußballverstand bereits als „Reichstrainer" entwickelte. Nach dem Zweiten Weltkrieg kam der große Erfolg: Nun stand auch das im Krieg besiegte Volk geschlossen hinter den „Helden von Bern". Ihr Triumphzug von Bern über den Bodensee und das Allgäu bis nach München führte zu einer Massenmobilisierung, die Alfred Georg Frei, der Leiter der Singener Ausstellung zur Fußball-Weltmeisterschaft von 1954, mit dem Bauernkrieg von 1524/25 verglich.

Die Heimkehr der „Helden von Bern" erinnert aber auch an den triumphalen Einzug einer siegreichen Armee in die Heimat, der die Bevölkerung Opfer- und Weihegeschenke darbringt, auch wenn es sich dabei zeittypisch in den 1950er Jahren um

[51] Elias, Norbert: Über den Prozess der Zivilisation. Soziogenetische und psychogenetische Untersuchungen. 2 Bände, Frankfurt am Main 1976 [1969], Bd.1, 280.

Kühlschränke und Maggiprodukte handelte. Heimkehrende, siegreiche Truppen hatte man in Deutschland allerdings lange nicht mehr gesehen; auch deshalb war die Begeisterung groß, daß man endlich wieder einen Sieg feiern und darauf stolz sein konnte, zumal es sich um den Sieg auf einem Felde handelte, das nach dem Krieg als unpolitisch erklärt worden war: das Sport- und Fußballfeld.[52] Im Fußball durfte man auch nach dem verlorenen Krieg wieder erleben, was Jahn und die Turner als „Volkstum" bezeichnet, im Dritten Reich verordnet und nach 1945 als Begriff tabuisiert wurde: „Volksgemeinschaft".

Zivilisationstheoretisch gesehen ließe sich zusammengefaßt die Erfolgsgeschichte des Fußballs in Deutschland, speziell nach 1945, dadurch erklären, daß sich nach zwei katastrophalen militärischen Niederlagen das Fußballspiel besonders dafür eignete, aggressive Leidenschaften, die weder beim Militär, das es nicht mehr oder noch nicht wieder gab, noch im zivilen Leben offen gezeigt werden konnten, wieder in spielerisch-kultivierter Form zu befriedigen; und zwar sowohl beim Spielen selbst als auch beim Zusehen. Das alte Turnen konnte dieses Bedürfnis schon lange nicht mehr befriedigen. Zudem erlaubte es den Deutschen, bei Fußballspielen ihre nach 1945 zwangsweise tabuisierten nationalen Gefühle zu artikulieren, in den letzten Jahren zunehmend selbstbewußter mit der Präsentation nationaler Symbole. Und schließlich durfte die nach 1945 geschrumpfte Nation wieder einmal den Rausch des Sieges erleben. Auch deshalb sind sportliche Wettkämpfe für die internationale politische Hygiene so wichtig, weil sie den Menschen helfen, mit Hilfe von sportlichen Siegen und Erfolgen ihre nationale Identität zu stärken, die auch heute noch das Selbstkonzept der Menschen maßgeblich bestimmt. *Sport is war minus shooting*, sagte treffend George Orwell, und er dachte dabei an Fußballspiele.

Wie läßt es sich jedoch angesichts dieser martialischen Diagnose das Sommermärchen 2006 und das nicht ganz so zauberhafte Frauen-FIFA-WM-Sommermärchen 2011 erklären, die beide darauf angelegt waren, „Die Welt zu Gast bei Freunden" empfangen zu haben. Dieses Motto der WM 2006 erinnert doch sehr an die Olympischen Spiele des Jahres 1972 in München, als mit dem Konzept der „heiteren Spiele" der Welt ebenfalls demonstriert werden sollte, daß Deutschland wieder „Freunde" hat. Damals wollten die Westdeutschen klar machen, daß sie auf ihrem „langen Weg nach Westen", wie das Buch des Historikers Heinrich August Winkler lautet, in der westlichen Kultur und Zivilisation angekommen seien; praktisch ihren Rückfall in die Barbarei überwunden hätten.

Bei der WM 2006 präsentierte sich der Gastgeber wie schon bei den Spielen von München vor allem durch tolle, moderne Sportstätten und durch ein ehrgeiziges und teures Kulturprogramm als Kulturnation. „Kein Austragungsland einer WM hat sich derart leidenschaftlich und großzügig den künstlerischen und kulturellen Aktivitäten als flankierenden Taten zur erhofften Qualität der Fußballspiele verschrieben", meinte André Heller im Vorwort zur WM-Kulturzeitschrift „Anstoß"[53], in der die kulturelle und intellektuelle Avantgarde Deutschlands zu Wort kommt und dessen

---

[52] In dem mehrfach prämierten Kinofilm „Die Helden von Bern", der rechtzeitig zum 50. Jahrestag des Siegs bei der WM in Bern über die Leinwände flimmerte, wird in romantisierender Perspektive nur die Bedeutung dieses Ereignis für das erwachende Selbstbewußtsein der Westdeutschen dargestellt; daß sich dahinter auch militaristische und chauvinistische Motive verbargen, möchte man heute nicht mehr wahrhaben.

[53] Anstoß. Die Zeitschrift des Kunst- und Kulturprogramms zur FIFA WM 2006. Ein Projekt von André Heller [5 Ausgaben, 2004–2006].

erste Nummer ein eigens von Georg Baselitz angefertigtes Bild ziert. So faszinierend und anspruchsvoll dieses in erster Linie von André Heller entwickelte Konzept auch sein mag, man kann sich des Eindrucks nicht erwehren, daß es doch in einem merkwürdigen Gegensatz zur Alltagskultur des deutschen Fußballvolks steht.[54] Der kulturelle und ideologische Überbau des Fußballs liegt auf einer anderen Ebene als seine epische Alltagsprosa.

Die hohe Fußballkultur ist die eine, die andere Seite von „König Fußball" sollte jedoch nicht unterschlagen werden. Enorme Anstrengungen müssen unternommen werden, und keine Kosten werden gescheut, für die letztlich die Fans und auch die Steuerzahler (einschließlich der wenigen, die es aber auch noch geben soll, die sich gar nicht für Fußball interessieren) aufkommen müssen, um die Sicherheit bei Fußballspielen zu garantieren und die trotzdem immer wieder aufflackernden Gewaltexzesse rund um Fußballspiele im Zaum zu halten.

---

[54] Die „Alltagskultur" des deutschen Fußballs kommt beispielsweise in der Untersuchung von Pilz, Gunter A.: Erziehung zum Fairplay im Wettkampfsport. Ergebnisse aus Untersuchungen im wettkampforientierten Jugendfußball. In: Bundesgesundheitsblatt 48 (2005) 881–890, bei Jugendfußballspielern zum Ausdruck. Er befragte C-Jugend-Fußballspiel über ihr Verständnis und ihre Erfahrungen über „Fairplay" und kam zu dem doch ernüchternden Ergebnis, daß es damit nicht weit her ist und in Fußballvereinen eher das Gegenteil gelernt bzw. erfahren wird.

Tobias Werron

„Die Liga“: Entstehung, Funktionen und Schwächen eines Konkurrenzmodells

Einleitung: „Die Liga“ als historisch-soziologisches Problem

Die Idee, Wettkämpfe in Ligen zu organisieren, ist ein relativ junger und bemerkenswert erfolgreicher Beitrag zur Geschichte des Sports. Erstmals aufgetaucht in den 1870er Jahren im US-amerikanischen Baseball, ist sie seitdem tausendfach kopiert und in zahlreiche Sportarten übernommen worden – zuerst im Fußball mit der englischen *Football League* von 1888. Heute ist sie eine Institution des Sportbetriebs, deren Selbstverständlichkeit und Alltagspräsenz über das Innovative, ja Ingeniöse dieser Organisationsform leicht hinwegtäuschen kann. Dieser Institutionalisierungsgrad mag auch teilweise erklären, weshalb „die Liga“ als solche bisher kaum Gegenstand der Forschung gewesen ist: Während es an Untersuchungen einzelner Ligen sowie bestimmter Folgeproblemen der Ligaorganisation (insbesondere *competitive balance*) nicht mehr mangelt, ist die Vorstellung, daß hinter diesen Einzelgeschichten ein „Modell“ steckt – eine abstrakte, imitierbare Form der Wettkampforganisation, über die sich eine eigene Geschichte erzählen ließe – selten gesehen und theoretisch gewürdigt worden.[1]

Neben konzeptionellen Gründen, auf die ich gleich ausführlicher zu sprechen komme, scheint mir die Vernachlässigung dieser Frage auch damit zu tun zu haben, daß dieses Forschungsinteresse tendenziell zwischen den Grenzen der zuständigen Disziplinen liegt: zwischen einer stark auf Gegenwartsprobleme fokussierenden Sportsoziologie einerseits und einer meist auf archivgestützte Rekonstruktion von Teilprozessen fokussierenden Sportgeschichte andererseits. Man mag diese Beobachtung auf eine These zuspitzen (die nach meinem Eindruck derzeit nicht nur für den Bereich des Sports Gültigkeit beanspruchen kann[2]): Es fehlt eine *historische Soziologie des modernen Wettkampfsports*, die soziologische Theoriebildung mit detaillierter historischer Rekonstruktion verbindet und dadurch auf Forschungsfragen aufmerksam machen kann, die im „Normalbetrieb“ beider Disziplinen vernachlässigt werden.

Die folgenden Überlegungen verstehen sich als Test auf die Fruchtbarkeit einer solchen historischen Soziologie des modernen Wettkampfsports. Sie fragen, worin

---

[1] Für eine wichtige, jedoch auf die US-Profiligen konzentrierte, Ausnahme vgl. Leifer, Eric: Making the Majors. The Transformation of Team Sports in America, Cambridge, Mass. 1995.

[2] Für einige Thesen zu einer verwandten Forschungsfrage, Formation und Wandel des globalen Modells des Nationalstaats: Werron, Tobias: Ist ‚der Nationalstaat‘ ein Produkt oder ein Opfer ‚der Globalisierung‘? Sieben Thesen zur Beziehung von Nationalstaatsmodell und Globalisierungsprozessen, in: Soeffner, Hans-Georg (Hg.): Transnationale Vergesellschaftungen. Verhandlungen des 35. Kongresses der Deutschen Gesellschaft für Soziologie in Frankfurt am Main, Wiesbaden 2012 (als CD erschienen).

der spezifische Beitrag des Ligamodells – verstanden als abstrakte, imitierbare Form der Wettkampforganisation – zur Ausdifferenzierung moderner Sportarten besteht: Welche Eigenschaften haben „die Liga" zu einem abstrakten, imitierbaren Modell der Wettkampforganisation werden lassen, das in unterschiedlichen Sportarten und ungeachtet unterschiedlicher kultureller und geographischer Voraussetzungen eingesetzt werden kann? Worin besteht der spezifische Beitrag des Ligamodells zur Zuschauerattraktivität moderner Sportarten? Auf welche Probleme reagierten die ersten Ligen im mittleren bis späten 19. Jahrhundert? Welche Einsichten in die Funktionen, Stärken und Schwächen von Ligen lassen sich aus einer historischen Rekonstruktion der Entstehungsgeschichte des Ligamodells gewinnen?

Der Beitrag antwortet auf diese Fragen in drei Schritten. Er beginnt (1) mit einer theoretischen Skizze zum modernen Wettkampfsport, die den konzeptionellen Rahmen für die historische Analyse formuliert, unterstellend, daß es in einer historischen Soziologie des modernen Wettkampfsports zunächst um die Bestimmung der Voraussetzungen gehen muß, auf denen die *Autonomie („Eigenweltlichkeit")* des heutigen Wettkampfsports ruht. Der hier präsentierte Erklärungsvorschlag lenkt den Blick auf die Frage, wie es modernen Sportarten gelingt, einzelne Wettkämpfe in kontinuierliche und universale, potentiell globale Vergleichszusammenhänge mit anderen Wettkämpfen einzubetten und wie sie die *Erlebnispotentiale* von Wettkämpfen in einem kontinuierlichen Wettkampfbetrieb aufnehmen und stabilisieren.[3] Ligen lassen sich in diesem Rahmen zunächst als Ausprägung einer bestimmten Variante des Wettkampfbetriebs, *Seriensystemen*, verstehen, die auf die Stabilisierung des *Kontingenzpotentials* der Wettkämpfe – die kontinuierliche Produktion ergebnisoffener Erwartungen – ausgerichtet sind. Es folgt (2) der historische Teil der Analyse, in dem ich an der Vor- und Entstehungsgeschichte des frühen amerikanischen Baseballs sowie der Übernahme des Ligamodells im englischen Fußball zu zeigen versuche, auf welche spezifischen Probleme die ersten Ligen reagierten und wie sie diese zu lösen versuchten. Ein Ertrag dieser Analyse besteht in einem historisch fundierten *Begriffsvorschlag ‚der Liga'*, der die lokale Ansiedelung von Clubs/Mannschaften als zentrales Begriffselement von Ligen (im Unterschied zu anderen Seriensystemen) bestimmt. Vor diesem Hintergrund (3) versucht der Schlußabschnitt, die *Stärken und Schwächen des Ligamodells* mit Blick auf das eingangs skizzierte Zusammenspiel von Wettkampfbetrieb und -erleben im modernen Wettkampfsport genauer zu fassen. Ich schließe (4) mit einer kurzen Zusammenfassung.

Seriensysteme im modernen Wettkampfsport

Unter „Wettkampfbetrieb" sollen hier alle Formen zusammengefaßt werden, die einzelne Wettkämpfe in einen Evaluationszusammenhang mit anderen Wettkämpfen

[3] Für eine ausführlichere Darstellung und Entwicklung der hier skizzierten Thesen Werron, Tobias: Der Weltsport und sein Publikum. Zur Autonomie und Entstehung des modernen Wettkampfsports, Weilerswist 2010. Der historische Abschnitt des Aufsatzes greift ebenfalls auf Thesen, Formulierungen und Material aus diesem Buch zurück. Auf Aufsätze, die einzelne Argumente entwickeln und vertiefen, weise ich in den Fußnoten gelegentlich hin.

derselben – nach den gleichen Regeln ausgetragenen – Sportart einbetten.[4] Einfache Beispiele hierfür sind „Turniere“ mit aufeinanderfolgenden Ausscheidungsrunden. Ligen gehören zu den Formen des Wettkampfbetriebs, die man als *Seriensysteme* charakterisieren kann, weil sie eine Vielzahl von Einzelwettkämpfen in eine *kontinuierliche Leistungskonkurrenz integrieren, die jedem Einzelereignis ein identisches evaluatives Gewicht zuweist (= als Teil einer „Serie“ aus gleichen Elementen definiert).* Zu den typischen Erscheinungsformen solcher Seriensysteme kann man neben Ligen z.B. Weltcupserien in Leichtathletik, Skisport, Motorsport usw., aber auch Rundfahrten wie Tour de France oder Tour de Ski zählen. Die beiden Merkmale (1) *Kontinuität* des Leistungsvergleichs über einen größeren Zeitraum hinweg und (2) prinzipielle *Gleichwertigkeit (Serialität) der Teilereignisse (einzelnen Wettkämpfe)* unterscheiden Seriensysteme von Turnier-Formaten wie Pokalwettbewerben oder Play-offs, die primär nach dem K.-o.-Prinzip verfahren und dadurch die „schicksalhaften“ Folgen einzelner Wettkämpfe betonen, insbesondere meist auf ein „Endspiel“ hinauslaufen, das über den Sieger („Meister“, „Goldmedaillengewinner“, „Turniersieger“ usw.) entscheidet und dem schon dadurch eine herausragende Stellung im Gesamtwettbewerb zukommt. Kombinationen beider Prinzipien sind natürlich möglich und werden beispielsweise bei Großereignissen wie Weltmeisterschaften oder bei einem Zwitter-Format wie der „Champions League“ praktiziert (serielle Gruppenphase kombiniert mit Finalrunden im K.-o.-System; Ligasystem mit anschließenden Play-offs, etc.). Für idealtypische Seriensysteme gilt jedoch zunächst: „Kein Match ist wichtiger als das andere, jeder Sieg ist dieselbe Zahl von Punkten wert, und jede Mannschaft an der Spitze muß jederzeit mit der Möglichkeit rechnen, wieder zurückzufallen oder überholt zu werden.“[5]

Auf welche Probleme sind solche Seriensysteme eine Antwort, weshalb tauchen sie in der zweiten Hälfte des 19. Jahrhunderts erstmals auf? Die Beantwortung solcher Fragen verlangt nach einer konzeptionellen Vorstellung, was den modernen Wettkampfsport von historischen Vorgängern sowie verwandten Formen (z.B. Gesellschaftsspielen) unterscheidet. Die hier vertretene kommunikations- und differenzierungstheoretisch inspirierte These lautet: Moderne Sportarten entstehen durch *Einbettung lokaler Wettkämpfe in globale Leistungsvergleichshorizonte*, die die in Wettkämpfen angelegten Erlebnispotentiale für ein potentiell globales Publikum erschließen und in unterschiedlichen Formen des Wettkampfbetriebs stabilisieren („Weltsportarten“). Sportarten in diesem Sinne entwickeln sich seit etwa Ende der 1850er Jahre zunächst in Großbritannien und den USA aus lokal begrenzten, meist in Wett- oder Geselligkeitskontexten eingebetteten, aber bereits Ende des 18., Anfang des 19. Jahrhunderts stark im Wachstum begriffen Wettkampfkulturen.[6] Entscheidend für diese qualitative Transformation in der Mitte des 19. Jahrhunderts war das Zusammenspiel dreier Prozesse, die sich zwischen 1860 und 1890 durchsetzten und wechselseitig stabilisierten: (1) eine zunehmende *Vereinheitlichung der Wettkampfbedingungen* (v.a. Regeln), (2)

---

[4] Ich ziehe „Wettkampfbetrieb“ engeren Begriffen wie „Turnierformat“ vor, weil er Turnierformate mit anderen Formen wie hierarchischen Differenzierungen des Betriebs oder Groß- und Welterreignissen zusammenfassen und auf ein gemeinsames Bezugsproblem – die Integration einzelner Wettkämpfe in einem Deutungskontext mit zahlreichen weiteren Wettkämpfen – beziehen kann.

[5] Laurans, Guy: Qu'est qu'un champion? La compétition sportive en Languedoc au début du siècle. In: Annales ESC 45 (1990) 1047–1069, hier 1048 (Übers. T. W.).

[6] Zu Großbritannien vgl. Harvey, Adrian: The Beginnings of a Commercial Sporting Culture in Britain, 1793–1850, Aldershot 2004. Auf die US-amerikanische Situation komme ich im historischen Abschnitt des Aufsatzes ausführlicher zurück.

die Einrichtung *neuer Formen des Wettkampfbetriebs* (v.a. Ligen/Serien, Leistungshierarchien, Groß- und Weltereignisse) und (3) *öffentliche Kommunikationsprozesse,* die diesen Betrieb mit universalistischen, insbesondere statistischen und narrativen Vergleichskriterien versorgten (v.a. Fandogmatiken, Narrative/Legendenbildung, Rekorde, Tabellen, Statistiken). Das Zusammenspiel dieser drei Prozesse, so die These, erklärt genauer als die in der Literatur bislang üblichen Theorien (die meist auf Ausgleichsfunktionen des Sports, auf die Rolle von Verbänden und anderen Organisationen u.ä. abstellen), wie es modernen Sportarten gelingen konnte, sich aus den Wett- und Geselligkeitskontexten des frühen bis mittleren 19. Jahrhunderts zu lösen und eine eigenständige Sinnsphäre, ‚den modernen Wettkampfsport' zu begründen. Innerhalb dieser Sphäre konnten sich dann viele weiteren Sportarten mit je eigenen Regeln, eigenen Formen des Wettkampfbetriebs und eigenen Leistungsvergleichskriterien herausbilden und durch das im späten 19. Jahrhundert etablierte Zusammenspiel dieser drei Prozesse Autonomie gewinnen.[7]

Folgt man dieser These, beruht die Dynamik des modernen Wettkampfsports vor allem auf der *Dynamik öffentlicher Kommunikationsprozesse*, die sich auf Basis des Telegraphienetzes und einer expandierenden Fach- und Tagespresse Mitte/Ende des 19. Jahrhunderts herausbildeten und im 20. Jahrhundert mit Hilfe weiterer Kommunikationstechnologien (Telefon, Radio, Fernsehen bis Internet) ausgebaut und stabilisiert werden konnten. Tele-Kommunikationstechnologien spielten und spielen dabei eine entscheidende Rolle – nicht nur, weil sie kommunikative Kontakte erleichtern und beschleunigen, sondern weil sie Wettkampfinformationen von räumlich distanzierten Wettkampforten in *Beobachtungsknoten* wie Sportverbänden oder Presseredaktionen zusammenzuführen erlauben, wo sie zeitnah gesammelt, verglichen, evaluiert sowie *veröffentlicht* werden können.[8]

Die Bedeutung der hierdurch erschlossenen Vergleichshorizonte kann man sich an nationalen Ligasystemen gut verdeutlichen: Ein Ligasystem, dessen Clubs über verschiedene Städte verstreut sind, zielt ja auf eine *gleichzeitige Konkurrenz* von Vereinen, die räumlich getrennt sind und sich nur gelegentlich in Wettkämpfen begegnen. Diese Art der Konkurrenz setzt voraus, daß alle Wettkämpfe in *einer* Beobachtungsperspektive *gegenwärtig* zusammengezogen werden, insbesondere die Ergebnisse aller Spiele in *einen* Tabellenstand eingehen können, der laufend aktualisiert, mit erwartungsstimulierenden Statistiken und Erzählungen angereichert und an ein gemeinsames Publikum adressiert werden kann. Nur auf diese Weise kann die Idee *eines* Publikums entstehen, das sich nicht nur für einzelne Spiele, sondern für die Ligakonkurrenz im Ganzen interessieren kann, oder auch, nach demselben Prinzip, für den weltweiten Wettkampfbetrieb ganzer Sportarten (mit Blick auf die Frage, wer *gegenwärtig* der beste Tennisspieler, Fußballspieler etc., *auf der Welt* sei).[9] Den sich Spieltag

[7] Für eine nähere theoretische Begründung dieses Arguments, erläutert an einem Vergleich von Wissenschaft und Sport: Heintz, Bettina / Werron, Tobias: Wie ist Globalisierung möglich? Zur Entstehung globaler Vergleichshorizonte am Beispiel von Wissenschaft und Sport. In: Kölner Zeitschrift für Soziologie und Sozialpsychologie 63 (2011) 359–394.

[8] Ausführlicher zu diesem Medienargument Werron, Tobias: Der Weltsport und seine Medien, in Axster, Felix/Jäger, Jens/Sicks, Kai/Stauff, Markus (Hg.): Mediensport. Strategien der Grenzziehung, München 2009, 23–42.

[9] Die durchgreifende Bedeutung dieser Idee wird deutlicher, wenn ihre weiteren damals erstmals auftretenden Varianten berücksichtigt, insbesondere den „Rekord" – in der heutigen Bedeutung einer nicht überbotenen, aber jederzeit überbietbaren Höchstleistung (dazu Mandell, Richard D.:

für Spieltag verschiebenden Tabellenstand einer Liga kann man folglich auch als Sinnbild einer für den modernen Sport insgesamt stilbildenden Vorstellung begreifen: der Vorstellung einer „gleichzeitig-kontinuierlichen Leistungskonkurrenz unter Abwesenden um die Gunst nationaler, später globaler Publika".

Historisch gesehen war es vor allem eine *technologische Allianz von Presse und Telegraphie* seit Ende der 1850er Jahre, die es plausibel werden ließ, sich die gesamten USA, ganz Großbritannien, später auch die ganze Welt als imaginäre Grenzen einer solchen Leistungskonkurrenz „von Abwesenden um Abwesende" vorzustellen.[10] Eine wichtige, für die Fragestellung dieses Beitrags die wichtigste Konsequenz dieses Erklärungsmodells sehe ich daher darin, daß es auf eine „wechselseitige Beziehung von Modi öffentlicher Beobachtung mit neuen Formen des Wettkampfbetriebs" seit Mitte/Ende des 19. Jahrhunderts aufmerksam macht, die in der Literatur meist als selbstverständlich vorausgesetzt wird.

Der heuristische Ertrag dieser These wird deutlicher, wenn man sie mit einer Analyse *der in Wettkämpfen angelegten Erlebnispotentiale* verknüpft. Wettkämpfe lassen sich definieren als *räumlich-zeitlich-sozial beschränkte Leistungsvergleiche*, die an einem *bestimmten Ort* (der ausgedehnt sein kann, z.B. Straßenradrennen) und *in einem bestimmten Zeitrahmen* (der ebenfalls ausgedehnt sein kann: von 10 Sekunden in einem 100-Meter-Lauf bis zu 5 Tagen in einem traditionellen Cricket-Match) *zwischen einer begrenzten Zahl von Teilnehmern* (die variieren kann: von zwei in einem Tennis- oder Schachmatch bis zu mehreren tausend in einem Stadtmarathon) ausgetragen werden. „Leistungsvergleich" impliziert dabei, daß Wettkämpfe – im Unterschied zu nicht-agonischen Spielformen – auf die Unterscheidung von Siegern und Verlierern, erfolgreicheren und weniger erfolgreichen Teilnehmern ausgerichtet sind.

Denkt man sich zu den Wettkämpfern weitere Beobachter hinzu, die ihre Aufmerksamkeit von außen auf den Wettkampf richten (sollen), lassen sich aus dieser Definition *vier allgemeine Erlebnispotentiale* ableiten, die in jedem Wettkampf – ungeachtet der Sportart – angelegt sind und seine Zuschauerattraktivität ausmachen[11]: (1) das Erleben von *Leistungen*, insbesondere mit Blick auf die Frage, wer als *Sieger oder Verlierer, Erster, Zweiter, Dritter usw.* aus dem Wettkampf hervorgeht (Leistungspotential). (2) Das Erleben von *Spannung*, das sich auf den zeitlich mehr oder weniger ge-

---

The Invention of the Sports Record. In: Stadion 2 (1976) 250–264) – oder die sich nun in allen Sportarten durchsetzende Idee von ‚Weltmeistern' und Weltmeisterschaften (dazu die Aufzählung in Eichberg, Henning: Sozialgeschichtliche Aspekte des Leistungsbegriffs im Sport, in: Kaeber, Hannelore / Tripp, Bernhard (Hg.): Gesellschaftliche Funktionen des Sports. Beiträge einer Fachtagung, Darmstadt 1984 , 85–106, 91).

[10] Zu dem in dieser Formulierung vorausgesetzten, an Georg Simmel anschließenden kommunikationstheoretischen Konkurrenzmodell, das ich hier nicht vertiefen kann, näher Werron, Tobias: Zur sozialen Konstruktion moderner Konkurrenzen. Das Publikum in der ‚Soziologie der Konkurrenz'. In: Tyrell, Hartmann / Meyer, Ingo / Rammstedt Otthein (Hg.): Simmels große ‚Soziologie'. Eine kritische Sichtung nach hundert Jahren, Bielefeld 2011, 227–258; für eine historisch-soziologische Anwendung auf die Geschichte des Nationalstaatssystems Werron, Tobias: Worum konkurrieren Nationalstaaten? Zu Begriff und Geschichte der Konkurrenz um ‚weiche' globale Güter. Erscheint in: Zeitschrift für Soziologie 41 (2012), 338–355.

[11] Näher Werron, Tobias: Der Weltsport und sein Publikum. Weltgesellschaftstheoretische Überlegungen zum Zuschauersport. In: Heintz, Bettina / Münch, Richard/ Tyrell, Hartmann (Hg.), Weltgesellschaft. Theoretische Zugänge und empirische Problemlagen, Sonderheft der Zeitschrift für Soziologie, Stuttgart 2005, 260–289.

dehnten offenen Verlauf des Wettkampfes bezieht (Kontingenzpotential). (3) Die Steigerung des Erlebens durch *Identifikation* mit einzelnen – und gegen die anderen – Wettkampfparteien, die das Sich-Freuen mit Siegern ebenso erlaubt wie das Mit-Leiden mit Verlieren (Identifikationspotential). (4) Das Erleben des *Wettkampfereignisses* – seiner Ästhetik, seiner Atmosphäre, seiner Einmaligkeit – selbst, also das Genießen der unwiederholbaren *Präsenz* des einzelnen Wettkampfes (Präsenzpotential).[12]

Mit Hilfe dieser Differenzierung lassen sich die primären Einsatzstellen und Funktionen neuer Formen des Wettkampfbetriebs (sowie entsprechender Formen der Wettkampfbeobachtung und -evaluation) rekonstruieren, die sich in der zweiten Hälfte des 19. Jahrhunderts erstmals herausbilden und die man heute in allen modernen Wettkampfsportarten – von klassischen Rekordsportarten wie Leichtathletik und Schwimmen über Mannschaftsportarten wie Fußball und Baseball bis hin zu geistigen Wettkampfformen wie Schach – antreffen kann:

(1) Am *Leistungspotential* der Wettkämpfe setzt eine *hierarchische Differenzierung des Wettkampfsystems* auf, die höherklassige Wettkämpfe von niedrigklassigen unterscheidet (auch und gerade dann, wenn sich dies nicht immer in der tatsächlichen Qualität der Leistungen niederschlagen mag). Dieser Unterscheidung von Leistungsklassen entspricht in der öffentlichen Wettkampfbeobachtung eine *selektive Wettkampfberichterstattung*, die ihre Aufmerksamkeit stark auf höhere Leistungsklassen konzentriert und beständig an Kriterien für die Unterscheidung der „besten“ und „weltbesten“ von weniger beeindruckenden Leistungen arbeitet.

(2) Das *Kontingenzpotential* der Wettkämpfe wird vor allem von *Seriensystemen (wie Ligen)* stabilisiert, welche Kontinuität des Leistungsvergleichs gewährleisten und serielle Leistungskonkurrenzen ermöglichen. Kontinuität und Serialität des Betriebs geben der öffentlichen Wettkampfbeobachtung Anlass für *unablässige Spekulationen* über bevorstehende Wettkämpfe und Leistungen im Licht vergangener Wettkämpfe – eine kontinuierliche *Projektion von Erwartungen*, die von narrativen (wechselt der Spieler A von Club X zu Club Y? Wird der Trainer B entlassen, wenn der Club Z am nächsten Spieltag verliert?) Beschreibungen ebenso unterhalten werden kann wie von Sportstatistiken (überholt der Club A in der Tabelle den Club B? Bricht Athlet C den Rekord von Athlet D?).[13]

(3) Das *Identifikationspotential* der Wettkämpfe stabilisieren Beobachtungsschemata, die man unter dem Titel *Fandogmatiken* zusammenfassen kann: Selbstbeschreibungen des Publikums, die eine spezifische Beziehung mit einzelnen Sportlern, „Stars“, lokalen Vereinen oder Nationalvertretungen implizieren, auch Niederlagen überdauern können und eine gewisse „Loyalität“ in die Sport-Publikums-Beziehung einführen. Da Loyalität in diesem Sinne einen kontinuierlichen Wettkampfbetrieb immer schon voraussetzt, besteht ein enger historischer Zusammenhang zwischen der Etablierung von Seriensyste-

[12] Dazu eindringlich – jedoch ohne Berücksichtigung der im Folgenden vertieften Problematik der *Stabilisierung* von Präsenzerleben in einem kontinuierlichen Wettkampfbetrieb – Gumbrecht, Hans Ulrich: Epiphany of Form: On the Beauty of Team Sports. In: New Literary History 30 (1999) 351–372.

[13] Näher Werron, Tobias: ‚Quantifizierung‘ in der Welt des Sports. Gesellschaftstheoretische Überlegungen. In: Soziale Systeme 11 (2005) 199–235.

men und der Entstehung moderner „Fans", den ich im historischen Teil des Beitrags an frühen Ligasystemen zu rekonstruieren versuchen werde.

(4) Das *Präsenzpotential* der Wettkämpfe nutzen und stabilisieren *Groß- und Weltereignisse* wie Weltmeisterschaften, Olympische Spiele, Pokalwettbewerbe, Play-Offs u.ä., indem sie Wettkämpfe *als Ereignisse* gesondert exponieren – unterstützt von einer zu solchen Anlässen besonders ausführlichen Wettkampfberichterstattung, die den Sonderstatus solcher Ereignisse mit Formeln wie „Höhepunkt des Sportjahres", „größtes Sportereignis des Jahres", „Saisonhöhepunkt" usw. unterstützt.[14] Als herausragende „Großereignisse" können diese Ereignisse freilich nur auffallen, weil sie sich von einer Vielzahl kleinerer Ereignisse und einem alltäglichen kontinuierlichen Betrieb *unterscheiden.*

Abb. 1: Stabilisierung von Erlebnispotentialen im modernen Wettkampfsport

Leistungswert	**Kontingenzwert**
• Bezugsproblem: Unterscheidung und Auszeichnung von Höchstleistungen • Stabilisierungsmechanismus: Hierarchische Differenzierung des Wettkampfbetriebs	• Kontinuierliche Erwartungsproduktion • Stabilisierungsmechanismus: Serien- und Ligasysteme
Identifikationswert • Langfristige Loyalitätsbeziehungen des Publikums mit Sportlern/Mannschaften/Vereinen • Stabilisierungsmechanismus: Fandogmatiken	**Präsenzwert** • Bezugsproblem: Inszenierung der Einmaligkeit, Ästhetik und Atmosphäre einzelner Wettkämpfe • Stabilisierungsmechanismus: Groß- und Weltereignisse; Turnierrunden mit K.-o.-System; Playoff Systeme

Bevor ich zur eigentlichen historischen Analyse komme, möchte ich die hier skizzierten Eigentümlichkeiten des modernen Sports noch einmal knapp zusammenfassen und auf zwei These zuspitzen: *Erstens* die These, daß sich die Autonomie moderner Wettkampfsporten auf ein Zusammenspiel aus (1) Vereinheitlichung der Wettkampfbedingungen (v.a. der Regeln), (2) Transformation des Wettkampfbetriebs sowie (3) öffentliche Wettkampfberichterstattung (Publikum) stützt, das sich in der zweiten Hälfte des 19. Jahrhunderts auf der Basis von Telekommunikationstechnologien wie der Telegraphie zu formieren und zu stabilisieren begann. Durch wechselseitige Plausibilisierung dieser drei Teilprozesse entstehen „Weltsportarten", die jeden Wettkampf in einen universalen, potentiell globalen Vergleichszusammenhang weiterer Wettkämpfe einbetten können. *Zweitens* die These, daß die zentralen Innovationen des modernen Wettkampfbetriebs Erlebnispotentiale aufnehmen und stabilisieren, die in der räumlich-zeitlich-sozial limitierten Form der Wettkämpfe angelegt sind, und diese Grenzen zugleich *überwinden*, indem sie jeden Wettkampf in einen

[14] Dieser Status wird Olympischen Spielen, vielen Welt- und Europameisterschaften, vielleicht auch den nicht-olympischen „World Games" zugeschrieben, aber keineswegs allen internationalen Sportereignissen, was sich an der Vielzahl häufig völlig unbekannter ‚International Games' erkennen läßt. Für eine Aufzählung Bell, Daniel: Encyclopedia of International Games, Jefferson, NC, London 2003.

hierarchisch differenzierten und kontinuierlichen Vergleichszusammenhang integrieren und die Erlebnispotentiale der Wettkämpfe auf der Ebene des Wettkampfbetriebs stabilisieren. Dabei bezieht sich die primäre Funktion von Seriensystemen (wie Ligen) offenbar primär auf das Kontingenzpotential der Wettkämpfe und die kontinuierliche Produktion ungewisser Erwartungen. Vor dem Hintergrund dieser Thesen lässt sich nun genauer fragen: Welche Rolle spielte und spielt das Ligamodell bei der Etablierung und Unterhaltung dieser Logik? Welche spezifischen Stärken und Schwächen kann man ihm zuschreiben?

Zur Entstehungsgeschichte des Ligamodells

Die ersten Ligen entstehen im US-amerikanischen Baseball in den 1870er Jahren. Zum Verständnis der Ausgangsprobleme, auf die sie reagierten, lohnt sich aber zunächst ein Rückblick auf die Ausgangslage des amerikanischen Sportbetriebs in den 1840er und 1850er Jahren. Der erste Baseballclub, die *Knickerbockers*, wird 1844 in New York gegründet, und von den Knickerbockers sind auch die ersten schriftlichen Regeln des Baseballs überliefert (1845). In New York wurde dann 1858 auch der erste moderne Sportverband überhaupt, die *National Association of Baseball Players* (1858), gegründet. New York war neben Boston und Philadelphia eine von drei größeren lokalen Baseballvarianten der Vorkriegszeit, die sich aus einer gemeinsamen Vorform, dem englischen Kinderspiel *Rounders*, einer vereinfachten Form des Crickets, entwickelt hatten. Ähnlich wie zur selben Zeit der englische Fußball in Sheffield und London[15] wurde in diesen drei frühen Zentren des Baseball jedoch zunächst nach unterschiedlichen Regeln und weitgehend ohne wechselseitige Kenntnisnahme der anderen städtischen Kulturen gespielt.[16] Diese lokale Fragmentierung prägte damals nicht nur den Baseball, sondern den amerikanischen Sport insgesamt,[17] darf aber nicht so verstanden werden, daß der Wettkampfbetrieb vor den 1860er Jahren klein und unpopulär gewesen wäre. An der europäisch besiedelten und städtisch geprägten Ostküste gab es vielmehr bereits in der *prebellum-era* eine Vielzahl lebendiger Spiel- und Wettkampfkulturen – *foot races/pedestrian contests*, Pferde- und Trabrennen, Cricketmatches, Ruderregatten, Boxkämpfe usw. – die, erneut ähnlich wie in Großbritannien,[18] meist entweder in geselligkeitsorientierte „Clubs" integriert und/oder eng mit dem Wetten verbunden waren.[19] Das galt namentlich für die Gegend in und um New York, die wohl die lebendigste der damaligen

---

[15] Harvey, Adrian: Football: The First Hundred Years. The Untold Story, London/New York 2005.

[16] Kirsch, George B.: The Creation of American Team Sports. Baseball and Cricket, 1838–1872, Urbana; Chicago 1989.

[17] Vgl. Betts, John R.: Sporting Journalism in the 19th Century America. In: American Quaterly 5 (1953) 39–56, hier 45.

[18] Harvey: The Beginnings.

[19] Zum Überblick Rader, Benjamin G.: American Sports. From the Age of Folk Games to the Age of Televised Sports, 6. Aufl., Englewood Cliffs, New Jersey 2008; für exzellente Primärdokumentsammlungen, Menna, Larry K. (Hg.): Sports in America. A Documentary History. Vol. 2: Origins of Modern Sport 1820–1840, Gulf Breeze 1995; Kirsch, George B. (Hg.): Sports in North America. A Documentary History, Vol. 3: The Rise of Modern Sports, 1840–1860, Gulf Breeze 1992.

amerikanischen Wettkampfkulturen besaß. Aber diese Wettkämpfe wurden alle auf lokaler Basis organisiert, wurden kaum zueinander in Beziehung gesetzt und traten nur selten mit einem Anspruch auf nationale Bedeutung auf.[20]

Wie wandelte sich dieser fragmentierte und lückenhafte, in lokale Wett- und Geselligkeitskontexte aufgeteilte Betrieb der 1840er und 50er Jahre zu jenem national-globalen und kontinuierlichen Betrieb, wie wir ihn heute kennen? Auf eine zentrale Voraussetzung hatte ich oben bereits hingewiesen: eine *technologische Allianz von Sportpresse und Telegraphie*, die sich seit Anfang der 1840er Jahre konsolidierte und es seit Ende der 1850er Jahre erstmals vorstellbar machte, eine Vielzahl zeitnah stattfindender Wettkämpfe in einen übergreifenden Vergleichshorizont einzubeziehen und die gesamte USA, ganz Großbritannien, später auch die ganze Welt als einheitliche „gleichzeitige Leistungsvergleichsräume“ aufzufassen. Erst unter diesen technologischen Voraussetzungen konnte auch die Idee einer *gleichzeitigen Konkurrenz unter Abwesenden um Abwesende* aufkommen.

Diese Idee kam im Baseball noch *vor* der Einrichtung der ersten Ligasysteme und noch vor der eigentlichen Professionalisierung u.a. in einer *elaborierten Statistik* zum Ausdruck. Bei der Formulierung der entsprechenden statistischen Vergleichseinheiten tat sich insbesondere der heute sog. *father of baseball*, der Publizist Henry Chadwick, hervor, der schon 1861 forderte, daß *in order to obtain an accurate estimate of a player's skill, an analysis both of his play at the bat and on the field should be made.*[21]
Chadwick widmete jedem Spiel einen *box score*, ein Schema, das er vom Cricket übernommen und 1859 auf den Baseball angepaßt hatte, und er erfand neue Vergleichskategorien wie den *hit* und den *batting average* (1865), die noch heute zu den wichtigsten statistischen Kategorien des Baseballs zählen. Mitte der 1860er Jahre war die Statistik bereits zu einem ständigen Begleitton des Baseballbetriebs geworden:

> „By 1867, at the dawn of the professional game, in addition to his annual guides and daily reports for the Clipper and Eagle, Chadwick edited a weekly Ball Player's Chronicle, which reported a wide array of statistics for the current year and made comparisons with past performances of preceding years as well.”[22]

Leitendes Motiv von Chadwicks Leistungsvergleichen, seiner *morals of base ball*, war nicht allein die präzisere Dokumentation der Leistungen, sondern die Pointierung der Erkenntnisse, die der *kontinuierliche* Leistungsvergleich im Unterschied zu einzelnen Spielen liefern kann. Denn die Statistik kann kontinuierlich erbrachte Leistungen gegen den bloßen Eindruck des Moments, die soliden Leistungen des „bescheidenen, aber effizienten Arbeiters“ gegen die bloße Show und den oberflächlichen Eindruck singulärer Höchstleistungen ausspielen:

> „Many a dashing general player, who carries off a great deal of éclat in prominent matches, has all 'the gilt taken off the gingerbread', as the saying is, by these matter-of-fact figures [...] And we are frequently surprised to find that the modest but efficient

[20] Von der „American Championship“ wird erstmals wohl um 1849 gesprochen, dort bezogen auf einen Boxkampf zwischen Tom Hyer und James Sullivan; vgl. hierzu und zur weiteren Entwicklung des amerikanischen Profiboxens im 19. Jahrhundert Gorn, Elliot J.: The Manly Art. Bare-Knuckle Prize Fighting in America, Ithaca/London 1986.
[21] zit. n. Tygiel, Jules: Past Time. Baseball as History, Oxford 2000, 27.
[22] Tygiel: Past Time, 27.

worker, who has played earnestly and steadily through the season, apparently unnoticed, has come in, at the close of the race, the real victor."[23]

Die entsprechenden statistischen Schemata fanden zunehmend Verbreitung.[24] Für ihre historische Bewertung ist jedoch weniger die weitere Verbreitung und Verfeinerung der statistischen Schemata von Interesse als die Tatsache, daß die Entwicklung wesentlicher Kategorien der Statistik der Ära des Professionalismus *vorausging*. Die Einbettung der Spiele in eine narrativ-statistische öffentliche Berichterstattung ging insbesondere auch den ersten Ligasystemen voraus und trug ihren Teil zu deren Entstehung in den 1870er Jahren bei.[25] Produziert wurde die Statistik für ein Publikum, die *Base Ball fraternity*, der ein Interesse an solchen „objektivierten" Formen des Leistungsvergleichs unterstellt wurde. In einem viel verkauften, von Chadwick herausgegebenen Jahrbuch, dem *Beadle Dime Base-Ball Player*, das seit 1861 erschien, hieß es in der sechsten Ausgabe:

„Our Annual Edition of the DIME BASE-BALL PLAYER for 1867 is the sixth of the annual series of issues, the whole edition published since the first copy was printed reaching over fifty-thousand. It has now become the text-book for ball-players, and presents to the fraternity what no other work published does, viz.: the averages of the play of the principal clubs for each season, thus making it a valuable book for future reference." (Beadle Dime Base-Ball Player 1867)

Baseball hatte mit einer eigenen Geschichtsschreibung begonnen, die den Spielen *for future reference* einen eigenen, ‚wichtigeren' Sinnzusammenhang unterlegte. Die Statistik dient dabei als *the mortar of which Baseball is held together* – als Mörtel, der die lose verbundene Vielzahl der Spiele in einem übergreifenden Sinnzusammenhang zusammenhielt.[26] Statistik und weitere, narrative Formen der Evaluation stellten die für den überlokalen Leistungsvergleich erforderlichen neuen Beobachtungsschemata bereit und ermöglichten damit die *Emanzipation des Leistungsvergleichsdenkens aus Wett- und Geselligkeitskontexten.*

---

[23] Chadwick 1864, zit. n. Schwarz, Alan: The Numbers Game. Baseball's Lifelong fascination with statistics, New York 2004, 11.

[24] Chadwicks spezifische ‚Leistungsmoral' setzte sich freilich nur bedingt durch, z.B. nahm die spätere Statistik auch Kategorien wie den *home run* auf, die Chadwick noch anstößig (*showy*) erschienen waren. Das Prinzip der statistischen Leistungserfassung selbst aber hatte sich durchgesetzt und an der Erfindung und Gewichtung statistischer Einheiten wird seitdem ununterbrochen gearbeitet. Seit den 1970er Jahren ist die Baseballstatistik, die sog. *Sabermetrics*, gar als eigene „Wissenschaft" etabliert (benannt nach der Society of American Baseball Research, vgl. zu ihrer Geschichte Thorn, John/ Palmer, Pete: The Hidden Game of Baseball. A Revolutionary Approach to Baseball and its Statistics, Garden City, New York 1984; Schwarz: Numbers Game.

[25] Es ist typisch für die Diskussionslage in der Sportgeschichte und in soziologischen Theorien zur Genese des modernen Sports, daß Warren Goldstein, der sich am genauesten mit den semantischen Transformationen in der frühen Entwicklung des Baseballs auseinandergesetzt hat, gleichwohl die Bedeutung dieses einfachen chronologischen Sachverhalts verkennt, wenn er das Aufkommen der Statistik auf die Transformation von Spiel in „Arbeit" zurückführt und postuliert, daß die Statistik für die Clubbesitzer als Arbeitgeber der Spieler entwickelt worden sei (Goldstein, Warren: Playing for Keeps. A History of Early Baseball, Ithaca/London 1989). Nach der hier skizzierten Erklärung gilt umgekehrt: Die Verwandlung von Spiel in Sport ging der Möglichkeit, Sport als Arbeit zu praktizieren, voraus. Dazu passend heißt es in einer biographischen Studie zu Chadwick: „Fans, not team owners, were Chadwicks primary audience" (Tygiel: Past Time, 27).

[26] Tygiel: Past Time, 24.

An der Geschichte des Baseball-Wettkampfbetriebs lassen sich die Effekte dieser neuen Beobachtungsmöglichkeiten auch schon vor den ersten Ligen an kleineren strukturellen Umstellungen erkennen. Die erste wichtige Umstellung war, daß die bis in die 1850er Jahre üblichen „*social games*, in denen es vor allem um Geselligkeit gegangen war, seit den 1860er Jahren zunehmend von öffentlichen *matches* verdrängt wurden, und daß die *social clubs*, die aus Feuerwehrgesellschaften hervorgegangen waren und häufig noch deren Namen trugen (*Brooklyn Atlantics*), mehr von *professional teams* marginalisiert wurden. Ende der 1860er, Anfang der 1870er Jahren war die Geselligkeitskultur der einstmaligen *base ball fraternity* einer „Leistungsvergleichskultur“ gewichen, die durch strikte Leistungserwartungen des Publikums überformt und zusammengehalten wurde:

> „Competitive baseball could 'no longer be regarded as a simple recreation.' To excel required not only experience but rigorous training both on and off the field. The *Eagle* insisted that professional clubs and players owed it to the public, whose money supported the teams and athletes, to train hard.'"[27]

Dieser Umstellung entsprach, daß sich auch die Reputation der Clubs von internen Geselligkeitskriterien – wer ist der beste Gastgeber, veranstaltet die prachtvollsten *dinners*? – löste und von externen, öffentlich produzierten Leistungskriterien abhängig wurde:

> „Reputations had come to depend almost entirely on newspapers and gradually were reduced to their most easily quantifiable element - the record of wins and losses.“[28]

Dieser Wandel von *from congregants to contestants*[29] und von internen zu öffentlichen Leistungsmaßstäben bildete den Hintergrund für einen grundlegenden Wandel des Wettkampfbetriebs, der Mitte/Ende der 1860er Jahren begann und zur Entstehung der ersten Ligasysteme führte.

Bevor ich zur eigentlichen Entstehungsphase der Ligen komme, möchte ich aber die Probleme, auf die das Ligasystem reagierte, noch etwas genauer zu fassen versuchen. Dabei hilft es, die Wettkampfstrukturen der 1850er und 1860er Jahre einer näheren Analyse zu unterziehen, insbesondere eine Reihe von Formen, die man angesichts vielfältiger Ähnlichkeiten mit späteren „modernen“ Innovationen auch als *Anbahnungsformen* bezeichnen könnte. Im Einzelnen handelt es sich um (1) *challenges*, (2) frühe Formen der Ermittlung von *champions*, (3) die *tours* sowie (4) erste Hierarchien.

Eine wichtige Vorform kann man zunächst unter dem Titel *challenge* zusammenfassen. Sie versteckte sich z.B. hinter der Unterscheidung von *social games* und *match games* im Baseball. Um ein solches Match zu arrangieren,

> „a club first issued a written challenge to the club it wished to play; the challenged club then decided whether to accept the challenge. Matches could consist of a single game, but a club usually challenged another to a 'home-and-home' series, best two out of three games."[30]

---

[27] Adelman, Melvin L.: A Sporting Time. New York City and the Rise of Modern Athletics, 1820–1870, Urbana/Chicago 1986, 169f.

[28] Goldstein: Playing for Keeps, 91.

[29] Burk, Robert F.: Never Just a Game. Players, Owners, and American Baseball, Chapel Hill 1994, 1.

[30] Goldstein: Playing for Keeps, 18.

Wer eine solche *challenge* aussprach oder annahm, ließ sich also auf einen *öffentlich* ausgetragenen Wettkampf mit einem anderen Club ein – im Unterschied zur clubinternen Abgeschlossenheit der *social games*. In diesen *matches* oder *challenges*, die ja zunächst einmalige Begegnungen zwischen einzelnen Clubs waren und deren Ergebnisse daher lediglich momentane Bedeutung hatten – ein bloßer *champion du jour*[31] – war aber zugleich die Idee angelegt, entweder die „Revanche" zu suchen oder, historisch noch wichtiger, die öffentlich dokumentierte Überlegenheit auf *andere mögliche* Gegner innerhalb der *fraternity* zu projizieren. Im zugehörigen Pressebericht hieß es entsprechend:

> „We have no doubt that another game will be played, and they certainly will have no hesitancy in meeting any Club in the state. We notice the Frontiers Club of Leavenworth issued a card stating that they are ready to play. If they are anxious to play a game with either of our Clubs we doubt not they can be accommodated by sending a challenge. The Frontiers will be kindly treated, and need feel no worse over a defeat than do the Leavenworth horsemen."[32]

An diesen Differenzen – vom *practice game* über *friendly game* und *social game* bis zum *match game* – konnte man trainieren, bedeutsame von weniger bedeutsamen Wettkämpfen zu unterscheiden, und zugleich war damit der Weg für eine weitere Aufwertung der Bedeutung der Wettkämpfe bereitet. Denn die in jeder *challenge* angelegten Optionen auf *weitere „challenges"* konnte in einem mit Presseberichterstattung gut ausgestatteten städtischen Milieu, wie es insbesondere New York bot, leicht in eine andere Vorform, die *championship matches*, übergehen.

Auch *championship matches* waren eine Variante öffentlicher *challenges*, ergänzten diese jedoch um die Vorstellung, daß in ihnen der *beste Club einer Stadt/einer Region* ermittelt werde. Während es also in den einfachen *challenges* primär um die Ehre des Sieges an diesem Tag, einen *champion du jour* unter Anwesenden ging, konnte es in den *championship matches* bereits um einen *champion régional* auch unter Abwesenden gehen, dessen Meisterschaft gleichsam über den Tag hinauswies, insofern er seinen Titel behielt, bis er von einem *weiteren* städtischen Herausforderer besiegt würde. Die Aufwertung zu *championship matches* war aber auch mit einer folgenreichen Transformationen auf der Publikums- und Erlebensseite verbunden, da sie dezidiert *leistungsvergleichsbezogene* Anlässe zur Teilnahme der Mitglieder und Anhänger der Clubs bot und die lokale Identifikationsbereitschaft in Städten und Dörfern systematischer als eigenständige Erlebensressource des Leistungsvergleichs heranziehen konnte. Über diese Form der ‚dogmatischen' Identifikation, die in der lokalen Presse gepflegt wurde, konnte das Interesse an *champions* weiter gestärkt und in Richtung nationalen Leistungsvergleich vorangetrieben werden. Denn *frank and vocal partisanship cemented ties between clubs and neighborhoods or towns and contributed to the excitement of close-fought, high-level competition.*[33]

Die 1860er Jahre erwiesen sich dann auch als eine Zeit des Experimentierens mit Wettkampf-Systemen, die „würdigere" Champions produzieren sollten. Einen ersten Teilerfolg in dieser Hinsicht scheint 1860 die *City Championship* in Brooklyn gebracht zu haben, von der es heißt, sie sei der entscheidende Beitrag zur Popularisierung der

---

[31] Laurans: Qu'est qu'un champion?, 1051ff.

[32] Sullivan, Dean A. (Hg.): Early Innings. A Documentary History of Baseball, Lincoln 1995, 57.

[33] Goldstein: Playing for Keeps, 82.

New Yorker Variante des Spiels über die Stadtgrenzen hinaus gewesen.[34] Obwohl lediglich als Stadtmeisterschaft deklariert und daher nominal lediglich für das New Yorker Publikum von Interesse, konnte sie als Wettkampfbetriebs-Format der *championship* und wegen des auffallenden Publikumsinteresses Clubs in Philadelphia und Boston auf das New Yorker Spiel aufmerksam machen und die Idee nahe legen, in Zukunft einen übergreifenden *national champion* zu ermitteln. In beiden Hinsichten profitierte sie davon, daß aufgrund der technologisch verbesserten Verkehrs- und Kommunikationsverhältnisse auch in den anderen Baseball- bzw. Townballzentren (Boston Philadelphia) zeitnah von dem New Yorker Geschehen Kenntnis genommen werden konnte. Die Idee eines herauszufordernden Champions plazierte sich dabei gewissermaßen in der Mitte zwischen der Wettkampfidee selbst – der räumlich-zeitlich-sozial beschränkten Leistungskonkurrenz unter Anwesenden – und einer modernen Sportart mit ihrer gleichzeitigen und kontinuierlichen Leistungskonkurrenz unter Abwesenden. Sie erwies sich damit als eine ideale Übergangsform, an die auch die späteren Liga-Systeme anknüpfen konnten.

Bei allen Erfolgen der *challenges* und *championship challenges* zeigten sich jedoch bald auch *Probleme* des Herausforderungsprinzips, für die in den 1860er Jahren noch keine rechte Lösung gefunden worden war: es beruhte auf *Freiwilligkeit*, insbesondere auf der Bereitschaft des Champions, Herausforderungen anzunehmen, und es enthielt für sich gesehen keine verbindlichen Leistungskriterien, um über geeignete/würdige Herausforderer zu bestimmen. Titelinhaber konnten unangenehmen Herausforderern ausweichen und angenehmere vorziehen, was kaum kurierbare Plausibilitätsmängel nach sich zog – Probleme, die man heute noch, wenn auch abgemildert durch Ranglistensysteme, im Profi-Boxen beobachten kann – , so daß sich die Reputation eines Champions als bester Club einer Stadt oder Region auf diese Weise nur bedingt durchsetzen und festigen ließ.[35] Hinzu kam, daß in Challenge-Systemen die besten Clubs nur selten und stark zufallsabhängig in Meisterschaftswettkämpfen aufeinander trafen, was der Plausibilität des Anspruchs, mit dem Champion tatsächlich den besten Club von allen auszuzeichnen, nicht zuträglich sein konnte. Im Rückblick der ersten Baseball-Geschichtsbücher von Ende der 1880er Jahre wurden diese Plausibilitätsmängel eigens vermerkt, etwa in Bezug auf das *championship team* der *Brooklyn Atlantics* im Jahr 1867: *There will always be a question as to the real supremacy of the Atlantic that year.*[36]

An diesem Problem der Kontinuität setzte eine weitere Vorform an, die sich im Übergang zu den avancierten Formen der 1870er Jahre als wichtig erweisen sollte: die *tour*. Das Modell hierzu war vermutlich aus dem englischen Cricket überliefert worden, wo seit 1846 die *All-England-Eleven* erfolgreich durch den Norden Englands tourten, *the first example of a wandering team of professional sportsmen in England.*[37] Dieses Cricketteam bereiste 1859 auch Nordamerika, insbesondere die Baseballzentren New

---

[34] Kirsch: Creation of American Team Sports, 68.

[35] Zu diesen und weiteren „difficulties to designate a winner" vgl. Kirsch: Creation of American Team Sports, 233ff.

[36] Harris, William Ingraham: Baseball. In: Palmer, Harry Clay / Fynes, James Austin / Richter, Frank / Harris, William Ingraham: Athletic Sports in America, England and Australia, Philadelphia et al. 1889, 23–150, hier 34.

[37] Brookes, Christopher: English Cricket. The Game and its Players through the Ages, London 1978, 101.

York und Philadelphia.[38] Diese Praxis der Tour setzte dann bald auch im Baseball ein, z. B. mit der Tour eines Amateurclubs, den *Brooklyn Excelsiors*, die sie 1860 hauptsächlich ins New Yorker Umland, aber auch bis nach Philadelphia führte, von der *news of its victories flashed across the state's telegraph wires*.[39]
Welche Konsequenzen hatten solche ‚Tours' für die weitere Stabilisierung des Wettkampfbetriebs? Den entscheidenden Gesichtspunkt benennt der Baseballhistoriker Harold Seymour, wenn er bemerkt, daß „in making the trip the Excelsiors *were satisfying local communities who wanted to compare their heroes with those from outside*."[40] Mit anderen Worten: Mit den *Tours* konnte sich Leistungsvergleichsinteresse mit städtischen Identifikationspotentialen verbinden und zugleich erste sichtbare *Kontinuität* gewinnen, nämlich die Kontinuität der von einer Mannschaft auf ihrer Tour erzielten Ergebnisse, die den lokalen Communities nicht nur erlaubte, die eigenen Clubs mit dem tourenden Club, sondern auch die gegen ihn erzielten Ergebnisse mit jenen der anderen lokalen Clubs zu vergleichen.

In der Nachkriegszeit (nach 1865) verband sich die Popularität der *tours* mit der beginnenden Professionalisierung der Teams. Das von dieser Art des Wettkampfbetriebs geförderte nationale Leistungsvergleichsinteresse läßt sich gut am Schicksal der 1867 gegründeten *Cincinnati Red Stockings* nachvollziehen, die als das erste *all-professional team* in die Geschichte eingingen und durch ihre landesweite Tour 1869 Berühmtheit erlangten.[41] Interessant ist schon die Vorgeschichte der Tour, die lokale Rivalität der *Red Stockings* mit dem *Cincinnati Buckeye Club*. Beide Clubs verfügten bereits um 1868 über semi-professionelle Mannschaften – damals noch eine Ausnahme – und trugen eine Reihe offizieller *matches* gegeneinander aus, die sich zu einer Art Wettrüsten mit immer besseren Spielern aufschaukelten. Dabei war die Novität dieser Rivalität, daß die zu diesem Zweck engagierten Spieler zunehmend auch aus anderen Städten importiert wurden, insbesondere aus Washington, Philadelphia und New York.

Als die städtische Vorherrschaft der *Red Stockings* zementiert war, brachen sie zu einer *Grand Tour* vornehmlich an der Ostküste auf, bei der sie lange unbesiegt blieben und die für erhebliches Aufsehen insbesondere in der New Yorker Presse sorgten.[42] Im Zusammenhang mit dieser Tour lassen sich wohl erstmals im Baseball vorsichtige Anzeichen von absoluter Höchstleistungssemantik erkennen, d.h. der Auszeichnung von Leistungen als „beste aller Zeiten", hier anläßlich des Gastspiels der *Red Stockings* bei den *New York Mutuals* im Juni 1869:

---

[38] Beim Nordamerika-Besuch der All-England-Eleven dominierte aufgrund des eklatanten Leistungsunterschiedes freilich wohl eher das Show- und Belehrungselement, was sich insbesondere daran zeigte, daß die amerikanischen und kanadischen Teams mit der doppelten Zahl von Spielern (22) antreten durften; näher Kirsch: Creation of American Team Sports, 36ff.

[39] Kirsch: Creation of American Team Sports, 60.

[40] Seymour, Harold: Baseball. The Early Years, Oxford 1960, 32 (Hervorh. T.W.)

[41] Näher Lieb, Frederick G.: The Baseball Story, New York 1950, 44ff. Das ‚Tourmodell' wurde auch später immer wieder als Popularisierungsinstrument aufgegriffen, prominent mit der von Albert G. Spalding initiierten „World Tour" einer amerikanischen Baseball-Auswahl 1888/89 (vgl. dazu ausführlich bereits Palmer, Harry: The „Around the World" Tour, in: Palmer, Harry Clay / Fynes, James Austin / Richter, Frank / Harris, William Ingraham: Athletic Sports in America, England and Australia, Philadelphia et al. 1889, 151–460). Diese Tour war der erste systematische, wenn auch, jedenfalls was die Verbreitung des Spiels außerhalb Nordamerikas betrifft, offenbar relativ folgenlose ‚Globalisierungsversuch' eines amerikanischen Profisports.

[42] Goldstein: Playing for Keeps, 103ff.

> „Without exception, the game never had its equal and probably never will have. From first to last, the exhibition of fielding was the best ever seen in this vicinity, and we doubt its like was ever witnessed anywhere.”[43]

Über die Bewunderung für Höchstleistungen und das Interesse an verfeinerten Kriterien von Höchstleistungen hinaus kann man der Berichterstattung v.a. der New Yorker Blätter zum Siegeszug der *Red Stockings* einen interessanten Hang zum Widerspruch entnehmen:

> „Desire to see the game as national conflicted with their strong attachment to the game as an expression of local environments and loyalties. Paradoxically, that very loyalty was strengthened by the widening scope of competition, but the geographic expansion of the competitive sphere seriously undermined the extent to which players themselves expressed those loyalties other than as, in effect, actors playing roles.”[44]

Als wichtigste Beitrag der *Red Stockings* bzw. ihrer Beobachtung in der damaligen Sportpresse läßt sich demnach festhalten, daß sie ein Publikumsinteresse mit nationalem Horizont förderten und, gerade weil das Team nahezu ausschließlich aus „Legionären“ bestand, zugleich dazu beitrugen, das Publikum daran zu gewöhnen, die Spieler als Rollenträger in Vereinsuniform wahrzunehmen, die als Identifikationsfiguren taugten, obwohl man stets damit rechnen mußte, daß sie zu einem anderen Club wechseln würden. In Übertragung einer Metapher, die Rudolf Stichweh zur Beschreibung der Durchdringung von Regionalkulturen durch globale Funktionssysteme vorgeschlagen hat,[45] könnte man auch sagen, daß der nationale Vergleichszusammenhang die lokalen Baseballkulturen „auszuhöhlen“ begann, indem er deren lokale Regelidiosynkrasien auflöste, andererseits lokale Publikumsinteressen als Identifikationsressource nutzbar machte. *Lokale* Loyalitäten in *nationalem* Vergleichsrahmen – dieses am Ende der 1860er Jahre erreichte Arrangement hat sich bis heute gehalten und ist längst auch heute in einem globalen Vergleichsrahmen selbstverständlich geworden.

Parallel zu den *tours* hatten sich weitere Anbahnungsformen des Wettkampfbetriebs entwickelt, die gar nicht ohne weiteres als „Betrieb“ zu erkennen sind, da sie eine meist unauffällige, im Hintergrund verbleibende Interpretationsfolie für die Wettkämpfe bieten: *hierarchische Differenzierungen des Wettkampfbetriebs*. Vorformen von Hierarchien, die auch schon eine überraschend differenzierte Verwendung des Amateur-Begriffs kannten, hatte es schon innerhalb der *fraternity* der 1860er Jahre und vor der offiziellen Trennung der Lager gegeben – wie sich aus zwei Definitionen schließen lässt, die Henry Chadwick in *The Game of Baseball* von 1868 in sein *glossary of base ball terms and phrases* einschloss:

---

[43] New York Clipper v. Juni 1869; zit. nach Sullivan, Dean A. (Hg.): Early Innings. A Documentary History of Baseball, Lincoln 1995, 76.

[44] Goldstein: Playing for Keeps, 107f. Goldstein weist hier auch auf eine weitere Maßnahme hin, mit dem der Wettkampfbetrieb auf das Loyalitätsproblem reagierte: ‚Uniforms‘, d.h. Trikotfarben, die nun in Gebrauch kamen, um die Mannschaften trotz wechselnder professioneller Spielerkader gleichwohl stabil als Einheit erkennbar werden zu lassen – ein Motiv, das sich in fast allen großen Mannschaftssportarten (mit Ausnahme des Cricket) durchgesetzt hat.

[45] Stichweh, Rudolf: Die Weltgesellschaft - Strukturen eines globalen Gesellschaftssystems jenseits der Regionalkulturen der Welt, Bielefeld 2001, 2.
(URL: http://www.uni-bielefeld.de/soz/iw/pdf/stichweh_3.pdf).

„AMATEUR PLAYERS. – Amateurs are divided into two classes of players in base ball, the first class of amateurs being players who play in matches for exercise and amusement only, and who are ‚amateurs' merely in contradiction to ‚professionals'. The second class of amateurs players are those unskilled in playing the game, but who know more of it than the 'Muffins' do. This class of players rank between muffins and second nine players. […]

MUFFINS. – This is the title of a class of ball players who are both practically and theoretically unacquainted with the game. Some ‚muffins', however, know something about how the game should be played, but cannot practically exemplify their theory. ‚Muffins' rank the lowest in the grade of nines of a club, the list including first and second nine players, amateurs, and lastly, ‚muffins'"[46]

Solchen Differenzierungen des Amateurlagers folgt Ende der 1860er Jahre zunächst die offizielle Unterscheidung von Amateuren und Profis (1868), dann die Trennung der Lager von Profis und Amateuren, der wiederum, vermutlich veranlaßt durch den Siegeszug der *Red Stockings*, 1869 die Übernahme des New Yorker *National Association of Base Ball Player* (NABBP) durch die Proficlubs und die Streichung der Unterscheidung von Amateuren und Profis im Reglement der NABBP folgte. Diese Übernahme stand zwar, wie der *Clipper* vermerkte, in gewissem Mißverhältnis zu den zahlenmäßigen Kräfteverhältnissen:

„At a fair estimate there are not far from a thousand regularly organized base ball clubs located in our country, from Maine to California, and from the St. Lawrence to the Gulf of Mexico. Of these not fifty can be ranked in any way as professional clubs; indeed, a contemporary limits the list to sixteen. And yet it is the ambition of this very small minority to rule the whole thousand".[47]

Die Hoffnung des Berichterstatters, daß die Amateurclubs schon bald eine Offensive starten würden *to rescue the National Association from the hands of the Philistines*, erfüllte sich jedoch nicht. Wie sich rasch zeigte, hatten sich die Proficlubs vielmehr unumkehrbar an die Spitze der Baseballbewegung gesetzt, einfach weil sie, wie die Cincinnati *Red Stockings* vorgeführt hatten, in der öffentlichen Wahrnehmung die *Spitze der Leistungshierarchie* vertraten. Die große Anzahl nicht-professioneller Clubs war für diese Spitze bald keine Alternative oder Bedrohung mehr, sondern eher ein hierarchischer Unterbau, der die Spitze nur um so deutlicher herausragen ließ, je stärker die Zahl der Clubs, Jugend- und Collegemannschaften anwuchs.

Dieses Prinzip einer inoffiziellen Hierarchiebildung lässt sich auch in das Profilager selbst verfolgen, das sich in den späten 1860er und 1870er Jahren auf zwei unterschiedliche Organisationsformen stützte: *stock clubs*, die feste Gehälter zahlten, und *player cooperatives*, Vereinigungen von Spielern, die etwaige Gewinne unter sich aufteilten. Dabei ist zu vermuten, daß die freien Spielervereinigungen eine Art Vorläufer der späteren *Minor Leagues* darstellten, bei denen sich Spieler mit noch unbekannter oder unsicherer Leistungsfähigkeit zusammentaten, während die etablierten Spieler von den *stock clubs* eingestellt wurden.[48] Daraus kann man schließen, daß es

---

[46] Chadwick 1868, zit. n. Sullivan: Early Innings, 69, 71.

[47] Clipper v. Dezember 1869; zit. nach Sullivan: Early Innings, 77.

[48] Baker, Matthew/ Miceli, Thomas J. / Ryczek, William J.: The Old Ball Game. Organization of 19th-Century Professional Base Ball Clubs. In: Journal of Sports Economics 5 (2004), 277–291.

eine Art Baseball-Leistungshierarchie innerhalb des Profilagers auch schon vor der festen Etablierung des Ligasystems gegeben hat.

Die zitierten Typen von Übergangs- und Anbahnungsformen lassen sich auch als Vorläufer späterer, heute üblicher Formen auffassen: die Trennung der Lager von Profis und Amateuren und die interne Differenzierung beider Lager als Vorläufer von *hierarchischen Differenzierungen des Leistungsniveaus*, die *Touren* als Vorläufer des *kontinuierlichen Betriebs in Ligen/Serien*, und *great events* und *championships matches* als Vorläufer von *Groß- und Weltereignissen* (wie der 1903 eingeführten *World Series*) Diese Vorformen zeichneten sich aber sämtlich durch eine gewisse Unverbindlichkeit aus: sie ließen relativ freie Wahl der Gegner zu und verstanden alle Wettkämpfe als relativ isolierte Ereignisses, die lediglich durch die statistisch-narrative Berichterstattung in Zeitungen und *annuals* lose zusammengehalten wurden. Sieht man alle diese Formen im Zusammenhang, deutete sich in ihnen aber bereits eine Stabilisierung des Betriebs an, die sich Ende der 1860er Jahre verdichtete und bald in den ersten Ligasystemen im Baseball zum Ausdruck kam.

Damit sind wir am eigentlich kritischen Punkt der Übergangsphase zum Ligamodell angekommen. Worin er bestand, läßt sich erneut an der *Grand Tour* der *Cincinnati Red Stockings* 1869 illustrieren, die ich oben als wichtiges Indiz für die Ausweitung des Leistungsvergleichshorizonts über die New Yorker Stadtgrenzen hinaus aufgeführt hatte. Mit Blick auf die Entstehung des Ligamodells sind sie nun aus dem exakt umgekehrten Grund interessant: der Art ihres *Scheiterns*. Denn bemerkenswert an ihrem Schicksal war auch, daß nach einer langen Siegesserie nur wenige Niederlagen genügten, um den Club in eine Krise zu stürzen und den Clubeigentümer 1870 zu veranlassen, zum Amateurbaseball zurückzukehren.[49] Für künftige potentielle Besitzer professioneller Mannschaften und für die Spieler selbst war das, wie schon die Erfahrungen mit den Championship-Systemen, ein Signal, sich über die *Stabilisierung* des Wettkampfbetriebs Gedanken zu machen.

Dabei konnte ihnen folgendes Problem auffallen: Der Club aus Cincinnati leistete sich eine Profimannschaft, die, obwohl fast ausschließlich aus Ostküsten-Spielern zusammengesetzt, als Vertreter Cincinnatis gefeiert wurde und von der Loyalität des Heimpublikums in Cincinnati abhängig war. Die Mannschaft war aber nicht räumlich in Cincinnati verankert, sondern vertrat die Stadt auf Reisen und durch die Siege/Leistungen auf diesen Reisen (*Grand Tour*), also praktisch ohne direkten Interaktionskontakt mit dem Publikum aus der Heimatstadt. Als entsprechend labil und erfolgsabhängig erwiesen sich die Loyalitäten der zurückgelassenen Einwohner Cincinnatis. Die *Spirit of the Times* stellte nüchtern fest, wo das Problem lag: in einem System, das einen Verein zwinge, Geld in eine Mannschaft zu investieren *to travel around the country and represent the real club, which was all the time at home.*[50]

Die Praxis, ein Profiteam auf *Tour* zu schicken und das Heimpublikum am Vergleich des Teams mit den übrigen Clubs des Landes (nur) über Presse/Telegraphie teilnehmen zu lassen, hatte sich also als *attraktiv*, aber *instabil* erwiesen. Die Fragen, die dadurch aufgeworfen wurde, waren: Wie konnte man kurzfristiges, auf Siege fixiertes, durch Niederlagen zu entmutigendes Publikumserleben durch langfristiges, auch Niederlagen tolerierendes und in diesem Sinne „loyales" Sporterleben ersetzen?

---

[49] Näher Goldstein: Playing for Keeps, 117ff.; Lieb: Baseball Story, 44ff.

[50] Zit. nach Goldstein: Playing for Keeps, 120.

Was konnte man tun, um den in der Vorstellungswelt bereits ansatzweise verankerten nationalen Vergleichshorizont zu stabilisieren und auf Dauer zu stellen?

Die Antwort war die Gründung der ersten nationalen Profiliga: Eine „Meta-Organisation“,[51] die Liga, die aus einer bestimmten (aber erweiterbaren) Zahl von Mitgliedclubs besteht, gesteht jedem Mitglied die Hoheit über eine Stadt/ein Gebiet zu, garantiert jedem Club eine Mindestzahl von Spielen und kürt das Team mit den meisten Saisonsiegen zum *national champion*. Diese Lösung spiegelte einerseits alle Errungenschaften wider, die in den späten 1860er Jahren erreicht worden waren – den nationalen Vergleichshorizont; die städtischen Identifikationsressourcen; das Hinstreben des Leistungsvergleichsinteresses auf die Ermittlung von *champions* und zur Herstellung von Kontinuität –, suchte andererseits die Nachteile auszusortieren, die alle bisherigen Formate mit sich gebracht hatten – die mangelnde Plausibilität bisheriger Challenge-Systeme zur Ermittlung des Champions, die es dem amtierenden Meister einfach machten, sich ungewünschten Herausforderern zu entziehen; gehäufte Fälle von Wettbetrügereien (*hippodroming* bzw. *heaving*), die Reputationsprobleme für den gesamten Sport mit sich brachten; schließlich das Publikums-Loyalitätsproblem, das es professionellen Mannschaften erschwerte, auch Serien von Niederlagen zu überstehen.

Das erste System dieser Art war die *National Association of Professional Base Ball Players* (NAPBBP bzw. NA) von 1871 mit zehn Clubs u.a. aus Boston, New York, Philadelphia, Chicago, Washington und Cleveland, die den alten Amateurverband ablöste bzw. mit der Spaltung in zwei Verbände zusammenfiel (der neue Amateurverband hieß *National Association of Amateur Base Ball Players*, NAABBP).[52] Die Gründungsdokumente hielten die allgemeinen Ziele wie folgt fest:

> „To enact and enforce proper rules for the exhibition and conduct of the game, and to make baseball playing respectable and honorable. To protect and promote the mutual interests of professional baseball clubs and professional baseball players. To establish and regulate the baseball championship of the United States.”[53]

und einen *Code of Championship Rules* enthielten:

> „The Club winning the greatest number of games, in the championship series … shall be declared champion of the United States.“[54]

Im Prinzip war damit ein Format gefunden, in dem für alle genannten Probleme eine Lösung vorgesehen war: Die Ermittlung des Champions über eine komplette Spielzeit, der in der darauffolgenden Spielzeit als Zeichen seiner Meisterschaft einen *championship streamer* tragen sollte,[55] sollte ausschließen, daß sich amtierende

[51] Ahrne, Göran/ Brunsson, Nils: Organizations and meta-organizations. In: Scandinavian Journal of Management 21 (2005) 429–449.

[52] In diesem Zusammenhang ist ein Hinweis auf eine andere technologische Bedingung des zunehmenden Wettkampfbetriebs angezeigt: die Eisenbahn, insbesondere die ‚Michigan Central Railroad‘, die Mitte der 1880er Jahre sämtliche Clubs der National League, fast alle an der Ostküste liegend, miteinander verband und damit auch Werbung machte; Betts, John R.: The Technological Revolution and the Rise of Sports, 1850–1900. In: Mississippi Valley Historical Review 40 (1953) 231–256, hier 235.

[53] Zit. n. Harris: Baseball, 59.

[54] Zit. n. Sullivan: Early Innings, 86.

[55] Näher Harris, Baseball, 43ff.

Titelinhaber der Konkurrenz entziehen und die Reputation des Meistertitels aufs Spiel setzen konnten, reicherte zudem die Reputation des Titels mit Konstanzkriterien an. Eine größere Zahl von Heimspielen, regelmäßige Einnahmen der lokal monopolisierten und im Oligopol zusammengeschlossenen Clubs sowie höhere Spielergehälter sollten die Anreize für Wettschiebereien reduzieren (übrigens ein potentieller Vorteil von „Kommerzialisierung", der in der Kritik an ihr häufig übersehen wird). Und die lokale Ansiedelung der Clubs mit einer Mindestzahl von Heimspielen eröffnete neue Möglichkeiten des Aufbaus fester, loyaler Beziehungen mit dem lokalen Publikum.

Die Anfänge des Ligabetriebs waren zwar beschwerlich: Schon wenige Jahre später, 1875, löst sich die NAPBBP wieder auf, weil das Leistungsniveau der Mannschaften zu weit auseinanderging, die Einnahmen der schwächeren und in kleineren Städten angesiedelten Clubs zu gering ausfielen und diese häufig während der Saison aufgeben mußten.[56] Da es kein festes *schedule* gab, war zudem die Anzahl der Spiele der Clubs ungleichmäßig verteilt und kaum geeignet, den Leistungsvergleich zwischen allen Clubs plausibel erscheinen zu lassen. Auch die Eindämmung von Wettbetrügereien wollte zunächst nicht recht gelingen, vor allem wohl, weil die Zutrittsschwellen zu niedrig lagen, eine Zahlung von 10 Dollar zur Aufnahme in die Liga genügte und es keine Bonitätsprüfungen gab.

Trotz dieser Anlaufschwierigkeiten war das Potential der Liga jedoch schnell erkannt und akzeptiert worden. Die Gründung des ersten Nachfolgeverbandes, der *National League* (NL, 1875/76), ließ daher nicht lange auf sich warten. Sie bemühte sich, die Anfangsfehler zu vermeiden, insbesondere einen verläßlichen Spielplan einzuführen, die Zutrittsbarrieren anzuheben und sich dem Problem der *competitive balance* anzunehmen (mit teils umstrittenen, später wieder aufgegebenen Regelungen wie der, daß jeder Club einen Stamm von fünf Spielern angeben konnte, der nicht von Konkurrenten abgeworben werden durfte), und erwies sich dann als *die* Konstante des Baseballbetriebs bis heute. Neben der NL existierten zunächst zahlreiche weitere unabhängige Profimannschaften, von denen sich einige 1877 in der *International Association* zusammentaten,[57] und auch in den folgenden Jahrzehnten sprossen immer wieder konkurrierende Liga-Verbände aus dem Boden, die aber, soweit sie sich als Konkurrent der NL positionierten, entweder keinen dauerhaften Bestand hatten oder sich letztlich als *Minor Leagues* inoffiziell dem Leistungsniveau der NL unterordneten. Die Unterscheidung Major League/Minor League etablierte sich damit früh als eine inoffizielle Hierarchisierung des Ligabetriebs in den USA, die sich bis heute gehalten hat.

Worin könnten nun, folgt man dieser historischen Rekonstruktion, die Funktionen des Ligamodells zur Stabilisierung des Wettkampfbetriebs liegen?

Die erste zentrale Funktion hat Eric M. Leifer herausgearbeitet: Durch Ligen werden Leistungsbilanzen möglich, die Mannschaften als Sieger erscheinen lassen, obwohl sie eine Vielzahl von Spielen *verloren* haben. So erst entsteht die spezifisch moderne Idee eines

[56] Nemec, David: The Great Encyclopedia of Nineteenth Century Major League Baseball, 2nd ed., Tuscaloosa 2006, 9ff.

[57] Sullivan: Early Innings, 99.

> „Champions‘: Before leagues […] this was inconceivable, as champions were determined only through direct matches. The modern idea of winning rests on an immense amount of regularity and comparibility in season schedules across teams".[58]

M.a.W.: Erst mit den Ligen konnte sich ein uns heute selbstverständliches, im Kern *statistisches Leistungsverständnis* durchsetzen, das auf große Vergleichszahlen statt heroische Einzelleistungen abstellt.

Die zweite Funktion liegt in der Ermöglichung eines neuen Typs von Beziehungen zwischen Clubs und ihrem Publikum: Die Institutionalisierung kontinuierlicher wiederkehrender ‚Heimspiele‘ ermöglicht die Entstehung eines identifikationsbereiten, ‚loyal‘ eingestellten lokalen Publikums, das auch Niederlagen zu verzeihen und auf *zukünftige* Siege zu hoffen bereit ist. Erst mit den Ligen entstehen folglich die „Fans" in der für den heutigen Sportbetrieb typischen Form: ein Publikum, das über „dogmatische" Verbundenheit mit den Leistungskurven eines Vereins in den Vergleichszusammenhang des modernen Sports inkludiert wird.

Schließlich ist eine dritte Funktion festzuhalten und zu betonen, die in der Literatur bislang weitgehend übersehen worden ist: Das Ligamodell, verbunden mit einer intensiven statistisch-narrativen Berichterstattung, trägt entscheidend zur Stabilisierung einer neuen Form des Publikumsinteresses bei, nämlich das Interesse von Zeitungslesern (später, nach demselben Prinzip, Radiohörern, Fernsehzuschauern und Internet-Usern) am kontinuierlichen Reden und Schreiben über den Liga-Betrieb und an der wissensbasierten Produktion „gespannter" Erwartungen, die von Spieltag zu Spieltag aktualisiert werden können. Die war historisch nicht zuletzt deshalb wichtig, weil es erlaubte, auch ein Publikum in Städten/Regionen, wo es noch gar keine Proficlubs gab, anzusprechen. Wie dies funktionierte, ist in einer Analyse von Lokalzeitungen jener Zeit aus Ohio angedeutet:

> „The compiling of statistical data brought to a small community a touch of modernity and objectivity that gave it kinship with urban life. Baseball was thus becoming at least a gentle wave pulling people from the old moorings of informality."[59]

Die Kontinuität des Ligabetriebs erwies sich also nicht nur als ein Mittel, „Fans" mit Niederlagen zu versöhnen, sondern auch als Basis einer ununterbrochenen Datenproduktion, die ein „neutrales", statistisch-narratives Interesse am Leistungsvergleich förderte. An dieser Stelle zeigen sich die analytischen Grenzen von Eric Leifers (Pionier-)Studie zur Geschichte der *Major Leagues*, wo er nationale Publika als Produkt erst des Fernsehens und der späteren Entwicklung der Ligaorganisation im 20. Jahrhundert beschreibt.[60] Wie eben gesehen, vernachlässigt dies, daß das nationale Publikum *von Anfang an* nicht allein über Leistung und Identifikation, sondern auch über die statistisch-narrative Produktion von Erwartungen – das oben ‚Kontingenzwert‘ genannte Potential der Wettkämpfe – angesprochen und auch schon mit den frühen Ligasystemen gezielt angesteuert werden konnte.[61]

---

[58] Leifer: Making the Majors, 338.

[59] Becker, Carl M. / Grigsby, Richard H.: Baseball in the Small Ohio Community, 1865–1900. In: Spivey, Donald: Sport in America. New Historical Perspectives, Westport, Conn./London 1985, 77–93, 89.

[60] Leifer, Making the Majors.

[61] Daß dies mit Erfolg geschah, kann man u.a. aus den frühen Baseballbüchern der 1880er Jahre schließen, die bereits elaborierte narrative und statistische Vergleichen anstellten (eindrucksvoll Harris, Baseball). Heute drückt sich dieses Experteninteresse in ständig um neue Vergleichskatego-

Die NL überlebte anschließend auch eine von Arbeitskämpfen, ungünstigen wirtschaftlichen Rahmenbedingungen und Kämpfen mit Konkurrenzligen geprägte Krise in den 1890er Jahren und gewann Ende der 1890er Jahre weiter an Popularität. In den 1880er und 1890er Jahren gab es neben dem Ligasystem auch bereits eine Reihe von Experimenten mit *World Championships*.[62] Diese mündeten in die sog. *World Series*, eine inoffiziell seit 1903, offiziell seit 1905 bestehenden Endspielserie, in der der Meister der NL gegen den Meister der (1899 gegründeten) *American League* die sog. *World Series* ausspielt, die zu einem jährlichen Höhepunkt des US-Sportbetriebs geworden ist (fall classic). Diese Konstellation zweier großer Ligen, die gemeinsam die *Major League Baseball* (MLB) bilden und deren Meister am Ende der Saison den *world champion* ausspielen, ist bis heute erhalten geblieben.[63] In dieser Konstellation vertritt die MLB heute die Leistungs- und Verdienstspitze des Baseballs nicht nur in den USA, sondern weltweit.

Wie hat sich die Liga anschließend vom Baseball in andere Sportarten verbreitet? Ich kann die Diffusionsgeschichte hier natürlich nicht in allen Einzelheiten erzählen, will aber doch kurz auf die historisch erste Adaption im englischen Fußball – die ‚Football League' von 1888 – eingehen, die nicht nur für den Fußball selbst wichtig war, sondern auch das Fundament für die zwei bis heute stilbildenden Formen der strukturellen Einbindung des Ligamodells in den Wettkampfbetrieb unterschiedlicher Sportarten begründet hat. Anders als im Baseball entstand die *Football League* erst nach etwa über zwei Jahrzehnten, in denen bereits der englische *FA Cup* (seit 1871) und viele andere in K.-o.-System ausgetragene, von regionalen Verbänden organisierte Pokalwettbewerbe stattfanden. Anders als im Baseball – und wohl nicht zuletzt aufgrund der zunehmenden Attraktivität des FA Cup – ordneten sich im Fußball zudem sämtliche regionale Verbände nach und nach einem zentralen Verband, der *Football Association* unter. Außerdem war der Fußball bis in die 1880er Jahren hinein – zumindest offiziell – ein reiner Amateurbetrieb.

Im Fußball war es diese zunehmende Zahl von Pokalwettbewerben, die entscheidenden Anstoß für die Entstehung der Liga gab: Als die Presseberichterstattung und die Zuschauerzahlen zunahmen, die Pokalspiele sich als das attraktivste Format erwiesen hatten und erste Professionalisierungstendenzen zu erkennen waren, nahm die Zahl der Pokalwettbewerbe immer mehr zu und mündete in den 1880er Jahren in ein *pot hunting business*, wie es in einem zeitgenössischen Pressebericht hieß,[64] d.h. in einen zunehmend unüberschaubaren, ungeordneten Betrieb, in dem die Vereine in zahlreichen Pokalwettbewerben gleichzeitig aktiv waren. Das führt unter anderen Voraussetzungen auf ähnliche Probleme, wie ich sie oben am Baseball skizziert hatte. Zu den Ausgangsmotiven der Übernahme der Liga gibt ein Schreiben William Mc-

rien erweiterte Statistiken und jahrhundertübergreifenden Vergleiche zwischen den *batting averages*, *earned run averages*, *homerun* Rekorden, usw., sämtlicher Spieler der Baseballgeschichte aus; z.B. Thorn, John/ Palmer, Pete (Hg.): Total Baseball, New York 1989.

[62] Zu diesen Lansche, Jerry: Glory Fades Away: The Nineteenth-Century World Series Rediscovered, Dallas 1991.

[63] Zum Überblick über die anschließende Entwicklung Rader, Benjamin G.: Baseball: A History of America's Game, Ithaka [3]2008.

[64] Athletic News 1887; zit. Szymanski, Stefan/Zimbalist, Andrew S.: National Pastime. How Americans Play Baseball and the Rest of the World Plays Soccer, Washington, D.C. 2005, 40f.

Gregors, damaliger Clubsekretär von Aston Villa/Birmingham und später sog. *Father of the Football League*, an einige andere führende Vereine im März 1888 Auskunft:[65]

> „Every year it is becoming more and more difficult for football clubs of any standing to meet their friendly engagements and even arrange friendly matches. The consequence is that at the last moment, through Cup-tie-interference, clubs are compelled to take on teams who will not attract the public. I beg to tender the following suggestion as a means of getting over the difficulty – that ten or twelve of the most prominent clubs in England combine to arrange home and away fixtures each season."[66]

Diese Formulierung, so instruktiv sie mit Blick auf die Orientierung der Clubs an Publikumsattraktivität ist (*attract the public*), war zugleich in gewisser Hinsicht irreführend, da das Problem ja nicht allein darin bestand, daß keine *friendly matches* mehr vereinbart werden konnten. Die *clubs of any standing* hätten die Teilnahme an den Cup-Wettbewerben ja einfach absagen und separate Freundschaftsspiele vereinbaren können. Der Punkt war vielmehr, daß man einerseits die *kompetitive Attraktivität* der Cup-Spiele durch Freundschaftsspiele allein nicht ersetzen zu können glaubte, andererseits das Cup-System *attraktive Paarungen* der *besten* bzw. *lokal rivalisierenden* Clubs regelmäßig verhinderte. Mit dem Ligasystem war also zugleich eine Entscheidung *gegen* die freie Pflege lokaler Rivalitäten als solche und für die Einbindung dieser Rivalitäten in den kontinuierlichen, seriellen Leistungsvergleich der besten Clubs verbunden.

Damit glich die Ausgangslage des Fußballs Mitte der 1880er Jahren der des Baseballs Anfang der 1870er Jahre in drei zentralen Hinsichten: mit Blick auf den inzwischen erreichten, durch den FA-Cup symbolisierten nationalen Vergleichshorizont;[67] mit Blick auf die städtischen/lokalen Identifikationsressourcen, die zur Steigerung der Attraktivität des Wettkampfbetriebs erschlossen worden waren; mit Blick auf Tendenzen zur Verstetigung des Leistungsvergleichs, die den Versuch nahe legten, die erfolgversprechend Verbindung von attraktiven Matches und lokaler Identifikation auf Dauer zu stellen.

Wenig später, März 1888, kam es zum Beschluß einer ersten Ligasatzung, die sowohl mit Blick auf die Gemeinsamkeiten als auch die Differenzen zu ihrem Vorbild, der ‚National League' im Baseball, interessant ist. Wie im Baseball war die Grundidee, die Vergabe des Titels an die Saisonleistung zu knüpfen:

> „1. That this amalgamation of clubs shall be called 'The Football League'. [...]
>
> 7. Averages for the championship shall be taken from wins and draws [...] to be counted as follows: Two points for a win and one for a draw. In the event of two or more clubs being equal in points the best goal average to count."[68]

---

[65] Daß McGregor die Liga aus Kontakten der Fußballfunktionäre mit amerikanischen Funktionären kannte, ist seit langem vermutet worden (vgl. Green, Geoffrey: The History of the Football Association, London 1953, 125) und kann aufgrund neuerer Funde heute als belegt gelten (Szymanski / Zimbalist: National Pastime, 40f.).

[66] Zit. n. Green: Football Association, 125f.

[67] Die ersten *Internationals* im Fußball, die seit 1871 ausgetragen wurden und zunächst ausschließlich Begegnungen zwischen Schottland und England, später auch Wales und Irland meinten, spare ich hier aus, weil sie hier nicht detailliert rekonstruiert werden können bzw. müssen; für einen Überblick über die frühen *Internationals* vgl. aber Green: Football Association, 543ff.

[68] Green: Football Association, 126f.

Soweit befand sich das System im Einklang mit der Baseball-Liga. Folgenreiche Differenzen ergaben sich aber aus einigen anderen Bestimmungen. Eine erste war, daß sich die *Football League* von Beginn an prinzipiell als Mehr-Ligen-System mit Auf- und Abstiegsmöglichkeiten verstand, wenn auch zunächst beschränkt auf zwei Ligen (von denen die zweite erst 1892 eingerichtet wurde):

> „4. There shall be first and second class championships, and last four in each class to retire, but be eligible for re-election. The League shall have power to order any of the retiring clubs or the first four of the second class, to compete in order to decide the question of superiority.”[69]

Eine zweite Differenz ergab sich aus dem Verhältnis der Liga zum Verband, der FA. Schon McGregor hatte Wert auf die Vereinbarkeit seines Vorschlags mit den Regularien der FA gelegt:

> „Of course, this is in no way to interfere with The National Association. Even the suggested matches might be played unter Cup-tie-rules.”,[70]

und in den Bestimmungen der Liga schlug sich dieses Ziel letztlich wie folgt nieder:

> „5. All matches shall be played under the Rules of The Football Association.”[71]

Damit wurde der Einrichtung der Fußball-Liga von Anfang an ein konsensorientierter Ton mitgegeben, der sie von der Entwicklung des Baseball mit seiner scharfen Trennung von Profi- und Amateurlager markant unterschied. Die Liga gliederte sich in die FA ein, und die FA nahm die Rolle eines Dachverbandes, einer weiteren „Meta-Organisation“ im Verhältnis zur Liga an, eine Konstellation, die gerade anfangs mit zahlreichen Konflikten verbunden war,[72] aber gleichwohl Bestand hatte und eine organisatorische Zusammenfassung von Amateur- und Profibereich ermöglichte.

Anders als das Baseball-Ligasystem, das eine lange Konsolidierungsphase durchmachte, war die Football League, wohl wegen der langjährigen Vorerfahrungen mit dem Cup-System und der fortbestehenden Verbindung mit der FA,[73] von Anfang an ein Erfolg, weniger in finanzieller Hinsicht,[74] aber um so mehr angesichts der in den nächsten Jahren stark wachsenden Zahl von Clubs und Zuschauern.[75] Die erste Liga

---

[69] Ebd., 127.

[70] Ebd., 126.

[71] Ebd., 127.

[72] Näher Taylor, Matthew: The Leaguers. The Making of Professional Football in England, 1900–1939, Liverpool 2005, 35ff.

[73] Zu diesen und weiteren frühen Maßnahmen zur Erhaltung von *competitive balance*, vor allem Vereinbarungen zu *relegation*, *promotion* und *election*, aber auch finanziellen Ausgleichsregelungen vgl. Vamplew, Wray: Pay up and play the game. Professional Sport in Britain 1875–1914, Cambridge 1988, hier 124ff.

[74] Dazu skeptisch Mason, Tony: Association Football and English Society 1863–1915, Sussex 1980, 46f.

[75] Erfolg nicht nur für die Liga, sondern auch für die FA als Dachverband der Liga: die Zahl der Clubs wuchs innerhalb kürzester Zeit von 1000, davon nur 200 direkt der FA zugehörig (1888) auf über 10 000 (1905); hierzu und weiteren Zahlen vgl. Mason: Association Football, 31.

wurde in den nächsten Jahrzehnten um weitere Profiligen,[76] später auch um Amateurligen unter dem Dach der FA. ergänzt, während die lokalen Cupwettbewerbe mit dem Rückzug der besten Vereine in das Ligasystem in den 1890er Jahren an Bedeutung verloren.

Gerade wenn man berücksichtigt, daß viele ehemals prominente Wettbewerbe nach Etablierung der Ligen keine wichtige Rolle mehr spielten, fällt um so mehr auf, daß dies für den FA-Cup selbst nicht zutrifft, dieser vielmehr in eine neue Funktionsstelle einrückte, nämlich die eines Wettbewerbs, in dem der spezifische Reiz eines K.-o.-Wettbewerbs ausgespielt und die Attraktion von Außenseitersiegen gepflegt werden konnte – was freilich voraussetzte, daß das Ligasystem die „Favoriten" konstruierte, die man in den Cupspielen der Gefahr des Scheiterns aussetzen konnte. Dieser neue „Charme" des Cups wird im folgenden Zitat prägnant zusammengefaßt:

> „There is a charm about this great competition. It lies in the fact that it is the most democratic of contests. The giants cannot disport themselves in their own class; they must be prepared to face the dwarfs of lower spheres, and sometimes – indeed, very often – they come down with a resounding crash. Proverbially, a good big one can always beat a good little one, but the fact that sometimes he does not adds a spice to life. This is the spice the cup offers."[77]

Auch im Fußball hatten sich damit Ende des 19. Jahrhunderts die noch heute bestehenden Grundstrukturen des Wettkampfbetriebs etabliert: Es gab einen wachsenden, zunehmend hierarchisch untergliederten Wettkampfbetrieb (zu dessen Ausbau Taylor 2005); es gab eine Liga, welche die Höchstleistungsebene vertrat und den lokalen „Fans" kontinuierliche Anlässe zur Identifikation mit ihren Clubs sowie nationalen „Experten" Anlässe für interessierte Teilnahme gab;[78] und es gab zusätzlich zur Liga „The Cup", wo unter Sonderbedingungen eines K.-o.-Wettbewerbs ‚die Kleinen' auf ‚die Großen' treffen konnten, insbesondere das Cup-Finale, das sich rasch zu einem jährlichen nationalen Großereignis entwickelte, ähnlich wie die ‚World Series' im Baseball (wenn auch ohne deren Anspruch, zugleich den ‚Weltmeister' zu bestimmen). Die erste Liga, heute die *Premier League*, bildet bis heute das Zentrum der englischen „Fußballwelt".[79] Dieses in England etablierte hierarchische Ligasystem nebst Pokalwettbewerb ist dabei selbst zu einem Modell geworden, das anschließend ins restliche Europa, nach Südamerika, Asien und Afrika exportiert worden ist.

---

[76] ‚Profi' ist anfangs noch mit Vorbehalt zu verstehen: die meisten Spieler arbeiteten mindestens in Teilzeit, und der Wettbewerb der Clubs bestand auch darin, Spielern neben den eher bescheidenen Gehältern gute Jobs anzubieten; vgl. dazu Mason: Association Football, 95f.

[77] Green, Geoffrey: The Official History of the FA Cup, London 1960, 9.

[78] Die Bedeutung der frühen Einrichtung von Ligen für die Vertiefung des Publikumsinteresses am Fußballs wird selten deutlich gesehen; vgl. aber einen Hinweis von Christiane Eisenberg zur Erklärung des vergleichsweise moderaten Wachstums des Fußballs in Deutschland vor 1914: „The absence of leagues was a reason for as well as a consequence of German football's inability to attract large attendances." (Eisenberg, Christiane: Football in Germany: Beginnings, 1890–1914. In: The International Journal of the History of Sport 8 (1991) 205–220, hier 205f.

[79] Dazu die passende Weltsemantik: „Strictly speaking, ‚the football world' embraces everyone who plays, or in some ways administers, the game of association football, but in England and Wales the focal point of the football world is the Football League, which was founded in 1888." (Wagg, Stephen: The Football World. A Contemporary History, Brighton 1984, 3).

Dieser erste Diffusionsvorgang vom Baseball zum Fußball ist aus zwei Gründen bemerkenswert: Erstens zeigt er, daß moderne Sportarten schon im späten 19. und frühen 20. Jahrhundert, als der Wettkampfbetrieb noch weitgehend innerhalb nationaler oder regionaler Grenzen ablief, nicht nur bereits globale Vergleichshorizonte projizierten („Rekorde"; *World Championships*, *World Series* usw.), sondern auch in zwei weiteren Hinsichten *Merkmale des heutigen „globalen Weltsports"* angenommen hatten: (1) insofern spezifische Problemlagen des Leistungsvergleichs und Leistungserlebens *über nationale- und Kontinentgrenzen* hinweg wahrgenommen wurden, und (2) insofern Unterschiede zwischen den Sportarten solche Problemwahrnehmungen nicht verhinderten, sondern *sportartübergreifende Lernerfahrungen* ermöglichten. Mit anderen Worten: Die Sportfunktionäre konnten ihre Probleme in den Problemen anderer Sportarten wiedererkennen und nur auf dieser Grundlage auch die Übertragbarkeit der Lösungen plausibel finden. Das gemeinsame Problem, auf das Baseball und Fußball auf unterschiedlichen Pfaden gestoßen waren, war die Frage, wie man den Steigerungszusammenhang von Leistungsvergleich und Leistungserleben in einem nationalen Vergleichsrahmen auf Dauer stellen konnte. Ligasysteme waren eine Lösung, deren rasche Diffusion vom Baseball zum Fußball und dann in viele weitere Sportarten nur verständlich wird, wenn man berücksichtigt, daß sie auf eine solche sich wiederholende *sportspezifische Problemlage* reagierte. Beide Merkmale gemeinsam ließen das Ligasystem zu einem ‚Modell' werden, das nicht allein auf die Regeln des Baseball zugeschnitten war, sondern von Sportart zu Sportart übertragen werden konnte.

Dieser erste Diffusionsvorgang ist zweitens von besonderer Bedeutung, weil er *zwei grundsätzlich unterschiedliche Möglichkeiten der Einbindung des Ligamodells in den Wettkampfbetrieb einer Sportart* begründet hat, die bis heute erhalten geblieben sind: Anders als im Baseball gab es im Fußball bei Einführung der Liga bereits einen starken Verband, die *Football Association* (FA), die sich in der Zeit des proliferierenden Pokalwettbewerbe nach und nach für die Überwachung der Regeln zuständig gemacht hatte und deren starke Stellung die – wie man heute sehen kann: folgenreiche – Entscheidung der Vereine der *Football League* motivierte, sich der FA unterzuordnen und ihre Autorität als Instanz der Regelüberwachung und Organisator des Wettkampfbetriebs anzuerkennen. Während also der professionelle Betrieb im Fußball aus dem Amateurbetrieb herauswachsen, sich auf dessen Spitze setzen und in die FA einfügen konnte, wurden die Baseball-Profiligen von Beginn an als stärker separierte, eigenständige Organisationen eingerichtet, die gleichsam über dem sonstigen Geschehen einer Sportart schweben und mit diesem nur über „inoffizielle" Leistungsreputation verbunden sind – was wohl nicht zuletzt auch erklärt, weshalb die Etablierung von Ligen in den USA bis heute eine heikle und in den meisten Fällen erfolglose Angelegenheit geblieben ist.[80]

Stärken und Schwächen des Ligamodells

Welche systematischen Schlüsse lassen sich aus dieser historischen Rekapitulation der Entstehung und Diffusion der ersten Ligasysteme ziehen? Was verrät sie über die Stärken und Schwächen, Entwicklungspotentiale und –grenzen des Ligamodells? Zunächst erlaubt sie uns, eine historisch fundierte Definition des Ligamodells zu

[80] Für eine eindrucksvolle Aufzählung gescheiterter Ligen Brucato, Thomas W.: Major Leagues, Lanham, Maryland; London 2001, hier 97ff.

geben, die, anders als üblich, nicht die ökonomische, sondern die *sportspezifische Funktion von Ligen* hervorhebt: Eine Liga ist eine (1) *Meta-Organisation*, die aus einer größeren Zahl von Mitgliedsorganisationen (Vereinen/Clubs; *franchises*) besteht und deren (2) Organisationszweck auf die Inszenierung *kontinuierlich-serieller Leistungskonkurrenz* (allgemeiner Organisationszweck) und die Ermittlung eines ‚Meisters' (spezieller Organisationszweck) gerichtet ist, verbunden (3) mit der *lokalen Ansiedlung der Mitgliedsorganisationen* in Städten/Regionen.[81] Es ist das dritte Merkmal, das die Liga von anderen Seriensystemen unterscheidet. M.a.W.: Nach dieser Definition ist die Existenz von „Heimspielen" und „Auswärtsspielen" ein konstitutives Merkmal des Ligamodells im Unterschied zu anderen Seriensystemen.

Im Licht dieses Begriffsvorschlags sei nun abschließend gefragt: Worin liegen die spezifischen Stärken und Schwächen des Ligamodells, wenn man es im systematischen Umfeld der eingangs genannten Stabilisierungsmechanismen des modernen Wettkampfsports analysiert? Welche Lösungen bietet es für die Stabilisierung der in den Wettkämpfen angelegten Erlebnispotentiale, welche Probleme lässt es ungelöst, welche Folgeprobleme löst es aus?

Die *Stärken* des Ligamodells waren uns in der historischen Analyse bereits mehr oder weniger ausführlich begegnet, ihre Bedeutung für die langfristige Stabilisierung des Wettkampfbetriebs wird jedoch noch deutlicher, wenn man auf die systematischen Zusammenhänge zwischen diesen Stärken achtet:

(1) *Stabilisierung von Leistungsdifferenzierungen* – Die erste signifikante Stärke des Ligamodells – die sie mit anderen Seriensystemen teilt – bezieht sich auf die Stabilisierung der *Leistungs-Erlebnispotentiale* der Wettkämpfe und stützt sich auf zwei einander ergänzende Gesichtspunkte: Erstens unterstützt die serielle Leistungskonkurrenz des Ligamodells die Plausibilität der Festlegung von Leistungsdifferenzen, insbesondere der Bestimmung eines „Meisters", dem zugeschrieben wird, die beste Mannschaft der vergangenen Spielzeit gewesen zu sein. Damit kommt das Ligasystem einer im modernen Sportdiskurs dominierenden Suche nach „objektiven" Leistungskriterien entgegen, wie sie u.a. in der intensiven Ausarbeitung und Verwendung von Statistiken zum Ausdruck kommt. Auch primär narrative Beschreibungen und Bewertungen sind häufig von einer Art statistischem Gespür durchdrungen, das eine über längere Zeitabschnitte und gegen eine Vielzahl unterschiedlicher Gegner nachgewiesene Leistungsfähigkeit höher schätzt als den einen, einmaligen großen Wurf, den man dem „Zufall" oder anderen glücklichen Umständen zuschreiben mag. Wer am Schluß der Saison an der Spitze der Tabelle steht, heißt es zum Beispiel, „steht nicht zufällig oben", ist „letztlich verdient Meister geworden", auch wenn er auf dem Weg dorthin die eine oder andere Niederlage einstecken mußte oder vorübergehende Schwächen gezeigt hat, denn ‚über eine ganze Saison gesehen gleicht sich das aus'. Seriensysteme wie die Liga passen ideal zu diesem statistisch geprägten Leistungsideal und kommen damit einem Publikum entgegen – oder genauer: schaffen sich damit ein Publikum, das sich primär für die „besten", für „überragende" Leistungen interessiert. In den

---

[81] Zum Vergleich eine stärker ökonomisch motivierte Definition eines Liga-Spiels: „Two competing firms (teams), functioning within a rigidly oligopolistic framework (the league), conjointly supply a service (viewing privileges) which can either be consumed directly or at a spatial/temporal distance from the place/moment at which they are produced." (Shergold, Peter R.: The Growth of American Spectator Sport: A Technological Perspective. In: Cashman, Richard/ McKernan, Michael (Hg.): Sport in History. The Making of Modern Sporting History, St. Lucia 1979, 21-42, hier 29).

historischen Abschnitten waren uns die Anfänge dieses statistischen Leistungsideals am Beispiel der frühen Baseballstatistik begegnet.

Zur vollen Geltung kommt diese Funktion aber wohl erst, wenn sie mit einer weiteren Innovation des modernen Wettkampfbetriebs – hierarchische Differenzierung von Leistungsniveaus – kombiniert wird, die Aufmerksamkeit auf höhere Leistungsebenen lenkt und dafür sorgt, daß in der Regel nur Mannschaften mit ähnlichen Leistungsniveaus aufeinandertreffen. Das kann auf zwei unterschiedliche Weisen geschehen, die ich am Ende des historischen Abschnitts angedeutet hatte: Erstens in dem aus dem englischen Fußball stammenden System ‚echter' Hierarchien, die Profiligen über Auf- und Abstiegssysteme mit dem Unterbau organisatorisch verbinden, meist überwacht von einem für alle Leistungsebenen zuständigen Verband. Zweitens in dem amerikanischen System mit stärker selbständigen Ligaorganisationen, die über Unterscheidungen wie *Major Leagues* und *Minor Leagues* inoffiziell hierarchisiert sind (sowie heute von einem Collegebetrieb ergänzt werden, der auch als Talentreservoir für die *Drafts* der Profiligen dient). Während im europäischen System die Leistungshierarchien offiziellen Charakter haben, bleiben sie im US-System deutlicher an das Unterscheiden „inoffizieller" Leistungsebenen gebunden. Beide Varianten realisieren aber letztlich auf strukturanaloge Weise das Prinzip eines hierarchischen Wettkampfbetriebs, in dem sich Kontinuität/Serialität des Ligamodells – das Leistungsdifferenzierungen *plausibilisiert* – und die hierarchische Differenzierung von Leistungsniveaus – das Leistungsdifferenzierungen *pauschalisiert* – auf ideale Weise ergänzen.[82]

(2) *Lokale Fans* – Die zweite Stärke des Ligamodells – man möchte fast sagen: seine eigentliche Genialität – besteht darin, daß es eine lokale Ansiedelung von Clubs an bestimmten Orten (Städten, Regionen) vorsieht und damit das Vor Ort-Publikum in loyale Beziehungen nicht nur zu einzelnen Sportlern oder besonders erfolgreichen Mannschaften, sondern zum Schicksal „des Clubs" im Ganzen verstrickt. Wie oben am Beispiel der *Cincinnatti Red Stockings* gesehen, reagiert diese Regelung auch auf das Problem, daß ein allein an Erfolg und Höchstleistung gebundenes Publikumsinteresse schwer auf Dauer zu stellen ist, weil Erfolg und Höchstleistung in einem kompetitiven Wettkampfbetrieb schwerlich garantiert werden können bzw. immer auf Kosten unterlegener Konkurrenten gehen. Die Erfindung bzw. Ermöglichung lokaler „Fans", die auch Niederlagen zu tolerieren bereit sind und ihrem Verein ‚ewige Treue' schwören, war ein zentraler, auf die lokale Ansiedelung der Clubs angewiesener Beitrag zur Lösung dieses Problems.

(3) *„Experten"-Publika* – Die dritte Stärke des Ligamodells ist die in Sportsoziologie und -geschichte wohl am meisten übersehene und unterschätzte: Kontinuität und Serialität des Vergleichs in Verbindung mit einer fortlaufenden Medienberichterstattung schaffen auch für ein nicht durch Loyalität mit den Vereinen verbundenes Pub-

---

82 Die Bedeutung dieser Kombination von Ligamodell und hierarchischer Differenzierung des Wettkampfbetriebs reflektiert ein Kommentar langjähriger Beobachter des europäischen Fußballs (‚Soccer') in den USA zur *Major League Soccer*: „Aus unserer Sicht besteht der mit Abstand bedeutendste, wenn auch am geringsten messbare Beitrag der Liga in der kontinuierlich sichtbaren Präsenz einer Vereinigung, die nun endlich die unbestrittene Spitze der Fußballpyramide in den Vereinigten Staaten bildet." (Markovits, Andrei S. / Hellerman, Steven L.: Die ‚Olympianisierung' des Fußballs in den USA: Von der Marginalisierung in der amerikanischen Mainstream-Kultur zur Anerkennung als ein alle vier Jahre stattfindendes Ereignis. In: Sport und Gesellschaft 1 (2004), 7–29, hier 28.

likum laufend neue Anlässe, sich für die Ligawettkämpfe zu interessieren, indem sie einzelne Ergebnisse und Leistungen, individuelle und kollektive Statistiken im Zusammenhang einer die ganze ‚Saison' umfassenden Leistungsentwicklung reflektieren. Auf dieser Grundlage entsteht eine nochmals anders gelagerte Art der Sportbegeisterung, die sich nicht allein auf Faszination für Leistungen oder Identifikation, sondern primär auf eine durch regelmäßigen Medienkonsum angeeignete *Expertise* stützt, die aus Kenntnis und Interpretationen vergangenen Geschehens ständige neue, „spannende" Zukunftsprojektionen gewinnt (Wird der Club X nach Y Niederlagen diesmal wieder gegen Club Z gewinnen? Wird der Spieler A den *Homerun*-Rekord von Spieler B brechen? Wird der Trainer C entlassen, wenn seine Mannschaft am nächsten Spieltag verliert?). Für dieses Interesse an „Kontingenz in Serie"[83]auf Basis einer kontinuierlichen Datenproduktion ist der Ligabetrieb zu einer wichtigen, ja heute geradezu unentbehrlich erscheinenden Quelle geworden. Da diese Art des Sportinteresses einem Gemeinplatz gängiger Theorien des modernen Sports widerspricht – die dazu tendieren, das Interesse am Sport vor allem als Ausgleich und Entlastung von der Komplexität und „Verkopfung" des modernen Lebens zu sehen –, ist es in der Sportsoziologie und Zuschauerforschung bislang wenig beachtet worden. Achtet man jedoch auf die Entstehungsgeschichte und langfristigen Effekte des Ligamodells und die von ihm ermöglichte Serialität und Kontinuität des Leistungsvergleichs, tritt seine konstitutive Bedeutung für die Stabilisierung des modernen Wettkampfsports um so deutlicher hervor.[84]

Der langfristige Beitrag dieser Funktionen des Ligamodells wird noch greifbarer und anschaulicher, wenn man sich vorstellt, daß sich die entsprechenden Publikumsorientierungen auch in einzelnen Sportinteressierten vereinigen können: Heutige „Sportfans" werden durch Ligasysteme angeregt, sowohl ein primäres Interesse an der höchsten Leistungsebene – an den *Major Leagues*, der *Bundesliga*; am Rennen um die „deutsche Meisterschaft"; um die *World Championship* – auszubilden *als auch* eine loyale Beziehung zu „ihrem" Verein aufzubauen *als auch* die Haltung eines Experten einzunehmen, der sich für das gesamte Ligageschehen interessiert, unablässig neue Informationen aufsaugt und aus ihnen Erwartungen für das nächste Spiel, das nächste Wechselgerücht, den nächsten Rekord, usw. ableitet. Je deutlicher man diese ‚multidimensionalen' Formen, das Publikum anzusprechen, unterscheidet, um so deutlicher wird der Beitrag des Ligamodells zur Stabilisierung des modernen Wettkampfsports, da gerade die Kombination dieser Erlebnispotentiale – insbesondere bei Mannschaftssportarten – ohne das Ligamodell allenfalls in stark abgeschwächter Form möglich wäre.

Wo liegen demgegenüber die *Schwächen* des Ligamodells? Die historischen Erfahrungen mit den ersten Ligasystemen sowie die spätere Entwicklung deuten auf zwei unterschiedliche Schwächen, eine *immanente* Schwäche, die mit einem Zielkonflikt

---

[83] Hierzu näher Werron, Tobias: Kontingenz in Serie. Zur ‚Spannung' des modernen Sports. In: Korner, Swen (Hg.): Die Möglichkeit des Sports. Kontingenz im Brennpunkt sportwissenschaftlicher Analysen, Bielefeld 2012, 25–48.

[84] Frühe Zeitgenossen, die über die Entspannungseffekte der passiven Teilnahme am Sport diskutierten, haben sich daher bereits über diese Art des Publikumserlebens verwundert; so ein Beitrag aus „C.B. Fry's Magazine" von 1906: „How can the Saturday's match be a mental recreation for those who have been thinking, reading, and talking about football all the week?" (zit. n. Mason: Association Football, 230).

innerhalb des Ligamodells selbst zu tun hat, und eine Schwäche, die eher eine *langfristige Nebenfolge seiner Stärken* ist (und vor allem mit Blick auf die Stellung des Ligamodells im Gesamtbetrieb einer Sportart von Interesse ist).

(1) *Probleme mit „competitive balance“* – Der im Ligamodell angelegte Versuch, drei unterschiedliche Erlebnisorientierungen des Publikums – Leistungsvergleich auf höchstem Niveau; loyale Club-Fan Beziehungen; wissensbasierte Produktion ergebnisoffener Erwartungen – zu kombinieren und gemeinsam zu stabilisieren, kann zu schwer beherrschbaren Spannungen zwischen diesen drei Zielen führen. Das wichtigste Folgeproblem wird in der Literatur unter dem Titel *competitive balance* diskutiert: das Problem, das ein Ligasystem einerseits um so mehr Spannung und Erwartungsoffenheit garantiert („Kontingenzwert“), je geringer die Leistungsunterschiede zwischen den Clubs sind; daß andererseits der Reiz der Ligakonkurrenz ja gerade darin besteht, die beste Mannschaft zu ermitteln und Interesse an Höchstleistungen zu wecken („Leistungswert“). Diese zwei Ziele begründen eine im Ligamodell unausweichlich angelegte Spannung: Je leistungsstärker und überlegener einer Mannschaft ist, desto vorhersehbarer und „kontingenzärmer“ droht der Wettbewerb zu werden.

Man kann viele der für den heutigen Wettkampfsport typischen Merkmale und Popularitätsindikatoren als Antwort auf die dadurch drohende Gefahr von Langeweile interpretieren. Das gilt schon für viele Eigenschaften des Wettkampfbetriebs außerhalb des Ligamodells, z.B. für Regeln, die für motorische Ungenauigkeiten, Mißverständnisse, gedankliche Fehler und Zufälle offen sind – wie sie für Ballsportarten typisch sind – , oder Leistungshierarchien, die für ein gewisses Maß an *ausgeglichener Leistungsfähigkeit* der in einer Leistungsklasse versammelten potentiellen Wettkampfgegner sorgen. Im Rahmen des Ligamodells hat sich zu diesem Zweck im Lauf der Zeit eine ganze Reihe von Maßnahmen zur Erhaltung von *competitive balance* etabliert, insbesondere finanzielle Ausgleichsregelungen (z.B. Verteilung von Fernsehgeldern), Gehaltsobergrenzen (*salary caps*) oder sog. *draft*-Systeme, die erfolglosen Mannschaften des Vorjahres den Zugriff auf die besten Nachwuchsspieler sichern. Da solche Maßnahmen ‚unschlagbare‘ Teams unmöglich zu machen versuchen und dem Publikum dadurch tendenziell die Möglichkeit zur Identifikation mit einem solchen unschlagbaren Team genommen wird, kann man einen Nebeneffekt solcher Maßnahmen auch in der *Gewöhnung an Niederlagen* und in der Ermöglichung/Motivierung dauerhafter Bindungen *mit Verlierern* sehen. Die Spannung zwischen Maximierung des Leistungs- und des Kontingenzpotential als solche ist freilich im Ligamodell selbst angelegt und kann niemals endgültig aufgelöst werden; sie ist vermutlich auch die beste Erklärung dafür, warum die meisten der zahlreichen – vor allem im US-Sport – auf den Weg gebrachten selbständigen Ligasysteme letztlich gescheitert sind.[85]

(2) *Probleme mit „Präsenz“* – Die zweite, hier noch interessantere Schwäche des Ligamodells ist eine Folge des Merkmals „Serialität“: der Tatsache, daß sie alle Einzelereignisse als prinzipiell gleichwertig definieren: Rechnerisch ist kein Spiel wichtiger oder „einmaliger“ als das andere, alle Punkte zählen gleichermaßen, wenn es um die Gesamtabrechnung und die Bestimmung des „Meisters“, um „Aufstieg“ oder „Abstieg“, um Europapokalplätze usw. geht. Diese Verzicht auf Gewichtungen einzelner Spiele im Wettkampfbetrieb, der, wie oben betont, unter Gesichtspunkten

[85] Vgl. nochmals Brucato, Major Leagues, hier 97ff.

des Leistungsvergleichs und der Kontingenzproduktion positiv zu Buche schlägt, weil er einem ‚modernen' statistischen Gespür für Leistungsdifferenzierungen entgegenkommt, kann sich als Nachteil erweisen, wenn es um das spezifische *Präsenzpotential* einzelner Wettkämpfe geht: Es ist schwierig, ein Spiel als einmaligen „Höhepunkt" darzustellen, den man auf keinen Fall verpassen darf, wenn am nächsten Tag oder Wochenende das nächste Spiel bevorsteht, bei dem dieselbe Zahl von Punkten erreicht werden kann. Der Sportdiskurs kann diese Spannung zwischen Leistungs- und Präsenzwert partiell ausgleichen, indem er Ligaspielen unter bestimmten Gesichtspunkten eine Sonderbedeutung zuschreibt, sie z.B. als „Spitzenspiele", „Endspiele" (um die Meisterschaft, gegen den Abstieg, usw.) bezeichnet. Aber auch hier gilt, daß die grundsätzliche Spannung fortbesteht: Wenn ein Club einen uneinholbaren Punktvorsprung erreicht hat oder chancenlos abgeschlagen am Tabellenende liegt, dann kann auch die kreativste Sportberichterstattung kein „spannendes Meisterschaftsrennen" und keinen „dramatischen Kampf gegen den Abstieg" mehr herbeiimaginieren. Akzeptiert man diese Spannung als grundsätzliche Schwäche des Ligamodells, fällt um so mehr auf, daß sich in allen Sportarten neben Serien- und Ligasystemen weitere Formen des Wettkampfbetriebs mit K.-o.-Systemen etabliert haben. Ich hatte dies im historischen Abschnitt an frühen *World Championships* (in den 1880er Jahren) sowie der *World Series* im amerikanischen Baseball angedeutet, die seit 1903/05 zwischen den Meistern der *Major Leagues* ausgetragen wird und die sich zu einem klassischen jährlichen ‚Event' des Baseballbetriebs entwickelt hat, sowie am FA-Cup im englischen Fußball, der auch nach Einführung der ‚Football League' weiter ausgetragen wurde und in die neue Funktionsstelle eines K.-o.-Wettbewerbs einrückte, in dem die Hierarchie des Ligabetriebs aufs Spiel gesetzt wird und spektakuläre ‚Außenseitersiege' möglich sind. Später kamen in den US-Sportarten kompliziertere Playoff-Systeme hinzu, die unmittelbar an den Ligabetrieb anschließen und das Meisterschaftsrennen um eine mehrstufige Ausscheidungsrunde im K.-o.-System verlängern (manchmal abgefedert durch ein weiteres Serienelement innerhalb des K.-o.-Systems, *best of 3/5/7*-Serien). Andere, den Präsenzwert der Wettkämpfe betonende Organisationsformate wie Pokalwettbewerbe oder Groß- und Weltereignisse (Weltmeisterschaften, Olympische Spiele) sind noch stärker unabhängige Wettkampfformen neben dem Ligasystem, häufig auch mit einer abweichenden Figuration des Teilnehmerkreises (z.B. Nationalmannschaften statt Clubmannschaften). Bei allen Unterschieden im Detail haben diese Formen jedoch eines gemeinsam: sie scheinen wie dafür erfunden, die „Präsenzschwäche" des Ligamodells auszugleichen. Angesichts der – im Vergleich zum Ligabetrieb – auffallend hohen Zuschauerzahlen, die solche *events* anziehen, liegt es heute nahe, von einem speziell von diesen Formen erschlossenen Publikum, den „Eventhusiasten", zu sprechen. Im Überblick dargestellt.

Abb. 2: Stärken/Schwächen (grau hervorgehoben) des Ligamodells

Leistungswert • Bezugsproblem: Unterscheidung und Auszeichnung von Höchstleistungen • *Stärke* des Ligamodells: Plausibilisierung von Leistungsdifferenzierungen durch „Serialität"; Kombinierbarkeit mit hierarchischer Differenzierung des Wettkampfbetriebs; fördert die Entstehung eines primär an Höchstleistungen (höchsten Spielklassen; Ermittlung von „Meistern") interessierten „opportunistischen" Publikums	**Kontingenzwert** • Bezugsproblem: Kontinuierliche Erwartungsproduktion • *Stärke* des Ligamodells: Produktion kontinuierlicher Vergleichsereignisse durch ‚Kontinuität' des Ligabetriebs; Kombinierbarkeit mit einer auf laufende Projektion von Erwartungen ausgerichteten Wettkampfberichterstattung (Statistik, Narration u.ä.); fördert Entstehung eines auf beständige Aufnahme von Informationen angewiesenen „Experten"-Publikums
Identifikationswert • Bezugsproblem: Langfristige, auch Niederlagen verkraftende „loyale" Beziehungen des Publikums mit Sportlern/Vereinen • *Stärke* des Ligamodells: Lokale Ansiedelung von Clubs erlaubt repetitive Interaktion zwischen Sportlern und Publikum und macht „loyale" Publikumsorientierungen wahrscheinlich; Kombination mit „Fandogmatiken" bringt lokale, loyal eingestellte „Fan"-Publika hervor	**Präsenzwert** • Bezugsproblem: Inszenierung der Einmaligkeit/Einzigartigkeit einzelner Wettkämpfe • *Schwäche* des Ligamodells: Serialität der Ligakonkurrenz impliziert prinzipielle *Gleichwertigkeit* aller Wettkämpfe (= „Höhepunktlosigkeit" des Wettkampfbetriebs) • *Folgelösungen:* Wettbewerbe mit K.-o.-System (Groß- und Weltereignisse; Pokalwettbewerbe; Playoffs) *neben* dem Ligasystem; zusätzliches „Eventhusiasten"-Publikum

Zusammenfassung

Dieser Aufsatz hat sich als Test auf die Fruchtbarkeit einer historischen Soziologie des modernen Wettkampfsports vorgestellt, die das Forschungsinteresse auf die Geschichte der Entstehung und Verbreitung von *Modellen des Wettkampfbetriebs* lenkt, und er hat am Beispiel des Ligamodells zu zeigen versucht, auf welche Erkenntnisse ein dieses – auf der Disziplingrenze zwischen Sportsoziologie und Sportgeschichte angesiedeltes – Forschungsinteresse führen kann. Im ersten Schritt habe ich eine theoretische Perspektive auf den modernen Wettkampfsport skizziert, wonach moderne Sportarten durch *Einbettung lokaler Wettkämpfe in globale Leistungsvergleichshorizonte* („Weltsportarten") entstehen, und indem sie die in Wettkämpfen angelegten Erlebnispotentiale für ein potentiell globales Publikum erschließen und stabilisieren. Die Entstehung solcher Sportarten beruht im Kern auf der Vorstellung einer gleichzeitig-kontinuierlichen Leistungskonkurrenz unter Abwesenden um die Gunst nationaler, später globaler Publika. Sportarten in diesem Sinne entwickeln sich seit etwa Ende der 1850er/Anfang der 1860er Jahre zunächst in Großbritannien und den USA, als es eine *technologische Allianz von Presse und Telegraphie* erstmals möglich machte, sich die gesamte USA, ganz Großbritannien, später auch die ganze Welt als ‚gleichzeitige Leistungsvergleichsräume' vorzustellen. In dieser Zeit entstehen auch die ersten Ligasysteme. Daher drängt sich aus dieser Perspektive die Vermutung auf, daß sich über eine Rekonstruktion der Entstehungsgeschichte der ersten Ligen auch etwas über die Stabilisierung moderner Wettkampfsportarten insgesamt in Erfahrung bringen läßt.

Vor diesem Hintergrund habe ich in den historischen Abschnitten des Aufsatzes die Entstehungsgeschichte der ersten Ligasysteme – die *National Association of Professional Baseball Players* und *National League* im US-Baseball der 1870er Jahre – und ihrer ersten Übernahme in einer anderen Sportart – die englische *Football League* 1888 – einer ausführlichen Analyse unterzogen, die gezeigt hat, daß die Einführung der Liga in beiden Fällen auf ein ähnliches Problem reagierte: das Problem, einem sich zwischen Ende der 1850er und den 1880er Jahren formierenden Publikumsinteresse an einem nationalen Wettkampfbetrieb „des Baseballs" und „des Fußballs" Stabilität und Kontinuität zu verleihen. Das Ligamodell bewährte sich in beiden Konstellationen dadurch, *daß es die Inszenierung seriell-kontinuierlichen Leistungsvergleichs mit der lokalen Ansiedelung von Clubs* verknüpfte: (1) Kontinuität und Serialität des Leistungsvergleichs sorgten dafür, daß der Titel eines „Meisters" sich nun auf eine *über einen längeren Zeitraum nachgewiesene Leistungsfähigkeit* stützen konnte und sich nicht mehr allein auf stärker zufallsabhängige *challenges* und *championship matches* (wie sie im Baseball der 1860er Jahre dominierten) oder K.-o.-Systeme (wie den FA-Cup oder andere Cupwettbewerbe, die im Fußball seit 1870er Jahren bereits in großer Zahl existierten) stützen mußte. (2) Die lokale Ansiedelung erschloß den Clubs eine Möglichkeit, die auch den erfolgreichsten professionellen Mannschaften der 1860er Jahre noch nicht zur Verfügung stand: die Möglichkeit, *„loyale" Beziehungen zu lokalen Fans* aufzubauen, die auch Niederlagen zu verkraften bereit sind. (3) Schließlich konnte mit dem kontinuierlichen Wettkampfbetrieb in Verbindung mit einer zunehmend intensiven Presseberichterstattung jenseits der lokalen Publika auch ein *nationales Expertenpublikum* angesprochen, ja geschaffen werden, das das Meisterschaftsrennen im Licht von Zeitungslektüren reflektiert und diskutiert. Ligasysteme stellten also eine sich wiederholende Lösung für ein sich wiederholendes Problem dar, und eben dies läßt es sinnvoll erscheinen, von einem *Ligamodell* zu sprechen, das von Sportart zu Sportart diffundieren konnte. Vor diesem Hintergrund habe ich vorgeschlagen, dieses Modell wie folgt zu definieren: Eine Liga ist eine (1) *Meta-Organisation*, die aus einer größeren Zahl von Mitgliedsorganisationen (Vereinen/Clubs; *franchises*) besteht und deren (2) Organisationszweck auf die Inszenierung *kontinuierlich-serieller Leistungskonkurrenz* (allgemeiner Organisationszweck) und die Ermittlung eines „Meisters" (spezieller Organisationszweck) gerichtet ist, verbunden (3) mit der *lokalen Ansiedlung der Mitgliedsorganisationen* in Städten/Regionen. Es ist das dritte Merkmal, das die Liga von anderen Seriensystemen unterscheidet.

Auf Basis dieser theoretischen Skizze und historischen Analyse habe ich schließlich die Stärken und Schwächen von Ligen systematisch genauer zu bestimmen und im Umfeld der Wettkampfbetriebe moderner Sportarten einzuordnen versucht. Als spezifische Stärke des Ligamodells hat sich dabei sich seine Fähigkeit erwiesen, durch die *Inszenierung einer kontinuierlich-seriellen Leistungskonkurrenz lokal angesiedelter Clubs* das Leistungspotential (plausible Bestimmung eines „Meisters"; Einbindung in hierarchische Differenzierungen von Leistungsniveaus), das Kontingenzpotential (laufende Spekulation über Ausgang und Verlauf zukünftiger Wettkämpfe; „Kontingenz in

Serie“) und das Identifikationspotential (Loyalität lokaler, meist städtischer „Fans“) der Wettkämpfe aufeinander zu beziehen, aneinander zu steigern und in einem stabilen organisatorischen Format zu integrieren. Seine *Schwäche* liegt dagegen vor allem darin, daß es, eben weil es alle Wettkämpfe als prinzipiell gleichwertig definiert, zumindest rechnerisch keine „Höhepunkte“ innerhalb des Wettkampfbetriebs vorsieht. Das *Präsenzpotential* der Wettkämpfe, d.h. die Inszenierung der Einmaligkeit und Einzigartigkeit jedes Wettkampfes, läßt sich daher im Rahmen eines konsequent durchgeführten Ligasystems nur eingeschränkt ausschöpfen. Angesichts dieser Schwäche überrascht es nicht, daß sich schon früh alternative Wettkampfformen – Pokalwettbewerbe wie der FA-Cup im englischen Fußball, Play-offs wie die *World Series* im amerikanischen Baseball – etablierten, die nach dem K.-o.-System verfahren und auf die Maximierung und Stabilisierung des Präsenzpotentials einzelner Wettkämpfe abzielen. Generell läßt sich das heute in allen Mannschaftssportarten übliche Zusammenspiel des Ligabetriebs mit zusätzlichen Wettbewerben im K.-o.-System (Playoff-Systeme; Pokalwettbewerbe; Weltmeisterschaften; Olympische Spiele usw.) vor diesem Hintergrund auch als eine Reaktion der modernen Wettkampforganisation auf die Stärken und Schwächen des Ligamodells und anderer Seriensysteme deuten. Dieses wechselseitig stabilisierende Zusammenspiel von kontinuierlich-seriellen Wettkampfformen und „Highlights“ des Wettkampfbetriebs ist das Ergebnis einer etwa 150jährigen Entwicklung, zu deren Erklärung es einer entsprechend langfristigen historisch-soziologischen Perspektive bedarf. Man mag dieses Fazit als Beleg werten, daß die hier vorgeschlagene *historische Soziologie des Wettkampfsports* in der Tat zu Forschungsfragen und Einsichten führt, die im „Normalbetrieb“ von Sportsoziologie und -geschichte tendenziell übersehen werden.

Nils Havemann

Die Gründung der Fußball-Bundesliga im Spannungsfeld von Kommerz und Kultur

Die Bundesliga an der Schnittstelle zwischen Wirtschaft und Kultur

Vor nicht einmal drei Jahrzehnten hätten nicht nur snobistische Schöngeister bei der Behauptung, Fußball sei Kultur, ungläubig den Kopf geschüttelt. Selbst Menschen, die sich gern mit dem Spiel beschäftigten, hätten sich dagegen gesträubt, die Kickerei auf dem Platz mit Kultur in Verbindung zu bringen. Dies lag in erster Linie daran, daß es sich dabei vornehmlich um einen bildungsbürgerlich besetzten Begriff handelte.[1] Man verband ihn mit Johann Wolfgang von Goethe, Wolfgang Amadeus Mozart oder William Shakespeare, in einigen progressiveren Kreisen vielleicht noch mit Jerry Herman, Louis Armstrong oder den Beatles, aber gewiß nicht mit dem Spiel im Stadion, das seit jeher von vulgären Pöbeleien oder brutalen Fanausschreitungen begleitet wurde.[2]

Heute bestreitet kaum noch jemand, daß der Fußballsport ein Kulturphänomen erster Güte ist. Dies zeugt von dem Wandel, den der Begriff in den letzten Jahrzehnten durchlaufen hat. Er wird nicht mehr vornehmlich normativ in dem Sinne benutzt, was Kultur sein soll, sondern vor allem deskriptiv. Dies ermöglicht es, frei von subjektiven Maßstäben auch jene Erscheinungen als Kultur zu begreifen, die der Mensch im weitesten Sinne gestaltend hervorbringt.

Mit diesem großzügigen Begriffsverständnis ist indes nicht geklärt, warum Fußball mittlerweile zu einem interessanten Gegenstand für kulturwissenschaftlich orientierte Studien geworden ist. Es geht hierbei nicht darum, den genialen Paß des Mittelfeldregisseurs oder den Fallrückzieher des Torjägers als gestalterische Kunstfertigkeit zu analysieren. Vielmehr ist es das Anliegen, Fußball als Spiegelbild kultureller Entwicklungen zu verstehen. Spätestens seit dem „Wunder von Bern", mit dem Triumph der Nationalmannschaft, die 1954 im Endspiel um die Weltmeisterschaft den großen Favoriten Ungarn besiegte, stellt sich immer deutlicher heraus, daß dieser Sport ein Indikator für kulturelle Befindlichkeiten ist.[3] Er ist ein wichtiger Bestandteil kulturel-

[1] Vgl. Scholz, Antje: Verständigung als Ziel interkultureller Kommunikation. Eine kommunikationswissenschaftliche Analyse am Beispiel des Goethe-Instituts, Münster 2000, 15.

[2] Vgl. zur langen Geschichte der Gewalt im Sport u.a. Pilz, Gunter A.: Fußballkulturen und Gewalt. Vom Kuttenfan und Hooligan zum postmodernen Ultra und Hooltra. Dossier-WM 2006 der Bundeszentrale für politische Bildung (URL: http://www.bpb.de/themen/ NMGJKX,0 ,Fu % DFballkulturen_und_Gewalt.html); Eric Dunning: Zuschauerausschreitungen. Soziologische Notizen zu einem scheinbar neuen Problem. In: Wilhelm Hopf (Hg.) / Elias, Norbert / Dunning, Eric: Sport im Zivilisationsprozeß. Studien zur Figurationssoziologie, Münster 1983, 123–132.

[3] Vgl. hierzu insbes. die Aufsätze von Pyta, Wolfram: German football. A cultural history. In: Tomlinson, Alan / Young, Christopher (Hg.): German football. History, culture, society, London/New York 2006, 1–22; Pyta, Wolfram: Sportgeschichte aus der Sicht des Allgemeinhistorikers. Methodische Zugriffe und Erkenntnispotentiale. In: Bruns, Andrea / Buss,

ler Identität, teilweise sogar Motor und Impulsgeber für gesellschaftliche Prozesse und Entwicklungen geworden. Diese Erkenntnis offenbart sich, wenn der Fußball nicht allein als ein bloßes Spiel, sondern als ein kultureller Raum verstanden wird, in dem sich Subjekte ebenso wie Kollektive zu unterschiedlichen Wahrnehmungs- und Handlungsmustern verhalten und diese zugleich mitprägen.

Vor diesem Hintergrund erhellt sich, warum einem scheinbar profanen Gebilde wie der Fußball-Bundesliga eine enorm große Bedeutung zukommt. Seit ihrer Gründung im Jahre 1963 lockt sie an jedem Spieltag im Schnitt rund 220 000 Menschen in die Stadien und in Hochzeiten mehr als 20 Millionen vor das Fernsehgerät. Es ist bislang kein anderes Phänomen in der bundesrepublikanischen Geschichte bekannt, das in diesem Ausmaß und in dieser zeitlichen Konstanz die Massen in seinen Bann zu schlagen vermochte. Mit diesen Zahlen eröffnet sich nicht nur ein enorm großer kultureller, sondern auch ein beträchtlicher wirtschaftlicher Raum. Dieser läßt sich mit Zahlen deshalb schwer quantifizieren, weil sich viele kommerzielle Aktivitäten im Fußballsport eher in einer Grauzone abspielten. In der ersten Saison 1963/64 lag der offizielle Umsatz der 16 Bundesligisten daher bei lediglich etwa 22 Millionen DM.[4] Mittlerweile bewegt sich die Bundesliga um die Umsatzmarke von 2 Milliarden Euro, was vor allem auf die enorm gestiegenen Einnahmen im Merchandising und bei der Vermarktung der Übertragungsrechte zurückzuführen ist.

Wenn man all die Umsätze hinzurechnet, die indirekt im Zusammenhang mit dem Fußball-Oberhaus erzeugt wurden, kommt man auf ein Vielfaches. Als Stichwörter seien nur genannt: die Sportartikelindustrie, die beispielsweise ihre Schuhe nach Spielern benannte, wovon damals nicht die Vereine, sondern die Spieler profitierten; Unternehmen des lokalen und regionalen Mittelstands, vor allem im Bewirtungsbereich, die sich auf die Bedürfnisse von Fußballanhängern spezialisierten; die Presse und sonstige Publizistik, die mit ihren Erzeugnissen auf einen aufnahmebereiten Markt stießen.

Es bedarf keiner großen Phantasie, um zu erkennen, daß die markante Position der Bundesliga an der Schnittstelle zwischen Wirtschaft und Kultur samt ihrem Geflecht widersprüchlicher Interessen erhebliche Konflikte zwischen den Protagonisten hervorrief: Auf der einen Seite stand der Anspruch an den Sport, idealistische Ziele zu verfolgen, auf der anderen Seite lockten die gigantischen Umsätze einer Wirtschaftsbranche, die den ursprünglichen Kern des Sports auszuhöhlen vermochten. An dieser Stelle soll anhand der Frühphase der Bundesliga der bisweilen große Widerspruch zwischen den vielen idealisierenden Zuschreibungen, die der Fußball im Laufe der Jahrzehnte erfuhr, und der nüchternen Wirklichkeit skizziert werden.

Kulturelle Gemeinschaftsvorstellungen

Welche Sinnzuschreibungen erfuhr der Fußball der 1950er und 1960er Jahre in der Bundesrepublik? Es waren in erster Linie Gemeinschaftsvorstellungen, die in diesen simplen Sport hineingetragen wurden. Damit knüpfte er zunächst nahtlos an die Zeit vor 1945 an, wobei allerdings starke Unterschiede in den Vorstellungen von

Wolfgang (Hrsg.): Sportgeschichte erforschen und vermitteln. Jahrestagung der dvs-Sektion Sportgeschichte vom 19.–21. Juni 2008 in Göttingen, Hamburg 2009, 9–21.

[4] Vgl. Deutscher Fußball-Bund (Hg.): Fußball-Jahrbuch 1968/1969, Frankfurt am Main, 32, 36.

Gemeinschaft zu erkennen waren. In der Kaiserzeit und in der Weimarer Republik verband er sich noch mit der Hoffnung, Klassengegensätze und die anderen Folgen der Modernisierung überwinden zu können, welche die Einheit der Nation zu zersetzen schienen. Erich Stutzke, Geschäftsführer des Baltischen Rasen- und Wintersportverbandes, formulierte 1912 am deutlichsten diesen Gedanken: „Unser Sport will um seiner selbst willen betrieben und geliebt werden. Alle Bestandteile politischer und konfessioneller Natur hat er seiner Struktur von Anfang an ängstlich ferngehalten, und er muß, will und wird es auch weiter tun.“[5] Der DFB schwor, sich „für eine politisch streng neutrale Sache“ einzusetzen, „für unsern Sport, der die Klassen vereinigen, die Gegensätze ausgleichen will“.[6] Nach 1933 hingegen verschmolz der Gemeinschaftsgedanke im Fußball mit der Idee der „Volksgemeinschaft“.[7] Sie propagierte zwar weiterhin das Ziel der klassenlosen Gesellschaft, die sich aber völkisch definierte, so daß sie jeden ausgrenzte und schließlich zu vernichten versuchte, der nicht dem rassistischen Ideal des NS-Regimes entsprach.

In der jungen Bundesrepublik drängte das Wort „Kameradschaft“ in den Vordergrund, das nach der moralischen Diskreditierung des Volksgemeinschaftsbegriffs eine unverfänglichere Variante von gemeinschaftlicher Vorstellung darzustellen schien. Vor allem im Zusammenhang mit dem Sieg der deutschen Nationalmannschaft bei der Weltmeisterschaft 1954 in der Schweiz prägte sich dieser Begriff ins Kollektivbewußtsein der Bundesdeutschen ein. Fritz Walter, Kapitän der Weltmeisterelf, gab sich in seinen Selbstdarstellungen als braver Chronist und treuer Repräsentant des kameradschaftlichen Geistes aus.[8] Selbst 2008 noch erklärte Horst Eckel, Außenläufer in der Finalmannschaft von 1954, das tiefere Geheimnis des Erfolgs mit diesem Wort: „Ohne die Kameradschaft, nicht nur bei den elf Leuten, die Weltmeister geworden sind, sondern bei allen 22, wären wir nie Weltmeister geworden.“[9]

Die Attraktivität des „Kameradschafts“-Begriffs resultierte zum einen aus den schwierigen Verhältnissen, die in der bundesrepublikanischen Nachkriegsgesellschaft herrschten. „Kameradschaft“ schien ein Gebot der Stunde gewesen zu sein, um all die Nöte und Alltagsprobleme zu überwinden, die sich für die Überlebenden stellten: angefangen bei der Suche nach einer halbwegs menschenwürdigen Bleibe über die Versorgung mit Lebensmitteln bis hin zu Krankheiten wie Diphtherie, Typhus oder Tbc.[10] Ohne die Bereitschaft, im ursprünglichen Sinne des Worts „zusammenzurü-

---

5 Stutzke, Erich: Die Stellung des Fußballsports zu den Erwerbsständen. In: Deutscher Fußball-Bund (Hg.): Deutsches Fußball-Jahrbuch 1912. Dortmund [1912], 150.

6 Ebd., 151.

7 Vgl. dazu Oswald, Rudolf: „Fußball-Volksgemeinschaft“. Ideologie, Politik und Fanatismus im deutschen Fußball 1919–1964, Frankfurt am Main/New York 2008, der mit seinem diskursanalytischen Ansatz die Fassade des deutschen Fußballsports zu beschreiben vermag, mit Ausnahme der überzeugenden Analyse der Fanausschreitungen aber die alltägliche Wirklichkeit im Fußballsport mit ihren organisatorischen und ökonomischen Eigengesetzlichkeiten vollständig ignoriert.

8 Vgl. Walter, Fritz: 3:2. Die Spiele zur Weltmeisterschaft, München 1954.

9 Stiftung Schloss Neuhardenberg (Hrsg.): Der Pass in den freien Raum. Fußball und Politik, Berlin 2009, 38.

10 Zu den Nachkriegsverhältnissen vgl. u.a. Wehler, Hans-Ulrich: Deutsche Gesellschaftsgeschichte. Bd. 4: Vom Beginn des Ersten Weltkriegs bis zur Gründung der beiden deutschen Staaten 1914–1949, München 2003, 951 ff; Tooze, Adam: Ökonomie der Zerstörung, München 2007, 770; Trittel, Günter J.: Hunger und Politik. Die Ernährungskrise in der Bizone (1945–1949), Frankfurt am Main/New York 1990, 23ff.

cken“, hätten viele Menschen diese Jahre der Entbehrungen nicht überleben können. Von dieser Warte aus drängte sich das Wort „Kameradschaft“, das aus dem italienischen *camerata* stammt und „Kammergemeinschaft“ bedeutet, als Erklärung für einen historischen Sieg im Fußball auf: Er konnte ähnlich wie die neue Lebensperspektive in der Wiederaufbauzeit nur unter der Bereitschaft hart errungen worden sein, sich gegenseitig beizustehen und zu unterstützen.

Zum anderen war der „Kameradschafts“-Begriff in einem moralisch diskreditierten Land eine scheinbar unverdächtige Variante von Gemeinschaftsvorstellung. Weitgehend vergessen war die Tatsache, daß das Wort erst in den 1920er Jahren aus dem engen Bereich des Militärischen ausgebrochen war. Noch im Ersten Weltkrieg hatten es vornehmlich Soldaten benutzt, die sich mit dieser männlichen Idee von Gemeinschaft von der zivilen Gesellschaft absetzen wollten.[11] Quell der Kameradschaft war ursprünglich das gemeinsame Kriegserlebnis gewesen, bei dem die Soldaten in den Schützengräben in engster körperlicher Nähe zu ihren „Kameraden“ gegen den Feind kämpften. Der tiefe Zusammenhalt, das unbedingte Einstehen füreinander, das ständige Bemühen, Schwächen des anderen auszugleichen, galten als selbstverständliche Tugenden, um die nächste Feindberührung überleben zu können. Die Übertragung dieses Begriffs auf den Fußballsport war insofern nahe liegend, als das Spiel verbreitet als ein „Kampf“ verstanden wurde, bei dem es darum ging, die gegnerische Mannschaft zu besiegen. Auch dies konnte nur gelingen, wenn man zusammenhielt, füreinander einstand und die Fehler seines Nebenmanns auszubügeln versuchte.

Gesellschaftlich unerwünschte Profis

Eng mit der idealisierenden Vorstellung von Kameradschaft ging im Fußballsport der Wiederaufbauzeit die Ablehnung von Berufsspielern und Kommerz einher. Die Kontinuität im Denken seit der Weimarer Republik war hier unübersehbar. Anfang der 1930er Jahre waren es vor allem die sozialdemokratisch und sozialistisch orientierten Arbeitersportverbände gewesen, die den Athleten, der für seine Leistungen bezahlt wurde, als „kapitalistische“ Deformation ablehnten.[12] In der bundesrepublikanischen Gesellschaft waren diese antimodernistischen Vorbehalte nicht minder ausgeprägt. So schrieb beispielsweise der bekannte Journalist Willy Meisl zum Jahreswechsel 1962/63, daß das Geld zu einem „modernen Übel“ des Sports geworden sei, daß es „fast überall in viel zu wörtlichem Sinn ‚auf dem Spiel steht’“.[13] Der Fußball sei dadurch „mehr Schau als Spiel, eben Schauspiel“ geworden.[14] Mit der Pose moralischer Überlegenheit schaute man auf die Verhältnisse in jenen Fußballländern, wo die Profikicker seit Jahrzehnten eine Selbstverständlichkeit

[11] Vgl. Kühne, Thomas: Kameradschaft. Die Soldaten des nationalsozialistischen Krieges und das 20. Jahrhundert, Göttingen 2006, 110. Vgl. hierzu und zum Folgenden auch Herzog, Markwart: „Sportliche Soldatenkämpfer im großen Kriege“ 1939–1945. Fußball im Militär – Kameradschaftsentwürfe repräsentativer Männlichkeit. In: Herzog, Markwart (Hg.): Fußball zur Zeit des Nationalsozialismus: Alltag – Medien – Künste – Stars, Stuttgart 2008, 125.

[12] Wagner, Helmut: Sport und Arbeitersport, hg. von Sven Güldenpfennig, Hans-Jürgen Schulke und Peter Weinberg, Köln 1973, 115ff.

[13] Meisl, Willy: Warten auf die Pleite. In: Kicker, Nr. 53 vom 31.12.1962, 20.

[14] Meisl, Willy: Fußball im Nebenberuf. In: Kicker, Nr. 35 vom 27.8.1962, 19.

darstellten. „Man stelle sich vor, daß in einem Land, das nicht allein in Sizilien dem Analphabetentum hilflos gegenübersteht, diese wahnwitzigen Beträge für ausländische Fußballspieler zur Verfügung stehen", entrüstete sich im Juli 1961 das „Sport-Magazin" über die Verhältnisse in Italien.[15] All die Mäzene, welche die Spieler mit Geld überhäuften, „würden ein besseres Werk tun, wenn sie an die Schattenseiten ihres Landes denken".[16]

Bestärkt wurde diese Haltung von der Überzeugung, daß die Aussicht auf das schnelle Geld die geistige Entwicklung junger Sportler beeinträchtigen könnte. „Viele, an sich talentierte Jugendliche, sehen im Entgelt für die sportliche Leistung ihrerseits eine Möglichkeit, statt in harter Berufsarbeit ihren Lebensunterhalt durch mehr oder weniger angenehme Sportausübung zu bestreiten", hieß es im Juni 1953 in den Vereinsnachrichten des FC Schalke 04.[17] Drei Monate später thematisierte daßelbe Blatt die großen Frustrationen von Eltern, deren Söhne nichts anderes mehr als Fußball im Sinn hätten. Unvermeidliche Begleiterscheinungen dieser Begeisterung wie zerrissene Schuhe, verschmutzte Kleidung, zerbrochene Fensterscheiben und zertretene Gemüsebeete würden dabei „im allgemeinen noch hingenommen"; die Toleranzgrenze sei aber erreicht, wenn „absinkende Leistungen in der Schule, überhaupt Symptome des Stillstandes in der geistigen Entwicklung" festzustellen seien.[18]

Die überkommene Rhetorik und die bis in die Gegenwart hinein in großen Teilen der Anhängerschaft immer noch festzustellende Aversion gegenüber dem Kommerz[19] trugen erheblich dazu bei, fundamentale Irrtümer über den bundesdeutschen Fußballsport der 1950er Jahre zu verstetigen. Sie verfestigten selbst in Teilen der Wissenschaft die Ansicht, daß der deutsche Fußballsport im Vergleich zu anderen Fußballnationen wie England, Frankreich oder Italien in den 1950er Jahren rückschrittlich gewesen sei. Immer noch herrscht die Vorstellung vor, daß er von traditionellen Überzeugungen und überkommenen Strukturen geprägt gewesen sei, unter anderem weil er in personeller und ideologischer Kontinuität zum Nationalsozialismus gestanden habe.[20] Nicht zuletzt die Tatsache, daß es in den 1950er Jahren in der Bundesrepublik keine einheitliche Spielklasse gab, in der die besten Vereine gegeneinander spielten, scheint die These vom „Modernisierungsschub", den das Land auch im Fußball zur Beendigung seines „Sonderwegs"[21] benötigt habe, zu bestätigen.

---

[15] Wolff, J.: 14 Millionen für Transfers – aber Analphabeten. In: Sport-Magazin, Jg. 16, 17.7.1961, 2.

[16] Ebd.

[17] Archiv des FC Schalke 04, Streitle, Jakl: Fußballjugend und Vertragsspieler. In: Vereinsnachrichten, Nr. 3 vom Juni 1953, 15. Streitle gehörte dem FC Bayern München an, dessen Artikel in den Schalker Vereinsnachrichten nachgedruckt wurde.

[18] Archiv des FC Schalke 04, Soll mein Junge Fußball spielen? In: Vereinsnachrichten, Nr. 6 vom September 1953, 7.

[19] Vgl. u.a. Hagelüken, Alexander: Im Namen der Fans. In: sueddeutsche.de vom 5.9.2008 (URL: http://www.sueddeutsche.de/wirtschaft/gegen-fussball-als-kommerz-im-namen-der-fans-.702810 – abgerufen am 18.6.2012). Bremer, Christoph: Fußball ist unser Leben!? Ein Zuschauersport und seine Fans, Marburg 2003, 49.

[20] So beispielsweise Oswald, Rudolf: Kontinuitäten – DFB und Fachpresse in den ersten Nachkriegsjahrzehnten. In: Peiffer, Lorenz / Schulze-Marmeling, Dietrich (Hg.): Hakenkreuz und rundes Leder. Fußball im Nationalsozialismus, Göttingen 2008, 528–536 (hier insbes. 529 ff).

[21] Vgl. dazu auch die treffenden Ausführungen von Eggers, Erik: Profifußball im Amateurverband: Der deutsche Sonderweg. In: Koller, Christian / Brändle, Fabian (Hg.): Fußball zwischen den Kriegen. Europa 1918–1939. Wien/Berlin/Münster 2010, 221–244.

Dabei gab es zahllose Hinweise darauf, daß es den bezahlten Spieler in Deutschland schon am Vorabend des Ersten Weltkriegs, spätestens aber in den 1920er Jahren gegeben hatte.[22] Die junge Bundesrepublik knüpfte nahtlos an diese Tradition an. Versicherungsämter in verschiedenen Oberligastädten schickten Anfang der 1950er Jahre Kontrolleure zu den Vereinen. Die Kriterien, anhand derer sie den Profi erkannten, waren ebenso klar wie plausibel. Berufsspieler war aus ihrer Sicht, wer mit den Einkünften aus dem Sport seinen Lebensunterhalt bestreiten konnte und mehr Zeit mit dem Fußball als mit einer anderen Tätigkeit verbrachte.[23] So gelangte beispielsweise das Versicherungsamt in Essen im Juni 1951 zu dem Urteil, daß Rot-Weiß, der Club von Helmut Rahn, vornehmlich aus Profis bestehe. Die Ermittler stellten fest, „daß das Spiel auf den Sportplätzen mit ‚Amateursport' im herkömmlichen Sinne kaum noch etwas gemein" habe. Vielmehr sei eine Oberligabegegnung „eine Veranstaltung, bei der die Spieler als bezahlte Kräfte in Erscheinung treten". Daran könne auch deshalb kein Zweifel bestehen, weil „der Vertragsspieler in der Mehrzahl der Fälle von seinem Verein Zuwendungen in einer Höhe erhält, die erwiesenermaßen über die vertraglichen Vereinbarungen weit hinausgehen". Die „wesentliche Höhe der Bezüge" erlaube den Schluß, daß „die Spieltätigkeit zum Mittelpunkt der wirtschaftlichen Existenz des Spielers" geworden sei. Da die Sozialversicherungsämter in anderen Vereinen, beispielsweise in Köln, Dortmund, Hamburg und Berlin, selbst in Bremen bei einem vergleichsweise unbekannten Club wie TuS Bremerhaven 93, zu demselben Ergebnis kamen, beschlossen sie, die Vereine zu Sozialversicherungsbeiträgen für ihre Kicker heranzuziehen. Der DFB unterstützte zahlreiche Musterklagen der Clubs,[24] mußte sich aber im Dezember 1961 nach fast einem Jahrzehnt juristischer Auseinandersetzung durch alle Instanzen geschlagen geben.[25]

Die Bundesligagründung im Schatten wirtschaftlicher Erwägungen

Im Grunde ist damit der wesentliche Faktor angedeutet, warum es bis zum Jahre 1963 dauern sollte, bis die Bundesliga an den Start gehen konnte: Dem DFB und vor allem seinen Clubs war daran gelegen, die neue Eliteklasse auf einem soliden wirtschaftlichen Fundament zu erbauen. Dieses Ziel konnte nur erreicht werden, wenn dafür eine wesentliche Voraussetzung erfüllt war, nämlich die Erhaltung der Gemeinnützigkeit und der damit verbundenen steuerlichen Privilegien, die nur gewährt werden konnten, wenn es formal keine Berufsspieler gab.[26] Im Grunde wollte der DFB schon unmittelbar nach Gründung der Bundesrepublik auf diesem Gebiet klare Verhältnisse schaffen und der verbreiteten Verlogenheit im Umgang mit dem Berufs-

[22] Vgl. dazu Havemann, Nils: Fußball unterm Hakenkreuz. Der DFB zwischen Sport, Politik und Kommerz, Frankfurt am Main/New York 2005, 39, 60 f, 84ff.

[23] Vgl. hierzu und zum Folgenden Stadtarchiv Essen, 448–676, Versicherungsamt der Stadt Essen am 12.6.1951.

[24] Vgl. Stadtarchiv Braunschweig, E 35 I: 11, DFB am 25.1.1956 an die Vereine mit Vertragsspielermannschaften, den Vertragsspielerausschuss und den Sozialausschuss.

[25] Vgl. Stadtarchiv Braunschweig, E 35 I: 11, Rundschreiben der LV Niedersachsen, Nr. 59 vom 28.8.1962.

[26] Vgl. zum Gemeinnützigkeitsrecht auch Droege, Michael: Gemeinnützigkeit im offenen Steuerstaat, Tübingen 2010, insbes. 37 ff, sowie 119ff.

fußball ein Ende setzen. Sein Bundestag gab bereits im Oktober 1951 dem Vertragsspieler- und Kontrollausschuß den Auftrag, sich mit den Voraussetzungen für die Legalisierung des in der Realität bereits existierenden Profis auseinanderzusetzen.[27] Allerdings kam das Gremium nur wenige Monate später einstimmig zu dem Ergebnis, daß die erforderlichen Voraussetzungen dafür nicht gegeben seien.[28] Die retardierenden Kräfte befanden sich weniger an der Spitze als an der Basis, die über die Landesverbände die Legalisierung des Berufsfußballs hinauszuzögern versuchten.[29] Die meisten Clubs fühlten sich zu diesem Zeitpunkt nicht in der Lage, einen solchen Schritt samt den damit verbundenen wirtschaftlichen Unwägbarkeiten und sportpolitischen Zerwürfnissen zu vollziehen, weil die Finanzämter nicht mitspielen wollten: Sie warteten nur darauf, bei offizieller Zulassung des Profis die Vereine wie gewöhnliche Geschäftsbetriebe besteuern zu können.[30]

Die Steuerexperten und Juristen beim DFB verhandelten daher seit den 1950er Jahren intensiv vor allem mit dem Bundesfinanzministerium, um einen Weg aus diesem Dilemma zu finden. Es waren ermüdend lange Gespräche, weil eine Schneise durch das dicke Gestrüpp verschiedenster Abgabenverordnungen und Gesetzbücher geschlagen werden mußte. Die Lösung, die man fand, war Ausdruck eines absurden deutschen Steuerrechts. Sie war in höchstem Maße kreativ, läßt aber im gewissen Sinne bereits den krassen Widerspruch zum Gemeinschaftsanspruch erahnen, den der Fußballsport erhob. So durften die Bundesligastars nicht Mitglied des Vereins sein, für den sie spielten.[31] Damit sollte formaljuristisch der „Grundsatz der Selbstlosigkeit“ gewahrt bleiben, gegen das der bezahlte Fußballspieler eigentlich verstieß. Die Skurrilität dieser Konstruktion war offensichtlich: Die Anhänger sollten sich mit „ihren“ Helden identifizieren, die aber nicht „ihrem“ Club angehörten. Vermutlich ließ sich der DFB auf diese Bedingung ein, weil er sich darauf verlassen konnte, daß sich außerhalb des überschaubaren Kreises von Juristen und Finanzexperten niemand für die desillusionierenden Details des Berufsfußballs interessieren würde.

Ein andere Bedingung für die weitere Gewährung der steuerlichen Privilegien war ebenso originell und trug nicht minder zur Legende vom braven Amateurspieler der 1960er Jahre bei: Obwohl die Bundesligaspieler nun auch offiziell bezahlte Angestellte ihres Vereines waren, durften sie nicht als Profis bezeichnet werden. Der DFB mied den Begriff des Berufsspielers auch nach 1963, weil er die eklatante Diskrepanz zwischen dem Eigennutz des Akteurs und dem Anspruch auf Gemeinnützigkeit des Bundesligavereins offenbart und damit juristisch angreifbar gemacht hätte. Daher gab es in der Bundesliga lediglich „Lizenzspieler“ als „bezahlte Angestellte des Vereins“, die „Fußball in erster Linie beruflich betreiben“, darüber hinaus aber immer noch die Möglichkeit hätten, neben ihrer Arbeit auf dem Platz einem anderen „zivilen Beruf“

27 Vgl. Vollprofi kommt – zunächst aber verschoben, in: Sport-Magazin, Jg. 6, 31.10.1951, 2.

28 Profi? Dann nur durch den DFB! In: Sport-Magazin, Jg. 7, 2.4.1952, 2.

29 Vgl. Wolff, J.: Eine Sturmwarnung für den DFB-Bundestag… In: Sport-Magazin, Jg. 10, 25.7.1955, 2.

30 Vgl. Pfosch, Hans: „Profitum Verrat an der Tradition …“. In: Sport-Magazin, Jg. 7, 16.1.1952, 2.

31 Vgl. Bundesarchiv Koblenz, B 106, Nr. 130716, Auszug aus der Niederschrift über die Besprechung der Körperschaftssteuer- und Gewerbesteuerreferenten der Finanzminister(-senatoren) der Länder (8.12.1961).

nachzugehen.[32] Der „Lizenzspieler", der in der Bundesliga seinem Handwerk nachging, unterschied sich vom „Vertragsspieler", der in den Regionalligen für ein begrenztes Entgelt an den Start ging, Mitglied des Vereins sein durfte und „hauptberuflich eine anderweitige Tätigkeit" ausüben mußte.[33] Dieser hob sich wiederum vom wirklichen „Amateurspieler" ab, der „allenfalls einen Auslagenersatz" im Rahmen ständig erneuerter Absprachen mit dem Bundesfinanzministerium erhielt.[34]

Die wichtigsten Grundlinien dieser Einigung waren im Dezember 1961 erzielt worden, so daß der DFB dieses Ergebnis im Juli 1962 den Delegierten seines Bundestages in Dortmund vorlegen konnte. Mit 103 gegen 26 Stimmen votierten sie für den Antrag, ab August 1963 den Ball in der neuen Eliteklasse rollen zu lassen. Die meisten Gegenstimmen erwuchsen im übrigen aus der offensichtlichen Unaufrichtigkeit, mit der die Verhältnisse im Oberhaus weiterhin beschrieben werden sollten. Den Kritikern, die sich darüber ärgerten, weiterhin nicht vom Berufssport reden zu dürfen, entgegnete der damalige DFB-Präsident Hermann Gösmann, „daß bei der vielfach geforderten Einführung des Professionalismus die Gemeinnützigkeit der Vereine entfallen würde, während die Verhandlungen mit den zuständigen Stellen des Bundesfinanzministeriums über die Einführung von Lizenzspielern dem deutschen Fußball die Brücke geebnet" hätten.[35]

Wohlsituierte „Lizenzspieler"

Vor dem Hintergrund der steuerrechtlich motivierten Selbstinszenierung als „Halbamateure" erklärt sich, warum selbst in der gegenwärtigen Literatur immer noch der Eindruck erweckt wird, als ob die erste Generation der Bundesligaspieler mehr oder weniger Hobbykicker gewesen seien, die sich mit ihrer Tätigkeit auf dem Platz allenfalls ein bescheidenes Zubrot verdient hätten.[36] Oft wird als die eigentliche Wende zum Profitum der „Bundesligaskandal" von 1971 bezeichnet, der abwegige Ursachenanalysen hervorbrachte. So hieß es jüngst noch: „Durch das Festhalten des DFB am Amateurstatus wurden die Spieler am immer größer werdenden Bundesligageschäft nicht beteiligt, woraufhin sie die Möglichkeit ergriffen[,] auf diese Weise zusätzlich Geld zu verdienen."[37]

Dabei waren die „Lizenzspieler" bereits in der ersten Saison wohlsituierte Berufsspieler, die – gemäß der Definition – nicht nur mehr Zeit mit ihrem Sport als mit irgendeiner anderen Tätigkeit verbrachten, sondern in der Regel sehr gut von den

---

32 Bundesarchiv Koblenz, B 106, Nr. 130716, Definition des Referat SK I 1 vom 18.8.1970 nach einem Telefongespräch mit DFB-Generalsekretär Paßlack.

33 Ebd.

34 Ebd.

35 Zit. nach: Bis 1.1.1963 müssen die Vertragsklubs die Bundesliga-Bedingungen kennen. In: Sport-Magazin, Jg. 17, 30.7.1962, 4.

36 Vgl. u.a. Dahlkamp, Hubert / Schulze-Marmeling, Dietrich: 100 Jahre Preußen Münster, Göttingen 2006, 112ff.

37 Dissinger, Michael: Zwischen Kommerzialisierung und Sicherheit. Sozialpädagogische Fanprojekte im Spannungsfeld der Interessen, Hamburg 2011, 13. Ähnlich Forster, David u.a.:„Die Legionäre". Österreichische Fußballer in aller Welt, Wien/Berlin 2011, 90 f, wo behauptet wird, daß „die Abschaffung der Verdienstgrenze und damit verbunden die endgültige Freigabe des Profitums" Folgen des Skandals gewesen seien.

damit verbundenen Einkünften leben konnten. Grund dafür war eine weitere Vereinbarung zwischen dem DFB und dem Bundesfinanzministerium, durch die alle formalen Einkommensgrenzen schon in der ersten Spielzeit Makulatur geworden waren. Das offizielle Höchstgehalt von 1200 DM im Monat, das etwa doppelt so hoch war wie der durchschnittliche Bruttomonatsverdienst eines vollzeitbeschäftigten Arbeitnehmers, konnte fast beliebig überschritten werden. Dem Verband gelang es, für „einzelne Spitzenspieler" entsprechend „ihrem Wert auch eine noch höhere Bezahlung" durchzusetzen, wobei kein Richtwert festgelegt wurde.[38] Sinn dieser Abmachung war es, begehrte Spieler, die den Verlockungen des Geldes aus dem Ausland erliegen könnten, in der Bundesrepublik zu halten. Ein Verbandsgutachten hielt in dieser Hinsicht fest: „Es ist deshalb dringend notwendig, den deutschen Vereinen in solchen Fällen eine steuerrechtlich akzeptable Möglichkeit einzuräumen, „gefährdete" Spieler entsprechend bezahlen zu können."[39] Zwar sollte die Höhe der Bezüge für solche „gefährdeten" Stars in jedem Einzelfall in Abstimmung mit den Steuerbehörden und einem vom DFB einzusetzenden Gremium festgesetzt werden;[40] in der Praxis reichte es aber aus, die höheren Zahlungen lediglich dem Finanzamt zu melden.[41]

So sah die Gehaltsrealität schon im ersten Jahrzehnt der Bundesliga ganz anders aus, als die offizielle Selbstdarstellung vermuten ließ. Die Lizenzspieler von Eintracht Frankfurt erhielten 1963/64 im Durchschnitt rund 35 000 DM.[42] Der Präsident des 1. FC Köln, Franz Kremer, gelangte bei vorsichtiger Schätzung zu dem Ergebnis, daß die überdurchschnittlich starken Spieler 1965 in der Spitze bis zu 60 000 DM im Jahr kassierten.[43] Dies entsprach etwa dem Sechsfachen des damaligen durchschnittlichen Verdienstes eines vollzeitbeschäftigten Arbeitnehmers in der Bundesrepublik. Dabei waren darin die Einkommen, welche die Stars mit ihren Nebenjobs, mit ihrem formalen Arbeitsplatz, durch „schwarz" gezahlte Prämien oder sonstige geldwerte Zuwendungen einnahmen, nicht berücksichtigt. So erreichte der Lizenzspieler der ersten Stunde als junger Mensch ein Gehaltsniveau, mit dem selbst Chefärzte, Notare oder Sparkassendirektoren in jener Zeit nur schwer mithalten konnten.

Der Verdruß in Teilen der Presse und der Öffentlichkeit über hohe Spielergehälter im bundesdeutschen Fußball war daher teilweise schon in den 1950er Jahren groß und schwoll nicht erst im Zuge der Diskussionen über „soziale Gerechtigkeit" an, in denen beispielsweise im Dezember 2007 Bundestagspräsident Norbert Lammert „die Gehaltsexzesse" bei den Vereinen vehement anprangerte.[44] Bot die deutsche Nationalmannschaft unter Bundestrainer Sepp Herberger zwei oder drei Spiele in

---

[38] Archiv des FC Schalke 04, Abdruck des Kommentars zum Gutachten der DFB-Bundesligakommission. In: Vereinsnachrichten, Nr. 7 vom Juli 1962, 157.

[39] Archiv des DFB, Nachlass Herberger, Sachakte/Briefe 519, DFB: Gutachten über die rechtlichen und organisatorischen Probleme bei Einführung einer zentralen Spielklasse im DFB.

[40] Vgl. Archiv des FC Schalke 04, Abdruck des Kommentars zum Gutachten der DFB-Bundesligakommission. In: Vereinsnachrichten, Nr. 7 vom Juli 1962, 157.

[41] Archiv von Eintracht Frankfurt, Bestand 1, Nr. 8.1, Protokoll der engeren Vorstandssitzung am 21.1.1963.

[42] Vgl. Archiv von Eintracht Frankfurt, Bestand 1, Nr. 8.1, Protokoll der engeren Vorstandssitzung vom 4.5.1964.

[43] Vgl. Archiv des DFB, Nachlass Herberger, Sachakte/Briefe 518, Spitzenspieler verdienen im Jahr 60 000 Mark [Zeitungsausschnitt aus dem Jahr 1965].

[44] Zit. nach Frick, Bernd: Die Entlohnung von Fußball-Profis. Ist die vielfach kritisierte „Gehaltsexplosion" ökonomisch erklärbar? Paderborn 2008, 4.

Folge eine enttäuschende Vorstellung, hob der Sturm der Empörung an. Die „Spitzenspieler" seien „so satt", weil sie „hinten und vorne verwöhnt werden", schimpfte das „Sport-Magazin" im März 1956.[45] Den meisten Akteuren gehe es „hauptsächlich um die klingende Münze, um ein bequemes Leben, um einen guten ‚Job' im Alltag".[46] Der Kommentator stellte die rhetorische Frage: „Ist es denn nötig, daß ein 22-jähriger Fußballer, der noch nichts gelernt und im Leben geleistet hat, einen Wagen fährt, den sein Verein finanziert? Ist es zu verantworten, daß ein Oberligaspieler keiner geregelten Berufsarbeit nachgeht, sondern herumbummelt und den Herrgott einen guten Mann seinläßt?"[47] Neun Monate später wiederholte derselbe Kommentator seine Ansicht, „daß es mit der immer mehr überhand nehmenden laxen ‚Dienstauffassung' unserer Vertragsspieler nicht weiter" gehen dürfe.[48] Für solche Disziplinlosigkeiten stand der Begriff des „Spielereigensinns", der im übrigen schon in der Kaiserzeit kursierte, um die schädlichen Folgen des Bezahlfußballs zu beschreiben.[49]

Schluß

Solche Kommentare verdeutlichten das Unverständnis eines Teils der bundesrepublikanischen Presse und der Bevölkerung für die Mechanismen des Marktes. Viele Menschen wollten nicht einsehen, daß sich das Einkommen in einer Marktwirtschaft nicht nach schwer faßbaren Kriterien wie „Intelligenz", „Fleiß" oder „gesellschaftlichem Nutzen" bemisst, sondern von Knappheitsverhältnissen und der Substituierbarkeit von Arbeitskräften bestimmt wird. Die Ablehnung von marktwirtschaftlichen Regeln beförderte beim DFB die früh erkennbare Neigung, im Umgang mit finanziellen Details möglichst hinterm Berg zu halten. So schickte er immer wieder Briefe an die Vereine mit der dringenden Bitte, keine Informationen über Gehälter, Verschuldung oder ähnliche Themen an die Öffentlichkeit zu geben. Es sollte alles unterlassen werden, was eine „negative Wirkung in der Öffentlichkeit und bei führenden Politikern" nähren könnte, „die durch Pressepublikationen über Spielertransfers und der [sic] damit verbundenen Größenordnung in finanzieller Hinsicht entstanden" sei.[50] Spätestens an dieser Stelle offenbart sich die Notwendigkeit, sich bei der Darstellung sporthistorischer Prozesse nicht nur auf die Selbstinszenierungen der Protagonisten oder allein auf die Darstellungen der zeitgenössischen Presse verlassen zu dürfen. Vielmehr ist es erforderlich, neben den Sinnzuschreibungen, die von der Gesellschaft an den Fußball herangetragen wurden, den betriebswirtschaftlichen Alltag im Berufssport im Blick zu behalten. Er schuf eigene Gesetze, die bisweilen im scharfen Widerspruch zu dem standen, was über ihn gedacht, gesagt und geschrieben wurde.

---

[45] Ströter, L.: Unsere Spitzenspieler werden zu sehr verwöhnt. In: Sport-Magazin, Jg. 11, 26.3.1956, 2.

[46] Ebd.

[47] Ebd.

[48] Ströter, L.: Öffnet der Jugend Türen zu Verbänden und DFB! In: Sport-Magazin, Jg. 11, 3.12.1956, 2.

[49] Havemann: Fußball unterm Hakenkreuz, 39.

[50] Stadtarchiv Essen, 448–570, Strothe am 21.5.1970 an die Vorsitzenden der Bundesliga-Vereine.

Hannah Jonas

Konjunkturen des Fußballkonsums – Professioneller Vereinsfußball in der Bundesrepublik seit 1963

Erfolgsstory oder Verlustgeschichte?

> „Das haben die Vereinsbosse der Bundesliga damals bestimmt nicht gemeint, als sie den Gewerkschaftsslogan ‚Samstags gehört Vati mir' so vorbehaltlos unterstützten. Der Ausflug ins Stadion war da für den Samstag geradezu programmiert, und daß Vati dem Kleinen in der D-Jugend anhand der Aktionen von Eia Krämer oder Lothar Ulsaß erzählte, wie er es in seiner Jugend getrieben habe, verstand sich von selbst. Aber der Samstag, er hat ganz ungeahnte Formen angenommen. Die, die immer auf den Stehplatzkurven ausharrten und sich die Kehle wundschrien, treiben nun selber Sport. Und die, die sich auf den Tribünen zeigten und jovial auf die eine und auf die andere Seite nickten, repräsentieren nun woanders. Fußball ist nicht mehr die Leitsportart."[1]

Der Abgesang auf den Fußball als Leitsportart aus dem Jahre 1989 steht in drastischem Gegensatz zur gegenwärtigen Erfahrung eines seit zwei Dekaden ununterbrochenen Fußballbooms. Eine „Fußballverdrossenheit" der Deutschen gehört für gewöhnlich auch nicht zu den Themen, denen besondere historische Relevanz beigemessen würde. Referenzpunkt für die Geschichte des Fußballs scheinen vor allem die „goldenen Siebzigerjahre" zu sein, die sich mit dem Gewinn der Weltmeisterschaft von 1974, Starspielern wie Beckenbauer oder Netzer und zahlreichen Vereinserfolgen in europäischen Wettbewerben positiv ins kollektive Gedächtnis eingeprägt haben. Übersehen wird dabei meist, daß die Jahre von 1974 bis 1979 eher eine *Ausnahme* darstellten, denn insgesamt verzeichnete die Bundesliga seit ihrer Gründung im Jahr 1963 bis zur Saison 1989/90 konstant rückläufige Zuschauerzahlen.[2] Besonders in den 1980er Jahren häuften sich Berichte über Verschuldung und Mißmanagement in den Vereinen, leere Stadien, lustlose Millionäre auf dem Platz und Gewalt auf den Rängen. In der Tat hatte der Samstag zu dieser Zeit „ungeahnte Formen" angenommen. Denn während individualistische Trendsportarten wie Aerobic oder Jogging boomten und Tennis auf bestem Wege zum beliebtesten Zuschauersport war, schien dem Fußball ein Negativimage anzuhaften, das immer mehr Menschen aus den Stadien fernhielt.

Die Beobachtung einer zeitweise abnehmenden gesellschaftlichen Relevanz des Fußballs lädt dazu ein, den Konjunkturen des „Fußballkonsums" genauer nachzugehen: Seit den 1960er Jahren – so die These – hat im professionellen Vereinsfußball ein mehrfacher Bedeutungswandel stattgefunden. War das Spiel in der Nachkriegszeit als Freizeitvergnügen weitgehend konkurrenzlos, veränderte sich dies seit den 1960er Jahren, als sich mit steigendem Wohlstand auch die Alternativen zum Stadionbesuch vervielfältigten. Den zunehmenden Bedeutungsverlust des Fußballs in

---

[1] Böttiger, Helmut: Verdrossen vor den Toren. Bundesliga-Anpfiff: Fußball ist nicht mehr die Leitsportart. In: Die Zeit Nr. 8 vom 17. Februar 1989, 79.

[2] Vgl. Zuschauerstatistik des DFB (URL: http://www.dfb.de/index.php?id=82912)

der Gesellschaft konnten die Anpassungsversuche von Vereinen und Verbänden zunächst nicht aufhalten. Erst um 1990 gelang es schließlich mithilfe enormer Geldsummen, die das Privatfernsehen in die Vereinskassen spülte, und durch eine neue Qualität der medialen Inszenierung, den nun „Ware" genannten Fußballsport wieder erfolgreich an ein breites Publikum zu „verkaufen".

Zentral für die Frage nach dem Bedeutungswandel des Fußballs in der Gesellschaft ist die Art und Weise, wie der Gegenstand „Vereinsfußball" methodisch gefasst wird. Hier ergeben sich einige Schwierigkeiten: Zum einen ist der professionelle Vereinsfußball eine „Ware" bzw. „Dienstleistung", die „Konsumenten" zu einem bestimmten (Eintritts-)Preis auf einem Markt angeboten wird. Der Erfolg dieser Ware und das Maß, in welchem ökonomische Prinzipien auch tatsächlich handlungsleitend für die Akteure des Profifußballs waren, hat sich jedoch mit der Zeit grundlegend verändert. Wurden wirtschaftliche Prinzipien zunächst lange eher als notwendiges Übel betrachtet, ist mit dem ökonomischen Erfolg der 1990er Jahre die Sprache des Marktes im Wortschatz der meisten Fußballfunktionäre angekommen und das „Fußballunternehmen" zu einem Gegenstand der Wirtschaftswissenschaften geworden.[3] Der Definition des Fußballs als „Ware" leisten zum anderen jedoch zahlreiche Ansätze Widerstand, die den identitätsstiftenden Charakter des Spiels hervorheben. Nach dieser Interpretation ist die jüngere Geschichte des Profifußballs geprägt von der kommerziellen Ausbeutung des *Kultur*guts Fußball. Die „wahre" Bedeutung des Spiels – charakterisiert durch emotionale Bindung, regionale Identität, Rituale, Tradition, Gemeinschaftserlebnis usw. – werde durch gewinnorientierte Strategien manipuliert und letztendlich zerstört.[4]

Je nachdem, ob ökonomische oder kulturelle Kategorien als Beurteilungsmaßstab herangezogen werden, verändert sich das Narrativ: Wo die einen eine *Erfolgs*geschichte sehen, ist für die anderen der fortschreitende *Verlust* das bestimmende Motiv der jüngsten Fußballgeschichte. Die Dichotomie „Fußball als Ware" vs. „wahrer Fußball" hat vor allem zur Folge, daß die Entwicklung des Fußballs sehr selektiv wahrgenommen wird. Phänomene, die außerhalb des jeweiligen Erklärungsmusters liegen, kommen kaum zur Sprache.[5] Um zugleich die sozial-kulturellen und die ökonomischen Dimensionen des Fußballsports in den Blick zu bekommen, werden im Folgenden die Ansätze der neueren Konsumgeschichte zu Hilfe genommen, die sich seit den späten 1970er Jahren um die Integration der scheinbar unvereinbaren

---

[3] Von der zunehmenden Bedeutung ökonomischer Belange im Fußball zeugt auch die Publikationsdichte zum Thema in den Wirtschaftswissenschaften. Vgl. z.B. Keller, Christian: Steuerung von Fußballunternehmen. Finanziellen und sportlichen Erfolg langfristig gestalten, Berlin 2008; Schewe, Gerhard / Littkemann, Gerd (Hg.): Sportmanagement. Der Profi-Fußball aus ökonomischer Perspektive, Schorndorf 2005; Schilhaneck, Michael: Zielorientiertes Management von Fußballunternehmen. Konzepte und Begründungen für ein erfolgreiches Marken- und Kundenbindungsmanagement, Wiesbaden 2008.

[4] Vgl. Bündnis Aktiver Fußballfans – BAFF (Hg.): Ballbesitz ist Diebstahl. Fans zwischen Kultur und Kommerz, Göttingen 2004.

[5] Beispielsweise gibt die ökonomische Perspektive keinen Aufschluss darüber, warum sich viele Akteure bei Vereinen, Verbänden und Medien so lange gegen neue Vermarktungsmöglichkeiten sträubten. Gleichfalls kommt die Kommerzialisierungskritik in Erklärungsnöte, wenn es um den Bedeutungsverlust des Fußballs in vergleichsweise wenig kommerzialisierten Phasen geht. Dies ist wohl mit ein Grund dafür, daß die Krisenerscheinungen der 1960er bis 1980er Jahre eher selten Erwähnung finden.

Perspektiven bemüht.[6] Wichtigste Prämisse dieser Forschungsrichtung ist die Feststellung, daß Dinge bzw. Konsumgüter nicht automatisch ihre soziale Bedeutung verlieren, wenn sie auf einem Markt zum Verkauf angeboten werden. Vielmehr finde eine Einbettung von Produkten in einen kulturellen und sozialen Bedeutungszusammenhang statt. Beim Gegenstand Fußball tritt der Aspekt der sozialen Einbettung besonders deutlich zutage, sei es beispielweise durch das „Vererben" der Vereinsanhängerschaft von einer Generation auf die nächste oder durch die Identifizierung mit einer bestimmten regionalen Zugehörigkeit. Die Bedeutung, die ein solches Konsumgut für den einzelnen hat, ist individuell verschieden und kann sich erheblich von Verkaufsstrategien der „Produzenten" unterscheiden. Konsum ist demnach nicht einfach gleichzusetzen mit „Manipulation", wie dies in der Kritischen Theorie der Fall ist,[7] sondern Teil eines Systems der nonverbalen Kommunikation, mittels dessen Akteure kulturelle Bedeutungen reproduzieren.[8] Dennoch ist die Sphäre des Konsums keineswegs frei von Strategien der Einflußnahme, wie auch im Falle des Fußballs der enorm hohe finanzielle Aufwand für Werbung und Marktforschung zeigt.

Ziel der folgenden Ausführungen ist es nicht, herauszufinden, welche Bedeutung der Fußball bzw. Verein für einzelne Anhänger jeweils hatte. Stattdessen sollen die größeren Konjunkturen des Fußballkonsums vor allem aus der Perspektive der Vereine skizziert und nach den neuralgischen Punkten der Entwicklung gefragt werden: Zum einen betrifft dies den erweiterten „Bedeutungszusammenhang": Welche Folgen hatten gesellschaftliche Veränderungen für die Wahrnehmung des Fußballs? Zum anderen geht es um Veränderungen des „Produkts" selbst: Welche Mechanismen förderten oder verhinderten einen strukturellen Wandel innerhalb der Organisation und Darstellung des Fußballsports? In der Vergangenheit haben immer wieder komplexe Anpassungsprozesse stattgefunden, die selten reibungslos verliefen. Anhand von drei Phasen werden im Folgenden die Dynamiken dieser Adaptionen und Konflikte umrissen. Inwiefern man in der Geschichte des professionellen Vereinsfußballs von einer Erfolgsgeschichte sprechen kann und welche Formen des Verlustes die Entwicklung begleiteten – diese Frage wird im abschließenden Resümee noch einmal aufgegriffen.

[6] Vgl. Appadurai, Arjun: The Social Life of Things. Commodities in Cultural Perspective, Cambridge 1988; Bourdieu, Pierre: Die feinen Unterschiede, Kritik der gesellschaftlichen Urteilskraft, Frankfurt am Main 1982; Douglas, Mary / Isherwood, Baron: The World of Goods. Towards an Anthropology of Consumption, New York 1979; Sassatelli, Roberta: Consumer Culture. History, Theory and Politics, London u.a. 2007; Siegrist, Hannes / Kaelble, Hartmut / Kocka, Jürgen (Hg.): Europäische Konsumgeschichte. Zur Gesellschafts- und Kulturgeschichte des Konsums (18. bis 20. Jahrhundert), Frankfurt am Main/New York 1997; Trentmann, Frank (Hg.): The Oxford Handbook of the History of Consumption, Oxford 2012.

[7] Vgl. Horkheimer, Max / Adorno, Theodor W.: Dialektik der Aufklärung. Philosophische Fragmente, Frankfurt am Main 1969; Marcuse, Herbert: Der eindimensionale Mensch. Studien zur Ideologie der fortgeschrittenen Industriegesellschaft, München [1964] ^{4}2004.

[8] Vgl. de Certeau, Michel: The Practice of Everyday Life, Berkeley 1980; McCracken, Grant: Culture and Consumption. New Approaches to the Symbolic Character of Consumer Goods and Activities, Bloomington 1988; Miller, Daniel: Material Culture and Mass Consumption, Oxford 1987.

1963–1978: Fußball als Verlierer der Wohlstandsgesellschaft?

Angesichts des rasanten gesellschaftlichen Wandels in Deutschland seit den 1950er Jahren ist es kaum verwunderlich, daß der Fußball als beliebtester Zuschauersport hiervon nicht unbeeinflußt bleiben konnte. Die seit den 1960er Jahren sinkenden Zuschauerzahlen sind ein Indikator für die Auswirkungen des steigenden Wohlstands auf das Freizeitverhalten der Deutschen und den damit einhergehenden veränderten „Bedeutungszusammenhang“, in dem sich der Fußballsport bewegte: Vor dem Hintergrund von „Vollbeschäftigung“ und durchsetzungsfähigen Gewerkschaften rückten höhere Löhne und sinkende Arbeitszeiten – nicht zuletzt die Einführung des arbeitsfreien Samstags – neue Konsummöglichkeiten in den Bereich des auch für den „Normalverdiener“ Machbaren.[9] Vor allem die Verbreitung von Fernsehen und Automobil seit Mitte der 1950er Jahre schien sich negativ auf die Zuschauerzahlen in den Stadien auszuwirken. Mit der zunehmenden Individualmobilität änderte sich nicht nur der Bewegungsradius, sondern auch die räumliche Vorstellungswelt, die *mental maps*, was eine Lockerung regionaler Bindungen zur Folge hatte. Das Fernsehen wiederum beeinflußte die Gewohnheiten des Fußballkonsums, indem es die wöchentlichen Bundesliga-Ergebnisse kompakt und bequem direkt ans heimische Sofa transportierte.[10] Filmschnitte, Zeitlupentechnik, Analysen und Interviews schufen zudem eine neue Erlebnisdimension des Spiels. Die zeitgenössische Kritik, daß die künstliche Dramaturgie des Fernsehfußballs zur „Verseuchung der Denkwelt“ beitrage, indem sie den Zuschauer zum passiven Konsumenten einer konstruierten Wirklichkeit mache,[11] konnte nicht verhindern, daß Fußballübertragungen und -berichte binnen kürzester Zeit zu den beliebtesten Fernsehsendungen der Bundesbürger gehörten. Die Haltung der Fußballanhänger gegenüber dem Einfluß des Fernsehens war von einer gewissen Ambivalenz gekennzeichnet: Kaum ein Zuschauer nahm Anstoß daran, daß Fußball im Fernsehen gezeigt wurde – profitierten doch alle vom leicht verfügbaren Informationsangebot. Ging es jedoch um die Veränderungen, die dies für das Spiel mit sich brachte, so wünschten sich doch einige die „gute, alte Zeit“ zurück, in der Vereine noch nicht mit Millionen hantierten und man seine Stammspieler nach dem Spiel in der örtlichen Kneipe antreffen konnte.

In einer Umfrage des Tübinger Wickert-Instituts zum Zuschauerschwund aus dem Jahre 1971[12] rangierten mangelnde Parkmöglichkeiten, fehlender Komfort, primitive Stadien, hohe Eintrittspreise und neue Hobbies direkt hinter dem Fernsehen als Hauptursachen für das Fernbleiben der Stadionbesucher.[13] Im Grunde zeugen all diese Argumente vom gestiegenen Wohlstandsniveau und den daraus resultierenden ebenfalls gesteigerten Erwartungen. An den nicht mehr zeitgemäßen Stadien schien sich besonders deutlich zu zeigen, wie sehr die Bundesliga-Vereine hinter den gesellschaftlichen Ansprüchen zurückgeblieben war: „Die Bundesliga-Zuschauer müssen

[9] Vgl. Schildt, Axel / Siegfried, Detlef: Deutsche Kulturgeschichte. Die Bundesrepublik – 1945 bis zur Gegenwart, Bonn 2009, 183–185.

[10] Zeitgenössische Untersuchungen stellten eine in den 1960er Jahren deutlich ausgeprägte allgemeine Häuslichkeit in der Freizeit fest. Vgl. ebd., 189.

[11] Vgl. Hopf, Wilhelm: Fernsehsport. Fußball und anderes. In: ders. (Hg.): Fußball. Soziologie und Sozialgeschichte einer populären Sportart, Bensheim 1979, 227–240, hier: 239.

[12] Noch vor Bekanntwerden des Bundesliga-Skandals.

[13] Fernsehen – Fußball-Feind Nr. 1? In: Sport Kurier vom 17. Februar 1972 [DFB-Presseausschnittsammlung, Fernsehen III 1960–1972].

in einer Art Kampfanzug erscheinen, um bei den unzulänglichen Anlagen mit Witterungsunbilden fertig zu werden", urteilte beispielsweise der Frankfurter Stadtrat und Sportdezernent Prof. Dr. Peter Rehn.[14] Im großangelegten Stadionneu- und -umbau für die Weltmeisterschaft von 1974 sahen viele Verantwortliche deshalb das adäquate Mittel, um dem Fußball wieder eine größere Anziehungskraft zu verleihen.[15] Die Ende der 1970er Jahre erneut sinkenden Zuschauerzahlen, die weiterhin von kritischen Medienberichten und Umfrageergebnissen gestützt wurden, zeigten jedoch, daß die Modernisierung der Stadien allein nicht ausreichte, um den deutschen Profifußball an die veränderten Lebenswirklichkeiten anzupassen.

Der professionelle Vereinsfußball hinkte in den 1960er und 1970er Jahren nicht nur den äußeren gesellschaftlichen Entwicklungen hinterher, sondern hatte auch mit endogenen Brüchen und Herausforderungen zu kämpfen. Die strukturellen Veränderungen dieser Phase sollten den weiteren Entwicklungspfad auf längere Zeit festlegen. Eine zentrale Weichenstellung stellte die Professionalisierung im Spielerbereich dar: „Das Vertragsspielerstatut ist durchlöchert wie ein Schweizer Käse" – so kommentierte ein Mitglied des DFB-Sportgerichts zu Beginn der 1960er Jahre die zahlreichen Verstöße gegen die Bezahlungsbestimmungen des DFB.[16] Diese schrieben seit 1948 vor, ein Lizenzspieler dürfe nicht mehr als 400 Mark im Monat verdienen und müsse zusätzlich noch einen bürgerlichen Nebenberuf ausüben. Die Gründung der Bundesliga 1963 sollte den daraus entstandenen Problemen illegaler Handgelder, Abwerbung fähiger Berufsspieler durch ausländische Klubs und sinkenden Spielniveaus mithilfe des Bundesliga-Statuts den Nährboden entziehen. Bundesliga-Lizenzspielern war fortan das „Voll-Profitum" gestattet, und die monatlich erlaubten Bezüge wurden auf 1200 Mark plus Sonderprämien heraufgesetzt. Weniger als zehn Jahre später implodierte jedoch auch dieses Bezahlungssystem im Bundesligaskandal von 1971. Wieder hatten illegale Geldströme die offiziellen Bestimmungen ausgehöhlt, die Manipulation zahlreicher Bundesligapartien bescherte dem deutschen Fußball zudem einen beträchtlichen Imageschaden. Auf Druck der Vereine ließ der DFB 1972 schließlich sämtliche Gehaltsbeschränkungen fallen. Die gänzliche Umstellung vom Amateurismus auf ein umfassendes Profitum war in den Augen vieler Beteiligter ein längst überfälliger Schritt. Jedoch waren die Vereine strukturell nicht in der Lage, die wirtschaftlichen Folgen dieser Entscheidung zu tragen, wie sich in den folgenden Dekaden zeigen sollte.

Im Gegensatz zum heutigen Profifußball gab es für die Bundesligavereine der 1960er und 1970er Jahre über die Zuschauereinnahmen hinaus zunächst wenige Einnahmequellen. Strukturelle Veränderungen setzten sich nur sehr langsam durch. Bei der Einführung des Trikotsponsorings zu Beginn der 1970er Jahre mußten die Vereine beispielsweise wochenlang mit dem DFB um die zulässige Größe des Emblems feilschen. Während sich die Funktionäre beim DFB jedoch mit der Zeit den kommerziellen Bedürfnissen des professionellen Vereinsfußballs öffneten, formierte sich auf Seiten des Fernsehens ein heftiger Widerstand gegen Werbebotschaften bei Fußballübertragungen, da diese den öffentlich-rechtlichen Auftrag der Sender zu untergraben drohte. Für die Vereine war dies besonders schmerzlich, weil sie im Fernsehen den Hauptschuldigen für den anhaltenden Zuschauerschwund und den

[14] Verspielte Millionen. In: Der Spiegel Nr. 7 vom 8. Februar 1971, 49–65, hier 60.
[15] Siehe den Beitrag von Kay Schiller in diesem Band.
[16] Geld im Schuh. In: Der Spiegel Nr. 35 vom 28. August 1963, 32–42, hier 34.

damit einhergehenden Kassenleerstand sahen. Das Medium Fernsehen hatte zwar die Sehgewohnheiten vieler Fußballanhänger und auch die Selbstwahrnehmung der Spieler, die nun überregional als „Stars“ inszeniert wurden, verändert. Allerdings zahlte sich die Fernsehpräsenz für den einzelnen Verein finanziell kaum aus. Denn die Entschädigung durch die Fernsehanstalten konnte in vielen Fällen die Einnahmeausfälle an den Stadionkassen, die eine Live-Übertragung mit sich brachte, nicht ausgleichen. Wilhelm Neudecker, der damalige Präsident von Bayern München, verurteilte in einem öffentlichen Vortag 1973 die Sportberichterstattung im Fernsehen aufs Schärfste und sprach damit stellvertretend für die meisten Vertreter seiner Zunft:

> „Das Fernsehen hat die Kinos leergefegt (1959 kamen noch 800 Millionen in der Bundesrepublik in die Lichtspielhäuser, 1971 nur noch 160 Millionen), es hat die Theater leergefegt, die von Subventionen am Leben erhalten werden müssen. Nun droht auch dem Sport die Vergewaltigung.“[17]

Während ein kleiner Teil der Verantwortlichen daher den kompletten Übertragungsstopp forderte, waren die meisten Funktionäre weitsichtig genug, zu erkennen, daß das Fernsehen bereits zu einem der wichtigsten Kanäle geworden war, über welchen die Zuschauer den Kontakt zum Fußballsport aufrecht erhielten. Ohne das Fernsehen drohte der bereits ausgedünnte Faden vollends abzureißen. Folgerichtig bestand die Strategie der Vereine vor allem darin, von den Fernsehsendern einen finanziellen Ausgleich zu fordern. Die Sportkoordinatoren der öffentlich-rechtlichen Sendeanstalten wiesen die Forderungen der Vereine jedoch meist als „utopisch“ zurück und hielten so ihre Ausgaben für Fußballübertragungen auf einem vergleichsweise niedrigen Niveau.[18]

So lässt sich abschließend für die Phase von 1963 bis 1979 die Frage stellen, ob angesichts der tiefgreifenden Veränderungen auf Seiten der Gesellschaft und auch auf Seiten des Fußballs eine erfolgreiche Bewältigung der Anpassungsschwierigkeiten nicht von vorneherein unmöglich gewesen war. Zu stark unterschieden sich die Geschwindigkeiten des Wandels: Während unter den Zuschauern die einen keines der neuen Freizeitangebote ausließen und Fußball nur noch in der samstäglichen Zusammenfassung vor dem Fernseher konsumierten, standen die anderen noch pflichtbewußt, wie es schon ihre Väter getan hatten, bei Wind und Wetter auf den Rängen und lehnten den Einzug des „Geschäfts“ in den Fußballsport vehement ab. Nicht anders bei den Verantwortlichen. Während sich der eine Vereinspräsident vor allem durch pathetische Reden vor den Mitgliederversammlungen für sein Amt qualifizierte, hielten woanders schon kühle Rechner und Modernisierer das Szepter in den Händen. Von einer gemeinsamen Strategie, wie das „Produkt“ Fußball in Zukunft

---

17 Wilhelm Neudecker auf einer Tagung der Evangelischen Akademie in Tutzing im April 1973. Zit. nach: Vergewaltigung durch das Fernsehen? „Lieber vor 200 Zuschauern als vor 20 Millionen“. Attacken von Bayern Präsident Neudecker und Hürdenläufer Schubert. In: Der Niedersachsen-Fußball vom 16. April 1973, 15 [DFB-Presseausschnittsammlung, Fernsehen IV 1973–1981].

18 Der Konflikt wurde in den Verhandlungsphasen um die Fernsehübertragungsrechte seit Beginn der 1960er Jahre alle paar Jahre mit denselben Argumenten erneut ausgefochten. Für das Fernsehen waren Sportsendungen äußerst lukrativ. Beispielsweise rangierten die Programminutenkosten der ARD-„Sportschau“ bis Ende der 1980er Jahre deutlich und konstant hinter den Kosten für eigene Spielfilme, Unterhaltungsformate oder Nachrichtensendungen, vgl. die Bände der Arbeitsgemeinschaft der öffentlich-rechtlichen Rundfunkanstalten der Bundesrepublik Deutschland (Hg.): ARD Jahrbuch, Hamburg 1969–1999.

gestaltet werden sollte, waren die Vereine und der DFB zu diesem Zeitpunkt jedenfalls weit entfernt.

1979–1988: Schulden, Desinteresse und Gewalt

In den 1980er Jahren verschärfte sich die Situation im professionellen Vereinsfußball derart, daß eine Krise nicht mehr zu leugnen war. Während der kurzen Periode prall gefüllter Fankurven von 1974 bis 1978 hatten die Vereine kräftige Preiserhöhungen durchgesetzt, um die gestiegenen Personalkosten zu finanzieren. Zunächst funktionierte diese Strategie; seit der Saison 1978/79 war jedoch ein Punkt erreicht, an welchem der nun wieder rückläufige Zuschauertrend nicht mehr mittels Erhöhung der Ticketpreise ausgeglichen werden konnte.

In einer Situationsanalyse zum Lizenzfußball – der ersten dieser Art – stellte der DFB-Ligaausschuss 1985 fest, daß sich die finanzielle Lage der Bundesliga zu Beginn der 1980er Jahre erheblich verschlechterte, und bereits zum Ende des Jahres 1984 die durchschnittlich verbleibenden Vermögenswerte der Bundesliga nicht mehr deren Schulden deckten.[19]

Eine Folge-Analyse von 1989 fand deutliche Worte für den Umstand, daß sich an der miserablen Situation der Liga auch bis Ende des Jahrzehnts wenig geändert hatte:

> „Durch die tendenziell rückläufige Entwicklung sind die Lizenzvereine weiter unter Kostendruck geraten. Die Liquiditätsprobleme mehren sich, laufende Verbindlichkeiten können, insbesondere bei Vereinen, die ihr Zuschauerniveau nicht halten können, nur schleppend bezahlt werden. Wären die erhöhten Fernseheinnahmen nicht auf der sicheren Seite zu verbuchen, müßten einige Vereine den Spielbetrieb einstellen."[20]

Notwendige Modernisierungen konnten die meisten Vereine nun erst recht nicht mehr finanzieren. Hinzu kam noch, daß zahlreiche Starspieler Angebote aus dem Ausland, insbesondere Italien, annahmen, da dort weit höhere Summen gezahlt wurden. Ohne Rummenigge und Co. büßte die Bundesliga für viele Zuschauer an Attraktivität ein, und es mehrten sich die Klagen über eine Verschlechterung des Spiels. Abgesehen von Ausnahmevereinen wie Bayern München waren die meisten Clubs nicht in der Lage, sich durch gezielte Wirtschafts- und Marketingstrategien aus diesem finanziellen Dilemma zu befreien.

Den Vereinen entglitt angesichts ihrer ökonomischen Schwäche auch zunehmend die Deutungshoheit darüber, welchen Stellenwert Fußball idealerweise in der Gesellschaft haben sollte. Stattdessen mußten sie hinnehmen, daß Tennis die Sportart war, die in den 1980er Jahren viel Aufmerksamkeit auf sich zog und vor allem bei den „hochwertigen" Sponsoren begehrt war. Beispielsweise hatte Mercedes-Benz – heute Hauptsponsor der deutschen Fußball-Nationalmannschaft und bereits in den 1970er

---

[19] Vgl. Deutscher Fußballbund (Hg.): Situationsanalyse Lizenzfußball. Mit Verbesserungsvorschlägen, Frankfurt am Main 1985, 7–10.

[20] DFB-Ligaausschuss (Hg.): Situationsanalyse Lizenzfußball. Stand 21.09.89, Frankfurt am Main 1989, 10.

Jahren im Tennis-Sponsoring aktiv – lange Zeit aus Image-Gründen Berührungsängste mit dem Fußballsport.[21]

Nicht nur die Konkurrenz durch den Tennisboom ließ den Fußball blasser erscheinen, auch die „Fitness-Welle" der 1980er Jahre wirkte sich auf das Freizeitverhalten der (potenziellen) Zuschauer aus. Ob nun Jogging, Aerobic oder Basketball – selbst Sport treiben statt zuzuschauen hieß die Devise der Zeit. Ähnlich wie im Fußball wurde auch in Unternehmen wie Adidas oder Puma, die traditionell einen beträchtlichen Teil ihres Umsatzes mit Fußballausrüstung machten, der kulturelle Wandel verschlafen.[22] Die Ausrichtung auf ein „hartes, männliches Image"[23] war nicht mehr gefragt, längst hatten die amerikanischen Konkurrenten mit bunten „Lifestyle-Sneakers", die auch Frauen ansprachen, ihre Chance genutzt und den Markt erobert.

Statt teilzuhaben an neuen gesellschaftlichen Trends haftete dem Fußball zunehmend das Image des „Proletenhaften", Überkommenen an. Im Ruhrgebiet, der oft mystifizierten Brutstätte der Fußballbegeisterung, lagen die Motive des gesellschaftlichen und des fußballerischen Niedergangs besonders dicht beieinander. Mit der Krise der traditionellen Kohle-, Stahl- und Bergbauindustrien entwickelte sich dort eine Massenarbeitslosigkeit, die viele nicht mehr für möglich gehalten hätten. Betroffen war vor allem die „männliche Industriearbeit",[24] aus der sich im Ruhrgebiet ein großer Teil der Fußballanhänger rekrutierte. Fußball gehörte hier zur alten Lebenswelt, an die man sich in Zeiten des Wandels klammerte. Aus dieser Verhaftung in den sozialen Wurzeln erklären sich die dauerhaft hohen Zuschauerzahlen in den großen Reviervereinen, trotz ausbleibenden sportlichen Erfolgs in den 1980er Jahren, aber auch die geringe Bereitschaft der Vereinsführungen, sich zu professionalisieren und wirtschaftliche Notwendigkeiten anzuerkennen.[25] Zwar verdankten die großen Ruhrgebietsvereine ihren treuen Fans vergleichsweise gut besuchte Stadien, aber die Nähe zu einem in Auflösung begriffenen Arbeitermilieu schien einigen zunehmend ein Problemfaktor zu sein. Schalke-Präsident Hans-Joachim Fenne brachte seine Bedenken 1985 ganz unverblümt auf den Punkt:

> „Wir müssen weg von dem Image, daß sich mit Fußball entweder Proleten oder Doofe beschäftigen. […] Die Malocher nehmen ab, sie und die Arbeitslosen reichen als Kundschaft nicht mehr aus. Wir brauchen die neue Mittelklasse, die jetzt vielleicht in der Freizeit lieber Tennis spielt, um sich den eigenen sozialen Aufstieg zu beweisen."[26]

Den gravierendsten Image-Schaden trug der Fußballsport in den 1980er Jahren insgesamt jedoch weder durch schlechtes Management noch durch die Nähe zu weniger erfolgreichen gesellschaftlichen Milieus davon. Ins Gedächtnis eingeprägt haben sich

---

[21] Dies geht beispielsweise aus einem Interview mit dem Leiter der Öffentlichkeitsarbeit bei Mercedes-Benz, Matthias Kleinert, aus dem Jahre 1989 hervor. Vgl. Die Bundesliga braucht einen Tiriac. In: Kicker Nr. 62 vom 31. Juli 1989, 10–13, hier 11.

[22] Vgl. Trend verpennt. In: Der Spiegel Nr. 37 vom 7. September 1987, 131–137.

[23] Ebd., 134.

[24] Vgl. Doering-Manteuffel, Anselm / Raphael, Lutz: Nach dem Boom. Perspektiven auf die Zeitgeschichte seit 1970, Göttingen 2008.

[25] Vgl. Hering, Hartmut: Im Tal der Tränen. Die siebziger und achtziger Jahre. Einleitung. In: ders. (Hg.): Im Land der tausend Derbys. Die Fußball-Geschichte des Ruhrgebiets, Göttingen 2004, 317–336, hier: 328–330.

[26] Zit. nach Röttgen, Kurt: „Dat schöne Schalke is nich mehr". In: Der Spiegel Nr. 42 vom 14. Oktober 1985, 253–259, hier 256 und 259.

vor allem Gewaltausschreitungen, die in den Medien ein großes Echo fanden. Zwar hatte es Gewaltausbrüche in den Fußballstadien schon immer gegeben, jedoch schien deren Qualität in den 1980er Jahren eine andere zu sein. Tragischer Tiefpunkt war die Stadionkatastrophe von Brüssel, bei der 1985 im Rahmen eines Endspiels im Europapokal der Landesmeister zwischen dem FC Liverpool und Juventus Turin durch eine von aggressiven englischen Fans ausgelöste Massenpanik 39 Menschen zu Tode kamen. Über die Ursachen von „Rowdytum" und „Hooliganismus" im Fußball entbrannte zu jener Zeit eine intensive Diskussion, die zur Begründung eines eigenen Forschungsfeldes führte.[27] Auch wenn die sozialen Begründungen hier nicht ausreichend wiedergegeben werden können, bleibt festzuhalten, daß es sich keinesfalls um ein rein britisches Phänomen handelte. Auch in Deutschland wurde von zahlreichen Fällen berichtet, in denen sich blutige Zusammenstoße zwischen rivalisierenden „Fan"-Gruppen ereigneten. Die Tatsache, daß die Medien diese „unerwünschte Aneignung" des Fußballsports durch gewaltbereite Fans dankbar in ihre Schlagzeilen aufnahmen, dürfte die allgemeine Bereitschaft zu einem Stadionbesuch nicht gerade erhöht haben.

All diese Entwicklungen zusammengenommen läßt sich für die 1980er Jahre eine symbolische Abwertung des Fußballsports in der Bundesrepublik beobachten. Zum einen waren dafür verschleppte Probleme vorheriger Dekaden verantwortlich, wie z. B. die eingeschränkte Handlungsfähigkeit der Vereine durch steigenden Finanzdruck und unprofessionelle Führungsstrukturen. Zum anderen kamen äußere Entwicklungen, wie der soziale Abstieg einer wichtigen Klientel und die unerwünschte Aneignung durch gewalttätige Anhänger hinzu, welche die Situation verschlimmerten.

1989–heute: Medien- und Marketingrevolution im Fußball

Letztlich war es ein Gesinnungswandel auf politischer Ebene, der den entscheidenden Anstoß zu Veränderungen im Fußball gab. Bereits seit Anfang der 1960er Jahre gab es Bestrebungen, das Monopol des öffentlich-rechtlichen Rundfunks aufzubrechen und auch private, kommerziell arbeitende Anbieter zuzulassen.[28] War dies zuvor vor allem am massiven Widerstand der sozialdemokratischen Regierungspartei gescheitert, die kulturkritisch motivierte Bedenken äußerte, änderte sich dies mit dem Regierungswechsel von 1982/83. Von da an vollzog sich der mediale Wandel sehr rasch. Zwischen dem ersten Kabelpilotprojekt im Jahre 1984 und dem ersten Bieter-Wettbewerb um Fußball-Übertragungsrechte 1988 vergingen nur wenige Jahre. Die privaten Sender hatten früh das enorme Potential des Fußballsports für die Erschließung neuer Marktanteile erkannt und waren bereit, hohe Summen zu investieren.

Die seit Jahrzehnten bestehenden Konfliktlinien zwischen Fußballakteuren und Fernsehverantwortlichen lösten sich dadurch mit einem Schlag auf. Erstens war

---

[27] An der Universität Leicester wurde zu diesem Zweck das Norman Chester Centre for Football Research eingerichtet. Für die zentralen Thesen der Forschungen zur Gewalt im Fußball vgl. Dunning, Eric / Murphy, Peter / Williams, John: The Roots of Football Hooliganism, London 1988; Armstrong, Gary / Harris, Rosemary: Football Hooligans: Theory and Evidence. In Sociological Review (39) 1991, 427–458; Giulianotti, Richard / Bonney, Norman / Hepworth, Mike (Hg.): Football, Violence, and Social Identity, London 1994.

[28] Vgl. Wirsching, Andreas: Abschied vom Provisorium. 1982–1990, München 2006 (Geschichte der Bundesrepublik Deutschland 6), 445.

tatsächlich ein Markt entstanden, auf dem der Wert von Fußballübertragungen im offenen Bieterwettstreit ausgehandelt wurde. Wie die Vereine schon lange vermutet hatten, lag der zu erreichende Gewinn ein Vielfaches über dem Betrag, der ihnen bisher von den öffentlich-rechtlichen Sendeanstalten zugestanden wurde. Zweitens hatten die privaten Rundfunksender keinerlei Berührungsängste mit Werbung oder Sponsoring im Fußball. Wer viel Geld für das Sponsoring einer Fußballmannschaft ausgab, investierte vielleicht auch in einen Fernsehspot. Werbung wurde zum integralen Bestandteil der Inszenierung. Für Sponsoren wurde Fußball daher ungleich attraktiver, so daß DFB und Vereine aus einem breiteren Angebot schöpfen konnten.

Mit den neuen Geldern füllten sich nicht einfach nur die leeren Vereinskassen; es fand zugleich ein mentaler Wandel in den Führungsgremien statt. Äußerten zuvor zahlreiche Vereinsfunktionäre Bedenken gegenüber dem Vorrang ökonomischer Prinzipien in der Organisation des Profifußballs, konnten sich nun diejenigen durchsetzen, die schon lange von der Notwendigkeit eines professionellen Managements überzeugt waren. Nach Beschlüssen des DFB-Ligaausschusses mußten bis Mitte der 1990er Jahre die Führungsstrukturen in allen Profi-Vereinen nach betriebswirtschaftlichem Muster organisiert werden, was die Entscheidungsmacht der Mitgliederversammlungen deutlich einschränkte.

> „Mit dieser Neuerung erwartet der Ligaausschuß nicht nur mehr Fachkompetenz bei der Besetzung der Vereinsvorstände, sondern auch einen ruhigeren, geordneteren Verlauf der Mitgliederversammlungen. Vor allem aber eine Abkehr von gehabten, das Image des Lizenzfußballs schädigenden Vorkommnissen, wie zum Beispiel emotionsgeladene Auftritte einzelner Unverbesserlicher, deren Fachkompetenz zur Führung eines Profifußballvereins breit überlagert werden [sic!] von billigem Populismus und reiner Protesthaltung gegenüber den in der Verantwortung stehenden ehrenamtlichen Vereinskameraden.“[29]

Daß Prinzipien des ökonomischen Erfolgs nicht nur die Form der Führungsstrukturen veränderten, sondern auch im Denken der Vereins-Oberen Wurzeln geschlagen hatten, zeigen die seither dominierenden sprachlichen Raster. Mittlerweile ist kaum noch jemand darüber verwundert, wenn Funktionäre über Fußball als „unschlagbares Produkt im Showbusiness“ sprechen, das über das „Wirtschaftsunternehmen Verein“ an „Kunden“ oder „Konsumenten“ verkauft wird.[30]

Wichtiger Bestandteil des umfassenden Professionalisierungsprozesses war zudem die Aufwertung des Marketings. Hatten Marketingmaßnahmen in den meisten Vereinen bislang nur eine untergeordnete Rolle gespielt, wurden nun überall Experten herangezogen und eigene Abteilungen eingerichtet. Die Methoden waren aus anderen Branchen längst bekannt: Erforschung der Kunden, Anpassung des Produkts und Entwicklung gezielter Strategien.[31]

---

[29] Mayer-Vorfelder, Gerhard: Ligaausschuss. In: Deutscher Fußball-Bund (Hg.): Jahresbericht 1993–1995 des Deutschen Fußball-Bundes, Frankfurt am Main 1995, 111–118, hier 112.

[30] Beispielhaft hierfür die Beiträge in Schaffrath, Michael (Hg.): Die Zukunft der Bundesliga. Management und Marketing im Profifußball, Göttingen 1999.

[31] Repräsentativ für diese Entwicklung sind die Studien der Ufa Film- und Fernseh-GmbH, die ab 1994 regelmäßig großangelegte Untersuchungen durchführte. Zweck dieser Studien war die Typologisierung der Fußballfans, die Erstellung von Imageprofilen für Vereine, das Feststellen von Markenwert- und Bekanntheit der Sponsoren und vor allem das ausloten künftiger Geschäftspotenziale. Vgl. UFA Film- und Fernseh-GmbH (Hg.): UFA Fußball Studie, Hamburg 1994; UFA Sports GmbH (Hg.): UFA Fußball Studie 98. Marketinginformationen für Vereine, Medien und

Auf allgemeiner Ebene kann man in diesem Zusammenhang eine „Strategie der positiven Vermarktung“ beobachten, die von der Symbiose zwischen Fußball, kommerziellem Fernsehen und Werbung getragen wurde. Es lag im Interesse aller drei Akteursgruppen, daß das „Produkt Fußball“ im bestmöglichen Licht erscheinen sollte. Das Prinzip der objektiven Berichterstattung wurde daher ersetzt durch die Ästhetisierung, Emotionalisierung und Dramatisierung des Spiels. Gerade die emotionale Bindung der Zuschauer, gepaart mit der unvorhersehbaren und unmittelbaren Spannung des Live-Erlebnisses, macht den Fußball zum begehrten Gegenstand ökonomischer Überlegungen. Bereits vorhandene Emotionen werden dabei mithilfe visueller Inszenierung intensiviert und kanalisiert.

Anschaulich wird dies seit Anfang der 1990er Jahre nicht nur an der veränderten Darstellungsweise im Fernsehen, sondern auch an Neuerungen im Stadiondesign. Der Architekt Rod Sheard beschreibt in seiner Genealogie des Stadiondesigns, wie die Stadien zu Beginn der 1990er Jahre zunächst zu Unterhaltungstempeln für die ganze Familie wurden.[32] Ausgerichtet waren sie nicht mehr auf einen möglichst großen Umsatz an den Ticketschaltern, sondern auf den Verkauf von Fanartikeln, Snacks und nicht zuletzt auf Bedürfnisse der Sichtbarkeit. Weder Spektakel noch Sponsoren sollten dem Zuschauer auf den Rängen oder vor dem Bildschirm verborgen bleiben. Die Architektur der nächsten Stadiongeneration trieb diese Prinzipien noch weiter. Akustische Überlegungen und die Erkenntnis, daß die aktive Beteiligung der Zuschauer maßgeblich für die gute Stimmung im Stadion ist, führten dazu, daß die neuesten Stadien kleiner und geschlossener konstruiert wurden.[33] Bayern Münchens „Allianz Arena“ (eröffnet 2005) ist ein gutes Beispiel für dieses Prinzip der „verdichteten Atmosphäre“: Am augenfälligsten ist hier die geschlossene Optik durch Fassade und Dachkonstruktion. Erbaut als reines Fußballstadion, sitzen die Zuschauer dicht am Spielfeldrand und können sich dank ausreichend bezahlbarer Stehplätze für „Stimmungsmacher“ von der so intensivierten Atmosphäre mitreißen lassen. Die Zuschauerränge sind dennoch so weit segmentiert, daß – vom Business-Seat bis zum Familienblock – auf engstem Raum einigermaßen homogene Gruppen gebildet und „soziale Irritationen“ möglichst verhindert werden. Dafür, daß ein Besuch der „FC Bayern Erlebniswelt“ zum unvergesslichen Ereignis wird, auch wenn das Spiel mal weniger spannend verläuft, sorgen außerdem ein ausgedehntes Unterhaltungsprogramm und 6000m² Gastronomiebereich.

Auf Vereinsebene fand zudem eine drastische Anpassung der Vermarktungsstrategien statt. Die größte Gefahr des neuen Geldflusses schien nämlich im Verlust der emotionalen Bindung der Zuschauer durch die Gleichförmigkeit des „Produkts“ zu bestehen. Was macht einen Verein noch aus, wenn die Spieler und Trainer ebenso austauschbar sind wie Manager, wenn eine Stadion-Erlebniswelt der anderen gleicht und wenn die Zuschauer überall vor allem in ihrer Eigenschaft als „Kunden“ angesprochen werden? Es galt, Identifikationspotenziale zu erhalten und zu schaffen, die auf einen „Mehrwert“ bzw. eine „höhere Bedeutung“ des jeweiligen Vereins verwiesen. Wollten sich die Verantwortlichen „auf Schalke“ beispielsweise Mitte der 1980er Jahre noch von den „Proleten“ und „Malochern“ lösen, wurde nun das Vermark-

Werbung, Hamburg 1998; UFA Sports GmbH: UFA Fußball Studie. Märkte. Events. Vereine. Medien. Marken, Hamburg 2000.

[32] Vgl. Sheard, Rod: The Stadium. Architecture for the New Global Culture, Hongkong 2005, 111.

[33] Vgl. ebd., 116.

tungspotenzial der eigenen Tradition erkannt. Ob Bezahlsystem der „Knappenkarte" im Stadion oder die symbolische Überreichung eines Kohleklumpens durch Bergarbeiter an neue Spieler – so oft wie möglich wurde nun auf den Mythos des Bergarbeiterclubs angespielt. Nicht minder geschäftig war der Konkurrent Borussia Dortmund mit seiner Strategie, Tradition und kommerziellen Erfolg zu vereinen. „Die Borussia der 1990er Jahre wirkt wie ein geschickt restauriertes Haus: Die Fassade aus der Gründerzeit, die Innenarchitektur nüchtern und modern."[34] Einerseits wurde der Verein an die Regeln der Freizeitindustrie angepaßt, indem man Millionen investierte in Stars wie Karl-Heinz Riedle, Andreas Möller und Matthias Sammer. Andererseits war die Vereinsführung sehr darauf bedacht, die Fans nicht zu entfremden: So wurden die Preise für Stehplätze gesenkt, Freikarten an Arbeitslose verteilt und auf den Sammer-Vertrag nicht mit Champagner, sondern mit Pils angestoßen.[35]

Beispiele für die Konstruktion von „Einzigartigkeit" lassen sich nicht nur bei genannten Ruhrgebietsvereinen entdecken, sondern in der gesamten Bundesliga. Während einige Strategien sehr erfolgreich waren, wie z.B. die ursprünglich von politischen Fans begründete antikommerzielle, antirassistische, antisexistische „Andersartigkeit" des FC St. Pauli, waren andere Bemühungen auf dem Papier erfolgreicher als in der Praxis.[36]

Schluß

Zugespitzt auf die großen Entwicklungstrends kann für die Geschichte des Vereinsfußballs seit 1963 zunächst ein schleichender Bedeutungsverlust beobachtet werden. Auf Verbands- und Vereinsebene standen die Akteure den gesellschaftlichen Veränderungen, auf die es zu reagieren galt, bis Ende der 1980er Jahre insgesamt eher passiv gegenüber. Andere Freizeitbeschäftigungen schienen dem Fußball den Rang abzulaufen, während dieser sich zunehmend in finanzielle Nöte manövrierte. Den negativen Zuschreibungen von außen hatte der Vereinsfußball zu dieser Zeit wenig entgegenzusetzen.

An der Schwelle zu den 1990er Jahren wurden schließlich mit Hilfe von Wirtschafts- und Medienexperten Strategien entwickelt, wie der Fußballkonsument zurückgewonnen und der Status des Fußballs als unangefochtene Leitsportart wiederhergestellt werden könne. Die seither massenhaft in die Stadien strömenden Zuschauer und die schwindelerregenden Umsätze der Fußballbranche legen den Schluß nahe, daß es sich bei der Geschichte des Fußballs letztendlich tatsächlich um eine Erfolgsgeschichte – mit kleinen Unregelmäßigkeiten – handelt. Die bloßen Zahlen sprechen jedenfalls dafür, daß der gegenwärtige Fußballboom das vermeintliche „goldene Zeitalter" der 1960er und 1970er Jahre bei weitem übertroffen hat.

Nimmt man den eingangs eingeführten konsumgeschichtlichen Ansatz ernst, sollte man jedoch nicht nur danach fragen, ob und wann sich das Produkt Fußball gut

---

34 „Gas geben, Geld verdienen". In: Der Spiegel Nr. 9 vom 1. März 1993, 192–196, hier 194.

35 Vgl. ebd., 196.

36 Z.B. die „Taktisch-strategische-Offensive zur Rückkehr der Eintracht", die Mitte der 1990er Jahre die Sympathiewerte der Marke Eintracht Frankfurt erhöhen sollte mithilfe eines regionalen Profils, das auf den positiven Werten der Stadt Frankfurt (Weltoffenheit, sympathische Mentalität der Hessen) fußte.

verkauft hat. Es gilt auch, aufzuzeigen, inwiefern sich die Handlungsspielräume und Einflußmöglichkeiten auch für diejenigen Akteure verschoben haben, die in der „Haupterzählung" nicht zur Sprache kamen. Dies ermöglicht es, die „Verlustpotenziale" der fußballerischen Erfolgsgeschichte greifbar zu machen und dabei gleichzeitig über die nostalgische Verklärung der Vergangenheit bzw. die blindwütige Kommerzialisierungskritik hinauszugehen.

Erstens darf nicht vergessen werden, daß die Geschichte der Bundesliga einen Konzentrationsprozeß markiert, bei dem die meisten Vereine nicht mithalten konnten. Von einst hunderten kleinerer Lokal- bzw. Oberligavereine schaffte nur ein Bruchteil den Sprung in die Klasse der leistungsfähigen Repräsentativclubs, der Rest versank in der Bedeutungslosigkeit. Im Ruhrgebiet, wo die Dichte kleiner Regionalvereine so hoch war wie nirgends sonst, machte sich dieser Prozeß besonders bemerkbar. Die Verlierer dieser ‚Zweiklassengesellschaft'

> „mußten mitansehen, wie sich das Interesse der Zuschauer, die Gunst der Geldgeber und die Aufmerksamkeit der Medien auf die wenigen Erstligavereine konzentrierte, während sie selbst finanziell abgekoppelt wurden und sportlich immer mehr absackten. Die besten Spieler verließen die Vereine [...], und die Substanz blutete immer mehr aus."[37]

Der Niedergang zahlreicher kleiner und mittelgroßer Vereine hatte nicht nur einen den Verlust an Vereinsvielfalt zur Folge, für viele Anhänger ging damit auch ein wichtiger Identifizierungsfaktor verloren. Vereine wie der VfL Witten oder Hamborn 07 waren bei den jüngeren Generationen gegen die Konkurrenz von Schalke 04 oder Borussia Dortmund ohne Chance. Zwar hatten sich einige Vereine vielleicht bewußt gegen den Weg der Professionalisierung und für den Verbleib in den vertrauten regionalen Strukturen entschieden, jedoch gab es für die meisten schlichtweg keine Wahl. Je höher der Grad an Professionalisierung in den oberen Klassen, desto geringer wurde die Wahrscheinlichkeit, daß es ein Verein aus unteren Ligen bis in den Spitzenbereich schaffen konnte.

Zweitens war die Rückkehr des Fußballs zum Status einer konkurrenzlosen Leitsportart geknüpft an erhebliche Einschränkungen des Handlungsspielraums der Zuschauer bzw. Fans. Dies betrifft zunächst die klassischen Mitwirkungsmöglichkeiten der Fußballanhänger. Konnten besonders engagierte Vereinsmitglieder lange Zeit über Mitgliederversammlungen und ehrenamtliche Posten einen gewissen Einfluß auf die Vereinsgeschicke nehmen, wurden diese Möglichkeiten mit der Professionalisierung der Führungsstrukturen extrem eingeschränkt. Es ist durchaus nachvollziehbar, daß der weitgehende Ausschluß der Mitglieder aus den Entscheidungsprozessen nicht von allen wohlwollend aufgenommen wurde, sondern für viele Mitglieder den Verlust der traditionellen Vereinskultur bedeutete. Ähnlich ambivalent stellt sich die „Befriedung" der Zuschauerränge dar. Mit der Einführung von festgelegten Segmenten im Stadion – vom „normalen" Steh- oder Sitzplatz bis zum VIP-Bereich – und der lückenlosen Kontrolle durch allgegenwärtige „Ordner" wurde zwar die Gewalt größtenteils aus den Bundesligastadien verdrängt, aber auch der Bewegungsradius des einzelnen Fans beschränkt.[38] Nicht selten wurden dafür ganz neue Stadien

[37] Hering, Land der tausend Derbys, 266.

[38] Die Proteste halten sich jedoch in Grenzen, da die Bundesliga-Verantwortlichen von der englischen Lösung einer totalen „Versitzplatzung" bislang abgesehen haben.

erbaut und im Gegenzug andere Orte abgewickelt, die bis dahin in feste Rituale eingebunden gewesen waren.

Nicht wenige Fanbewegungen haben sich angesichts dieser Einschränkungen den Protest gegen unliebsame Entwicklungen auf die Fahnen geschrieben.

> „Die Interessen von Fußballfans spielen aber nur genau dann tatsächlich eine Rolle, wenn sie vermarktbar sind. Dort also, wo Image- und Umsatzeinbußen drohen, können Fans intervenieren",

wie sich ein Mitglied des Bündnisses Aktiver Fußball Fans (BAFF) beklagte.[39] In der Tat werden die Bemühungen der protestierenden Fans in der Öffentlichkeit kaum wahrgenommen und scheinen für die Vereine nur im Ausnahmefall eine Rolle zu spielen.

Drittens sollte man nicht übersehen, daß der Erfolg des Fußballs seit 1990 mit einem hohen Maß an Kontrolle über die erwünschten Deutungsmuster einherging. Die Vereine haben, wie bereits beschrieben, ihre Passivität hinsichtlich gesellschaftlicher und ökonomischer Entwicklungen weitestgehend abgelegt und in Gemeinschaftsarbeit mit Medienvertretern durch eine Strategie der gezielten „Imagekontrolle" ersetzt.

> „Seit die Bundesliga-Rechte an TV-Kanal SAT. 1 gingen, hat die Darstellung des beliebtesten Sports der Deutschen tatsächlich eine andere Dimension erreicht. Der Effekt dabei ist ziemlich einfach: SAT. 1 muß die Bundesliga schon deshalb positiv verkaufen, weil sich der Privatsender sonst ins eigene Fleisch, sprich Werbekunden, schneiden würde. Die Zeitungen wiederum springen fast zwangsläufig auf den fahrenden Zug auf, da kritische Töne angesichts der allgemeinen Stimmungslage zumeist kaum noch Gehör finden."[40]

Wenn die Kamera den Blick vorgibt, die Moderatoren ein „Top-Spiel" nach dem anderen versprechen und auch im Stadion alles auf die Erzeugung einer „tollen Atmosphäre" eingerichtet ist, gibt es kaum noch Möglichkeiten, sich den vorgefertigten Botschaften zu entziehen. Nicht zuletzt dank der unermüdlichen Bemühungen unzähliger Marketingstrategen ist Fußball in allen Gesellschaftsschichten angekommen. Der damit einhergehende stark eingeschränkte Interpretationsspielraum des einzelnen Zuschauers kann jedoch durchaus auch als Verlust betrachtet werden.

---

[39] Jünger, David: Der neue Ort des Fußballs. Kommerzialisierung, Rassismus und Zivilgesellschaft. In: BAFF, Ballbesitz, 30–49, hier 48.

[40] Canal, Ralf: Das Fieber geht um. In: Kicker Nr. 1/2 vom 2. Januar 1996, 26–27, hier 27.

Christoph Strünck

Wächter über das Kulturgut Fußball? Der Deutsche Fußball-Bund als kultur- und gesellschaftspolitischer Akteur

„Wichtigste Aufgabe des DFB ist die Ausübung des Fußballsports in Meisterschaftsspielen und Wettbewerben der Spielklassen der Regional- und Landesverbände und der Lizenzligen. Er trägt die Gesamtverantwortung für die Einheit des deutschen Fußballs."

Präambel der Satzung des Deutschen Fußball-Bunds

Privatvergnügen oder öffentliches Interesse? Fußball als Kulturgut

Fußball ist viel mehr als Sport: Er ist Teil der Alltagskultur, er ist ein erfolgreiches Geschäftsmodell und Werbeträger, er ist ein öffentliches Ereignis und er ist ein Politikum. Für den Fußball als Marke müssen keine Geschichten erfunden werden, die Geschichten werden gleich mitgeliefert. An den Mythen des Fußballs haben viele Interesse, und viele verdienen gutes Geld damit. Der Fußball ist insofern ein klassisches Wirtschaftsgut. Doch er ist zugleich ein Kulturgut, an dem ein „öffentliches Interesse" besteht. Dieses Argument ist immer dann zu hören, wenn teure Übertragungsrechte für öffentlich-rechtliche Sender legitimiert werden sollen. Nicht einzelne, sondern möglichst viele sollen in den Genuß dieses Allgemein- und Kulturguts kommen.

Auch der Deutsche Fußball-Bund profitiert vom „Kulturgut" Fußball, sowohl wirtschaftlich als auch politisch. Aber was trägt dieser weltweit größte Sportverband selbst dazu bei, welche Rolle hat der DFB als kultur- und gesellschaftspolitischer Akteur? Was der DFB tut, mag das Kulturgut Fußball fördern. Doch die Motive sind primär verbandspolitischer, nicht gesellschaftspolitischer Natur: Die organisatorische Einheit des Fußballs, das Kollektivgut des Regelwerks und der Dachmarke der Nationalmannschaften sind die Legitimationsgrundlage des DFB. Auch seine wirtschaftlichen Tätigkeiten kann er nur auf dieser Grundlage entfalten. Ob er beide Funktionen dauerhaft erfüllen kann, ist allerdings fraglich.

Der Deutsche Fußball-Bund ist ein multi-funktioneller Verband mit „multiplen Identitäten". Er sieht sich als Garanten für die Einheit des Fußballs aus Profi- und Amateurvereinen, er setzt Normen durch Regelwerk, Schiedsrichterwesen und Verbandsgerichtsbarkeit, er ist wirtschaftlicher Lizenzgeber, er bildet das Dach für tausende von Vereinen und er besitzt die Rechte an einer hochprofitablen Marke, den Nationalmannschaften, formal korrekt „nationale Auswahlmannschaften" genannt. Sie sind Teil der Organisation des DFB; der Verband ist dadurch Arbeitgeber für Trainerstab, Berater und Betreuer, die unmittelbar bei ihm angestellt sind. Und ganz nebenbei ist der DFB auch ein Interessenverband, der den Fußball fördern und dabei seine Eigeninteressen als Lobbygruppe vertreten will.[1]

Der DFB ist ein gemeinnütziger Verband, der selbst stark wirtschaftlich tätig ist, um seine Aufgaben zu finanzieren und die Mitglieder zu unterstützen. Die stärkere Liberalisierung und Globalisierung des Profi-Fußballs gefährdet allerdings manche wirtschaftlichen Aktivitäten des DFB, der sich ohnehin den selbstbewußten Profi-Klubs gegenüber sieht. Seine Kernkompetenz liegt bei Gütern und Leistungen, auf die die Vereine angewiesen sind. Wettbewerbe und Meisterschaften sind Güter, die der einzelne Verein nicht herstellen kann. Nur ein zentraler Verband kann das Regelwerk für alle Wettkämpfe aufstellen.

Und Wettkämpfe sind letztlich das, was den Fußball als Kulturgut ausmacht, denn sie sind das zentrale Medienereignis, sie liefern das Material für Geschichten und Geschichte. Der DFB ist aber mehr als nur ein normsetzender Verband, wie es viele andere Wirtschaftsverbände auch sind, die gleiche Wettbewerbsbedingungen für ihre Mitglieder schaffen wollen.[2] Er wirkt mit an den Wahrnehmungen und Werten, die mit dem Fußball in Sport und Gesellschaft verbunden sind. In dieser Hinsicht ist der DFB ein kultur- und gesellschaftspolitischer Akteur. Doch in erster Linie sind dessen Funktionäre darum bemüht, die Fliehkräfte in einem Verband mit wachsenden Widersprüchen zu beherrschen.

Einer für alle, alle für einen? Der DFB zwischen Kollektiv und Konflikten

Der DFB steht organisatorisch auf zwei Säulen. In der ersten Säule sind alle Amateurvereine vertreten, ebenso die Regional- und Landesverbände. In der zweiten Säule finden sich alle Vereine der ersten und zweiten Bundesliga. Sie sind allerdings nicht unmittelbar Mitglied im DFB, sondern über ihren eigenen Ligaverband (Abbildung 1).

Im DFB sind knapp 26 000 Vereine organisiert; mit seinen derzeit 6,75 Mio. Mitgliedern ist er der größte Sportfachverband weltweit.[3] Die Wiedervereinigung hat dem DFB nur mäßigen Zuwachs beschert; die meisten Mitglieder sind in den 60er und 70er Jahren des 20. Jahrhunderts dazu gekommen (Abbildung 2). Die Spitze des DFB bilden der Vorstand als Kontrollorgan und das Präsidium als Organ der Geschäftsführung. Alle drei Jahre wird die Mitgliederversammlung einberufen, die selbstbewußt „Bundestag" genannt wird. Der Bundestag wählt vor allem den Vorstand. Neben diesen Gremien gibt es noch das Bundes- und das Sportgericht sowie eine Vielzahl von Ausschüssen.

---

[1] Vgl. Strünck, Christoph: In einer eigenen Liga? Der Deutsche Fußball-Bund als Interessenverband. In: Mittag, Jürgen / Nieland, Jörg-Uwe: Das Spiel mit dem Fußball. Interessen, Projektionen und Vereinnahmungen, Essen 2007, 191–201.

[2] Vgl. Strünck, Christoph: Politische Interessenvermittlung: Verbände und Organisationen. In: Frantz, Christiane / Schubert, Klaus (Hg.): Einführung in die Politikwissenschaft, Münster/London 2005, 139–152.

[3] DFB-Mitgliederstatistik, Stand: Juni 2011.

Abbildung 1: Aufbau des Deutschen Fußball-Bundes

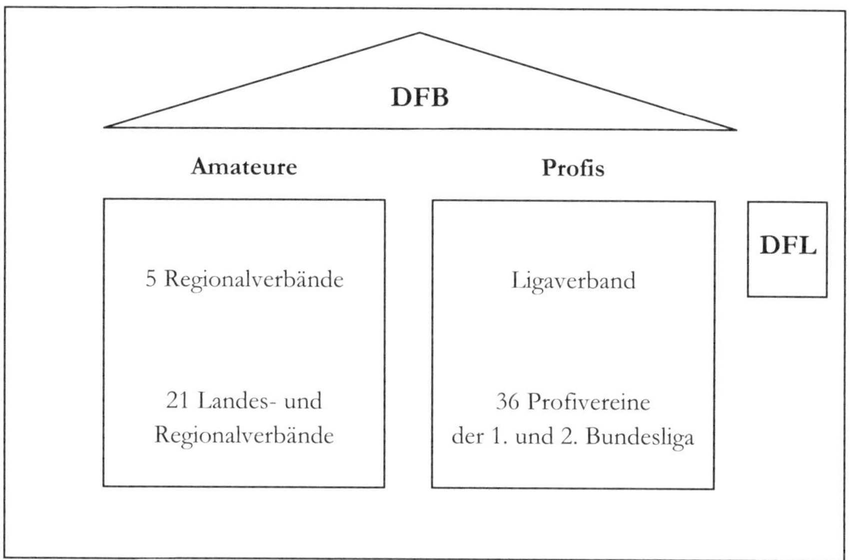

Quelle: Eigene Darstellung

Abbildung 2: Entwicklung der Mitgliederzahlen im Deutschen Fußball-Bund

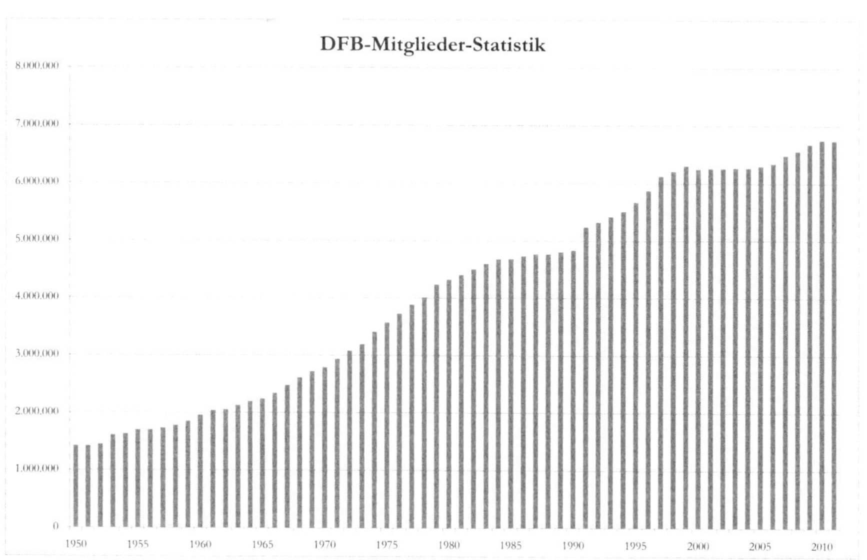

Quelle: DFB-Mitgliederstatistik (Stand: Juni 2012)

Die Profiklubs der beiden Bundesligen genießen durch ihre separate Organisationsform des Ligaverbandes einen Sonderstatus innerhalb des DFB. Bis 2001 konnten nur gemeinnützige Vereine Mitglied werden. Seitdem steht die Mitgliedschaft auch Kapitalgesellschaften offen, die neben dem Verein eine eigene Abteilung von Lizenzspielern – den bezahlten Profis – gegründet haben. Die Variante einer eigenen Kapitalgesellschaft für das Profigeschäft haben inzwischen einige Fußball-Klubs gewählt, unter anderen der FC Bayern München, Borussia Dortmund und der FC Schalke 04.

Der DFB ist die höchste Instanz im organisierten deutschen Fußball. Er soll die Regeln und Rahmenbedingungen setzen, damit zwischen den Vereinen Wettkämpfe ausgetragen werden können. Gleiche Spielstandards in allen Ligen und Vereinen zu garantieren, ist seine Kernaufgabe. Die wichtigsten Aufgaben der rund 150 hauptamtlichen Mitarbeiter in der Frankfurter Zentrale sind die folgenden:

- Nationale und internationale Interessenvertretung der Mitgliederverbände,
- Aus-, Fort- und Weiterbildung von Mitarbeitern in Vereinen,
- Bildung und Betreuung der Nationalmannschaften,
- Organisation bei der Teilnahme an internationalen Wettkämpfen,
- Organisation der dritten Liga, der Regional-Liga, der Frauen-Bundesliga, der A-Junioren-Bundesliga und des DFB-Pokals,
- Lizenzierung der Regionalliga-Vereine,
- Überprüfung und Angleichung der internationalen Regeln,
- Aufstellen von Spiel-, Schiedsrichter- und Jugendordnungen,
- Organisation eigener Sportgerichte.

Laut Satzung verfolgt der DFB ausschließlich gemeinnützige Zwecke. Nicht ausdrücklich in der Satzung erwähnt, aber in der Wirklichkeit immer wichtiger ist die Vermarktung von Rechten. Dies betrifft vor allem die Nationalmannschaften, aber auch die Regionalliga bzw. die einheitliche Dritte Liga, so wie sie vom Bundestag des DFB 2006 beschlossen worden ist.

Die Funktionen von Sportverbänden wie dem DFB bestehen aus sozialwissenschaftlicher Sicht darin, unterschiedliche Güter herzustellen. Vereine als Basis der Verbände produzieren normalerweise keine Kollektiv- oder Kulturgüter, von deren Nutzen niemand ausgeschlossen werden kann. Das ist kein Widerspruch zu der These, daß Sportvereine für die Allgemeinheit wichtige Zwecke verfolgen wie Gesundheitsförderung oder gesellschaftliche Integration.[4]

Vereine sind prinzipiell darauf ausgerichtet, so genannte Clubgüter herzustellen und keine Kollektivgüter. Vereine bieten Leistungen an, in deren Genuß nur Mitglieder kommen können und die auch nur für Mitglieder interessant sind.[5] Die übergeordneten Dachverbände hingegen können auch Kollektivgüter anbieten. Die allgemeine Pflege des Fußballs trägt tatsächlich den Charakter eines solchen Kollektivguts und wird daher gerne von den Funktionären des DFB hervorgehoben. Doch

---

[4] Vgl. Zimmer, Annette: Vereine. Zivilgesellschaft konkret, Wiesbaden [2]2007.

[5] Vgl. Horch, Hans-Dieter: Geld, Macht und Engagement in freiwilligen Vereinigungen. Grundlagen einer Wirtschaftssoziologie von Nonprofit-Organisationen, Berlin 1992.

viele andere Leistungen des DFB wie Spielregeln oder Schiedsrichterwesen sind ebenfalls typische Clubgüter, auf die die einzelnen Vereine angewiesen sind und die auch nur von ihnen genutzt werden. Neben Kollektiv- und Clubgütern bietet der DFB auch noch klassische Dienstleistungen wie die Vermarktung von Rechten an, die prinzipiell aber auch der einzelne Verein erbringen kann.

Sportverbände tendieren zur Monopolbildung. Schließlich sind Wettkämpfe dann am attraktivsten, wenn sie national wie international sämtliche Athleten einschließen. Eine der wenigen Ausnahmen sind Boxkämpfe, die von verschiedenen Verbänden in verschiedenen Preisklassen organisiert werden.

Im Konzert der Sportverbände nimmt der DFB eine Sonderstellung ein, weil er von allen deutschen Verbänden am stärksten wirtschaftlich tätig ist. Das liegt auch daran, daß unter starker Mithilfe von Politik und Medien Fußball in Deutschland zu einem Allgemeingut geadelt worden ist, dessen allseits geschätzter Wert sich besonders gut in wirtschaftliche Werte ummünzen läßt.

Vereinsrechtlich läßt sich das mit dem Nebenzweckprivileg legitimieren, wenn die wirtschaftlichen Tätigkeiten dazu dienen, die zentralen nicht-wirtschaftlichen Ziele zu erreichen.[6] Dennoch gibt es juristische Autoren, die den Vereinscharakter des DFB in Frage stellen.[7] Tatsächlich wirken die enormen Wirtschaftsaktivitäten eher wie ein Haupt- und nicht wie ein Nebenzweck. Das erkennt man auch an den finanzkräftigen Partnern des DFB. Generalsponsor ist Mercedes-Benz und der verbandseigene Ausrüster Adidas; beide gehören zu den weltweit bekanntesten deutschen Firmen.

Der DFB zapft ganz unterschiedliche Quellen für seine Finanzierung an. Entsprechend der Satzung erzielt der DFB seine Einnahmen aus

> „Erträgen der Länderspiele, durch Beiträge aus Mitgliedschaft und aus den in § 42 der DFB- Spielordnung aufgeführten Bundesspielen sowie sonstigen Beiträgen und durch sonstige Einnahmen. Die Beiträge werden vom Vorstand festgelegt. Soweit diese Einnahmen zum Bestreiten der Ausgaben nicht ausreichen, können Umlagen von den Mitgliedern erhoben werden (siehe § 24 Nr. 2 e) der DFB-Satzung (§18).“

In der Praxis sind inzwischen vor allem die Posten wichtig, die sich hinter dem Begriff „sonstige Einnahmen“ verbergen. Das sind Gelder aus Übertragungsrechten, von Sponsoren und aus der Werbung. Separat geregelt sind die Finanzbeziehungen zwischen dem Ligaverband und dem DFB. Den Profi-Klubs als Mitgliedern des Ligaverbandes fließt ein Teil der Gewinne zu, die aus der gemeinsamen Verwertung von Rechten stammen. Von den Zuschauereinnahmen aus Bundesligaspielen und den Erlösen aus dem Fernsehvertrag bekommt der DFB einige Prozente. Wenn die Nationalmannschaft auftritt, stehen umgekehrt den Ligavereinen Anteile an Einnahmen zu, die aus Fernsehübertragungen, von Sponsoren und aus Zuschauereinnahmen stammen.

Angesichts dieser vertraglichen Regelungen ist durchaus fraglich, ob der DFB als Dachverband überhaupt noch eine Nonprofit-Organisation darstellt. Solange jedoch nicht der Vorstand, sondern eine Mitgliederversammlung beschließt, wie Gewinne verteilt werden, bleibt der rechtliche Status des Vereins erhalten. In der Theorie dür-

---

[6] Vgl. van Bentem, Neil: Die Organisation des wettkampfbetriebenen Fußballsports in der Bundesrepublik Deutschland. In: Jütting, Dieter (Hg.): Die lokal-globale Fußballkultur. Wissenschaftlich beobachtet, Münster 2004, 11–28.

[7] Vgl. Müller, Michael: Der deutsche Berufsfußball. Vom Idealverein zur Kapitalgesellschaft, Berlin 2000.

fen Nonprofit-Organisationen durchaus Gewinne erzielen, aber nicht ausschütten.[8] Der Ligaverband inklusive DFL ähnelt noch stärker als der DFB einem Unternehmen, hat sich aber per Grundlagenvertrag dem Verband untergeordnet.

Der Ligaverband ist auch eine Art Kompromiß, um die wirtschaftlichen Interessen der Vereine und die Interessen des DFB integrieren zu können. Der Ligaverband organisiert und vermarktet die erste und zweite Bundesliga und er erteilt den Vereinen auch die Lizenzen. Er besteht aus einem Vorstand, in dem zwei Präsidenten und zehn Vertreter von Bundesligavereinen sitzen, sowie der Deutschen Fußball Liga GmbH (DFL), die die Geschäfte führt und deren einzige Gesellschafterin der Ligaverband selbst ist.[9] Die Bundesligen sind über diese Struktur in den DFB eingebunden. Die Vereine verzichten dadurch nicht nur auf weitere eigene Einnahmequellen, sie überlassen die Regeln der Vermarktung auch weitgehend dem DFB. Dahinter verbirgt sich eine fragile Machtbalance, die jederzeit kippen kann, wenn die Kapitalbedürfnisse der Vereine stark zunehmen und der DFB nicht plausibel machen kann, daß die zentrale Verbandsorganisation besser für alle ist.

In gewisser Weise repräsentiert der DFB damit eine Variante des „Modell Deutschland" mit seinem starken Zug zur Kooperation. Denn die größten Ligen in Spanien, Italien und England sind wirtschaftlich selbständig, während die Bundesliga nach wie vor wichtige Kompetenzen dem DFB überläßt. Mit dieser – durch das Liga-Statut abgeschwächten – verbandlichen Dominanz gibt es auch im Profi-Fußball einen „deutschen Sonderweg".[10]

Allerdings ist fraglich, wie lange der DFB diesen Sonderweg noch beschreiten kann. Denn das Interesse der Vereine, die Spiele selbst zu vermarkten, wird stärker. Noch gelingt es dem DFB, mit einem für alle Seiten akzeptablen Schlüssel für die Verteilung der Gelder die Konflikte ruhig zu stellen. Doch je attraktiver das Wirtschaftsgut Fußball wird – die Bundesliga bricht inzwischen alle Zuschauerrekorde –, desto schwieriger wird es für den DFB, seinen Anspruch aufrechtzuerhalten. Inzwischen kommen dem Verband auch häufiger Gerichtsurteile in die Quere. Daß die Gerichte angerufen werden, legt die schwelenden Interessenkonflikte auf nationaler und internationaler Ebene offen. Und die Gerichtsurteile selbst stellen einige Funktionen des DFB in Frage.

Eine schwere juristische Niederlage erlitt der DFB im Jahr 1997 durch ein Urteil des Bundesgerichtshofs. Die Richter hatten geurteilt, daß der Verband zu Unrecht die Fernsehvermarktungsrechte für Heimspiele deutscher Mannschaften in europäischen Wettbewerben an zwei Agenturen vergeben hatte.[11] Die Begründung des Urteils wies weit über den verhandelten Fall hinaus. Denn die Richter sahen im DFB lediglich eine Koordinationsinstanz für Vereine, die Vermarktungsrechte grundsätzlich auch selbst wahrnehmen könnten. [12] Damit stellen die Richter die wirtschaftlichen Eigenaktivitäten des Verbandes auf den Prüfstand. Sollten zukünftige Klagen diese

---

[8] Vgl. van Bentem 2004.

[9] Vgl. ebd.

[10] Vgl. Schmidt, Stefan: Organisations- und Rechtsfragen als Folgen der Kommerzialisierung des Fußballsports. Dargestellt an der Verbandsreform des Deutschen Fußball-Bundes, Speyer 2003.

[11] Vgl. Archner, Gernot: Die kartellrechtliche Zulässigkeit der zentralen Vermarktung von Fernsehübertragungsrechten an Bundesligaspielen durch den DFB, Hamburg 1999.

[12] Kistner, Thomas / Weinreich, Jens: Das Milliardenspiel. Fußball, Geld und Medien, Frankfurt am Main 1998, 257.

Einschätzung bestätigen und auch auf die Bundesliga übertragen, würde die wirtschaftliche Basis des DFB stark schrumpfen.

Der Deutsche Fußball-Verband steht daher vor großen Herausforderungen, denn neben den offiziellen Satzungszwecken sind die eigenwirtschaftlichen Interessen und Tätigkeiten deutlich gewachsen. Hier drohen aber zugleich die stärksten Konflikte mit den Profi-Vereinen, und hier muß der DFB die interne Machtbalance dauerhaft austarieren. Denn bislang haben die Vereine einen Teil der Vermarktungsmöglichkeiten dem DFB überlassen. Der Verband muß also die Profi-Vereine immer wieder davon überzeugen, daß dieser Weg der für alle bessere ist.

Die Kommerzialisierung des Fußballs macht die Zwitterrolle des DFB als Wächter des Kulturguts und Profiteur des Wirtschaftsguts Fußball deutlich. Allerdings ist der Kontrast zwischen Kultur- und Wirtschaftsgut ein künstlicher: Wenn Fußball den Rang eines Kulturguts einnimmt, läßt er sich um so besser wirtschaftlich nutzen. Hierin liegt die indirekte wirtschaftliche Bedeutung des DFB für den Profi-Fußball: Gelingt es dem Verband, die Popularität des Fußballs zu steigern, profitieren auch die anderen davon. Der DFB bietet Kollektivgüter an, die sich kommerzialisieren lassen.

Kulturgut oder Wirtschaftsgut? Kommerzialisierung und Liberalisierung des Fußballs

Der DFB hielt lange Zeit die Fahne des Amateur- und Breitensports hoch und stemmte sich gegen die Ausbreitung des bezahlten Profifußballs. Bis zu Beginn der 1990er Jahre verkündete die Präambel: „Oberster Grundsatz des DFB ist die Ausübung des Fußballspiels als Amateursport".

Die Präsidenten des Deutschen Fußball-Bundes haben sich immer gerne bei verschiedenen Gelegenheiten kritisch über die Kommerzialisierung des Fußballs ausgelassen, von der ihr Verband aber zugleich profitiert. Auch wenn der DFB längst den wirtschaftsorientierten Fußball in seiner eigenen Verbandsstruktur abbildet, so versteht er sich gerne als eine Art Bollwerk der sozialen Marktwirtschaft gegen den vermeintlich neoliberalen Zeitgeist.

Ist der DFB nun ein Katalysator für oder ein Kämpfer gegen Kommerzialisierung? Zum Wirtschaftsgut Fußball hat der Verband sowohl historisch als auch funktional ein widersprüchliches Verhältnis. Im Grunde funktioniert der DFB wirtschaftlich betrachtet wie ein Kartell, das Rechte zentral vermarktet. Die angesprochenen gerichtlichen Niederlagen lassen jedoch den Schluß zu, daß dieses Kartell auch aufgelöst werden könnte. Das würde einer Reihe von Akteuren nützen, die selbst am Fußball verdienen, wie etwa private Fernsehsender, Spielervermittler, Berater, Rechtehändler oder Vermarktungsagenturen.

Daß der DFB die umstrittene Kartellfunktion nicht mehr umfassend umsetzen kann, hat der Streit um die Schuhmarken der Nationalspieler vor Augen geführt. Obwohl der DFB das Dach für die Nationalmannschaften ist und dafür mit Adidas einen Ausrüster vertraglich an sich gebunden hat, ist es den Spielern erlaubt, ihre eigene Marke zu nutzen. Deren Berater beharren auf den individuellen Werbeverträgen ihrer Spieler. Fußballprofis und ihre Berater sind längst eigene Wirtschaftspersonen, deren ökonomische Interessen auch rechtlich gegenüber dem DFB reklamiert werden.

Dennoch ist der DFB weiterhin stark eigenwirtschaftlich tätig. Bislang war die Vermarktung der Nationalmannschaften vom „Nebenzweckprivileg" gedeckt, das Nonprofit-Organisationen solche Aktivitäten erlaubt, wenn sie der Förderung der allgemeinen Vereinsziele dienen (s.o.). Zugleich drängen aber die Berufsfußballvereine auf mehr Autonomie, im Zweifelsfall auch auf die Ablösung vom Amateurfußball. Das ginge aber nur, wenn sich die Ligen organisatorisch ganz vom DFB trennten.[13] Doch dafür sind die gemeinsamen Interessen bislang noch zu stark, die personellen Verbindungen zwischen Ligasystem und DFB ebenfalls.

Der DFB steht als Dachverband mit eigenen wirtschaftlichen Aktivitäten vor dem gleichen Problem, wie andere Verbände auch, etwa die Arbeitgeberverbände.[14] Denn Dienstleistungen können häufig auch von kommerziellen Anbietern oder neuen Zusammenschlüssen übernommen werden. Rechteverwertung, Rechtsberatung oder Informationen stellen auch Wirtschaftsverbände ihren Mitgliedern zur Verfügung. Aber warum sollten sich Mitglieder solche Dienste nicht auch am Markt besorgen, wenn sie dort möglicherweise günstiger und vielleicht auch besser sind?

Es entbehrt nicht einer gewissen Ironie, daß der DFB in der Öffentlichkeit der Kritik ausgesetzt ist, er treibe die Kommerzialisierung auch aus Eigeninteresse voran. Erstens sehen das viele Verantwortliche in der Bundesliga nicht unbedingt so. Aus ihrer Sicht verhindert der DFB durch seinen Zugriff auf Angelegenheiten der Vereine, daß der Profi-Fußball in Deutschland die vorhandenen wirtschaftlichen Potentiale ausschöpft. In einem zeitgemäßen wirtschaftlichen Ordnungsrahmen müßten die Klubs viel stärker selbst unternehmerisch tätig sein können, finden Liga-Verantwortliche. Ist der DFB also letztlich doch eine Barriere gegen Kommerzialisierung?

Die Frage muß eigentlich differenziert werden: *Kommerzialisierung* betreibt der DFB schon aus wirtschaftlichem Eigeninteresse, vor allem durch Lizenzen und Verwertungsrechte. Die *Liberalisierung* des Fußballgeschäfts im Sinne autonomer Marktbeziehungen zwischen Spielern und Vereinen sowie zwischen Vereinen und Verbänden widerspricht hingegen den Verbandsinteressen, weil dadurch Steuerungs- und Einflußmöglichkeiten verlorengehen.

Das Bosman-Urteil des Europäischen Gerichtshofes von 1995 und weitere rechtliche Entscheidungen greifen diese Ordnungsmacht von Sportverbänden wie DFB, UEFA und FIFA an.[15] Vor diesem wegweisenden Urteil, durch das die Arbeitnehmerfreizügigkeit in Europa auch für Profi-Fußballer umgesetzt wurde, waren die Spieler den Vereinen und Verbänden ausgeliefert. Heutzutage mögen Medien über die Eigensinnigkeiten von „Fußball-Millionären" feixen und die Gerichtsurteile als Ausweis zügelloser Liberalisierung geißeln. Historisch betrachtet besaßen im Verhältnis zu Verbänden und Vereinen die Spieler jedoch lange Zeit weniger Rechte als normale Arbeitnehmer. Solche Urteile haben dieses Verhältnis von einer reinen

---

[13] Vgl. Müller: Berufsfußball.

[14] Vgl. Schroeder, Wolfgang / Wessels, Bernhard (Hg.): Die Wirtschafts- und Arbeitgeberverbände in Politik und Gesellschaft der Bundesrepublik Deutschland, Wiesbaden 2010.

[15] Vgl. Grodde, Meinhard: Der Einfluss des Europarechts auf die Vertragsfreiheit autonomer Sportverbände in Deutschland. Ausgleich zwischen nationalem Verfassungsrecht und europäischem Freizügigkeitsrecht, Berlin u.a. 2007.

Macht- in eine Marktbeziehung verwandelt und damit zugleich ein politisches Ziel erreicht: den Zugriff des organisierten Sports auf seine Sportler zu begrenzen.

Bemerkenswert ist die Kritik am Wirtschaftsgebaren des DFB zum anderen, weil die Funktionäre sich lange gegen die stärkere Kommerzialisierung gestemmt haben. Seit seiner Gründung hat der Verband lange Zeit dem Amateurismus gehuldigt, keineswegs immer aus sportlichen Gründen. Im Nationalsozialismus nährten anti-kapitalistische Ressentiments die Idee des Amateurismus, der gegen die schädlichen Einflüsse des egoistischen Profitums und der Banalisierung des Körperkults verteidigt werden müsse.[16] Es entsprach der Ideologie der Volksgemeinschaft, daß sich breite Schichten der Bevölkerung sportlich betätigen sollten. Der DFB stützte diese Ideologie. In der neu entstandenen Bundesrepublik blockierte der Verband lange die Entwicklung zum Berufsfußball. Erst 1963 konnte die landesweite Bundesliga starten, die der DFB lange Zeit abgelehnt hatte.

Heutzutage bemühen DFB-Funktionäre den Amateurismus immer dann, wenn die Bundesliga auf zu viel Selbständigkeit bedacht ist. Dann soll der Amateur- und Breitensport die Spitzenvereine daran erinnern, daß der Profi-Fußball einen Unterbau braucht. Je stärker der Fußball zur Ware wird, desto mehr benutzt der DFB solche politischen Argumente, um sein Mandat für die „Einheit des Fußballs" zu verteidigen. Dafür nützt ihm auch seine Präsenz in den Medien.

Öffentliches Interesse versus Eigennutz? Der DFB und die Medien

Der DFB ist selbst eine Marke, vor allem durch die Nationalmannschaften, wenn diese denn erfolgreich sind. Gerade mit ihnen gelingt es dem DFB, das öffentliche Interesse am Fußball wachzuhalten, mit dem der DFB sich auch gegen die Einzelinteressen der Vereine positionieren kann. Dabei sind seine dicht gewebten Netzwerke zu Medien und Journalisten hilfreich.

Die Medien haben im Sport eine andere Rolle als in der politischen Berichterstattung.[17] In der Politik sind sie trotz gewisser gegenseitiger Abhängigkeiten ein kritischer Beobachter. Im Sport leben die Medien vom Kultur- und unmittelbar vom Gemeinschaftsgut Fußball. Die aberwitzigen Ausgaben des öffentlich-rechtlichen Rundfunks für die Übertragungsrechte der Bundesliga machen deutlich, daß Fußball das wichtigste Produkt der elektronischen Massenmedien in Deutschland geworden ist. Wer wie die Medien auf dieses Produkt angewiesen ist, der wird noch weniger als sonst schon üblich in der Sportberichterstattung kritisch nachfragen.

Viele Sportjournalisten arbeiten gelegentlich gegen Honorar für den DFB;[18] das heißt aber nicht, daß nur unkritisch über den DFB geschrieben würde. Aus dem „Männerbund" DFB dringen immer wieder mal Aussagen an die Öffentlichkeit, deren nationalistische oder sexistische Untertöne von Journalisten hörbar gemacht werden. Auch die Unterstützung zweifelhafter Länder im Zuge internationaler Meis-

---

[16] Vgl. Havemann, Nils: Fußball unterm Hakenkreuz. Der DFB zwischen Sport, Politik und Kommerz, Frankfurt am Main 2005.

[17] Vgl. Hackforth, Josef: Sportjournalismus in Deutschland. Die Kölner Studie, Köln 1994.

[18] Vgl. Kistner, Thomas / Schulze, Ludger: Die Spielmacher. Strippenzieher und Profiteure im deutschen Fußball, Frankfurt am Main 2002.

terschaften wird gerne aufgespießt. Hier zeigt sich dann auch, daß die gesellschaftspolitische Rolle des DFB im Zweifel hinter die des „unpolitischen“ Sportverbandes zurücktreten muss.[19] Allerdings stammen solche Berichte häufig nicht von den Kerntruppen der Sportberichterstattung, sondern eher aus anderen Ressorts.

Das ist anders, wenn es um die Leistungen der Nationalmannschaften geht. Die Kritik an ihnen ist indirekt auch immer Kritik am nationalen Fußballverband. Doch auch hier zeigt sich die Symbiose zwischen Medien und DFB, denn der DFB monopolisiert Informationen, auf welche die Journalisten angewiesen sind.

Das *institutionelle* Verhältnis zwischen Medien und DFB zeigt sich vor allem bei den Übertragungsrechten für Spiele. Wie sehr ist Fußball ein privates Wirtschaftsgut, wie sehr bleibt er Kultur- und Gemeingut? Der jüngste Deal bei den Übertragungsrechten ist ein typischer Kompromiss, der die widersprüchlichen Anforderungen zu kombinieren versucht.[20] Zwischen 2013 und 2017 wird der Ligaverband rund 2,5 Mrd. Euro an Übertragungsrechten aus der Bundesliga kassieren, und zwar sowohl vom privaten Bezahlsender Sky als auch von den öffentlich-rechtlichen Sendern und dem Springer Verlag. Sky zahlt am meisten und bekommt auch am meisten; doch auch die öffentlich-rechtlichen Sender haben einige Erstverwertungsrechte behalten. Es gibt also eine Tendenz zur „Privatisierung“; das öffentliche Interesse am Fußball wird mit den Paketen für die öffentlich-rechtlichen Sendeanstalten bewahrt.

Die Einnahmen sind doppelt so hoch wie in den Jahren zuvor, weshalb Ligaverband und DFB hoch erfreut über das Verhandlungsergebnis waren. Die Bundesliga erhält eine kräftige Finanzspritze und kann ihr Produkt noch besser vermarkten. Dieser Kompromiß gelang nur, weil auch die öffentlich-rechtlichen Sendeanstalten bereit waren, noch einmal deutlich mehr Geld für Übertragungsrechte auszugeben. Vor massiver Kritik blieben die Sender nur deshalb verschont, weil sie gemeinsam mit dem DFB das „öffentliche Interesse“ am Fußball betonen; daß gerade mit diesem Argument die Preise weiter in die Höhe getrieben werden können, ist ein positiver Nebeneffekt für den DFB und die Vereine.

Allerdings wäre noch mehr herauszuholen, wenn die Übertragungsrechte komplett mit privaten Unternehmen verhandelt würden. Für diese Position gab es im DFB immer wieder Stimmen, doch die Mehrheit spricht sich nach wie vor für einen Mix aus, um wirtschaftliche und politische Interessen unter einen Hut zu bringen. Der stärkste Fürsprecher des Bezahlfernsehens war der frühere DFB-Präsident Gerhard Mayer-Vorfelder, altgedienter Politiker und ehemaliger Präsident des VfB Stuttgart. Er riskierte einen Eklat, als er sich während der Verhandlungen über Fernsehrechte an Weltmeisterschaften Ende der 1990er Jahre vehement für PayTV-Sender als Anbieter aussprach. Dies war um so bizarrer, als der DFB auch mit seiner Stimme beschlossen hatte, daß Spiele der deutschen Nationalmannschaften weiterhin im öffentlich-rechtlichen Fernsehen übertragen werden sollten:

> „Egidius Braun [damaliger DFB-Präsident, d. Verf.] hat gesagt, es sei eine moralische Frage, daß Spiele der Nationalmannschaft im freien Fernsehen gezeigt werden. Ich sage, es gibt keinen Rechtsanspruch auf Live-Berichterstattung. Dabei bleibe ich“.[21]

---

[19] Vgl. Heinrich, Arthur: Der Deutsche Fußball-Bund. Eine politische Geschichte, Köln 2000.

[20] Vgl. Meilenstein für die Bundesliga. In: Frankfurter Allgemeine Zeitung vom 17.04.2012.

[21] Zit. bei Kistner / Weinreich 1998, 165.

Mayer-Vorfelder war mit dieser Haltung nicht alleine im Verband, doch nach außen hin trat der DFB geschlossen gegen eine Privatisierung auf. Der DFB verfolgt wirtschaftliche und politische Interessen zugleich und muss sie ausbalancieren. Auch die Sponsoren sind daran interessiert, eine möglichst breite Wirkung zu erzielen. Das gelingt in Deutschland noch immer am ehesten in den öffentlich-rechtlichen Medien.

Andererseits sind die eigenen wirtschaftlichen Interessen stark, hohe Erlöse aus der Fernsehvermarktung zu generieren. Die Bundesliga als Gemeinschaftsprodukt steht inzwischen stärker in Konkurrenz zu den großen europäischen Ligen und möchte sich auch im internationalen Mediengeschäft positionieren. Da auch die öffentlich-rechtlichen Anstalten bereit sind, hohe Summen dafür zu zahlen, stärken in dieser Sache lancierte Meinungsverschiedenheiten im DFB eher seine Verhandlungsposition.

Dem Deutschen Fußball-Bund nutzt der Fußball sowohl als kulturelles Gemeingut als auch als privates Wirtschaftsgut. Die Medien bieten dem DFB dabei das Forum, als öffentlicher Akteur aufzutreten und eigene Botschaften zu vermitteln. Es hängt vom Selbstverständnis seiner Funktionäre ab, wie stark solche Botschaften auch auf gesellschaftspolitische Fragen abzielen.

Vorreiter oder Nachzügler? Gesellschaftlicher Wandel als Herausforderung für den DFB

Themen wie Integration, Homosexualität, Gleichberechtigung der Geschlechter oder Rassismus greift auch der DFB auf, um sich als gesellschaftspolitischer Akteur zu profilieren. Der letzte Präsident Theo Zwanziger sah sich dabei gerne als Avantgarde, doch der DFB hat sich in seiner Geschichte auch gegen den gesellschaftlichen Wertewandel gestemmt. Dies läßt sich besonders gut am Verbot des Frauenfußballs in Deutschland zeigen, das der DFB erst 1970 aufgehoben hat.[22]

Frauen durften auch vor 1970 in Deutschland Fußball spielen, ein gesetzliches Verbot hat es nie gegeben. Doch die Austragung von Meisterschaften, das Messen der Mannschaften im sportlichen Wettbewerb war zwischen 1955 und 1970 nicht möglich, weil der DFB als regelsetzender Verband dies nicht unterstützt hat. Er untersagte seinen Mitgliedsvereinen auf dem Bundestag am 30. Juli 1955, eigene „Damenfußball-Abteilungen“ zu gründen, Plätze für „Damenfußballspiele“ zur Verfügung zu stellen und er verbot den verbandseigenen Schieds- und Linienrichtern, solche Fußballspiele zu leiten.[23] Damit gab es nicht nur ein faktisches Verbot des Frauenfußballs; der DFB hat damit auch der Wahrnehmung des Frauenfußballs in Deutschland und der Emanzipation seinen Stempel aufgedrückt.

Die Begründungen verraten, wie stark der DFB sich selbst als Instanz der Wertevermittlung sieht. Die Gremien stützten sich vor allem auf Aussagen von Medizinern, wonach Fußball für Frauen besondere gesundheitliche Risiken berge. Noch ein Jahr vor der Aufhebung des Verbots wurde der frühere Bundestags-Beschluß auf einer

[22] Vgl. dazu vor allem Junker, Nadine: Frauen am Ball! Eine mentalitätsgeschichtliche Studie über Motive bei den Protagonisten der Legalisierung des Frauenfußballs im DFB 1970. Unveröffentlichte Dissertation, Universität Duisburg-Essen 2012.

[23] Vgl. Deutscher Fußball-Bund: Jahresbericht 1955/56, Frankfurt am Main 1956.

Beiratstagung bestätigt. Doch die (damals schon unhaltbare) medizinische Begründung war nur die offizielle Legitimation. Inoffiziell kursierten jede Menge Argumente, wonach Fußball „unweiblich" und die Stellung der Frauen in der Gesellschaft damit nicht vereinbar sei.[24]

Allerdings geriet der DFB national wie international zunehmend unter Druck. In der Bundesrepublik hatten sich längst eigene Frauenfußball-Vereine gegründet, und einzelne Medien spotteten über den DFB, der sich zu einem „Hüter der Tugend machen will".[25] Was den DFB allerdings wirklich beunruhigte, war die europäische Entwicklung. Einige nationale Verbände wie in Frankreich oder der Schweiz hatten den Vereinen gestattet, Frauenfußball-Abteilungen zu gründen. In vielen Ländern waren jedoch eigene Frauenfußball-Verbände entstanden, da sich die nationalen Verbände ähnlich wie der DFB verhielten. Der DFB sah die organisatorische Einheit bedroht und ließ sich auch von solchen verbandspolitischen Erwägungen leiten, als 1970 der frühere Beschluß aufgehoben wurde.

Das Beispiel zeigt, daß in diesem Fall der DFB dem gesellschaftlichen Wandel hinterher lief und letztlich verbandspolitische Argumente den Ausschlag gaben, die eigene Position zu verändern. Durch den internationalen Erfolg des deutschen Frauenfußballs mag diese Position inzwischen als Selbstverständlichkeit gelten. Auch hat sich insbesondere der frühere DFB-Präsident Theo Zwanziger besonders intensiv darum bemüht, den Frauenfußball zu fördern und hat zu diesem Zweck eine eigene Stiftung gegründet, die seinen Namen trägt. Doch der „Männerbund" DFB ist hier mitnichten gesellschaftliche Avantgarde gewesen. Ob er das bei anderen Themen wie dem Umgang mit Homosexualität im Fußball oder der Auseinandersetzung mit Rassismus sein will oder sein kann, ist zweifelhaft. Wenn der DFB hier Position bezieht, hat er sicherlich großen Einfluss. Doch bisherige Erfahrungen lassen vermuten, daß der Verband in der Regel Nachzügler und nicht Vorreiter ist, was gesellschaftlichen Wandel angeht.

Auch auf internationaler Ebene wird die gesellschaftspolitische Bedeutung des Fußballs von den Verbandsfunktionären hervorgehoben. Und auch hier stehen das Kulturgut und das Wirtschaftsgut Fußball sowohl in einer widersprüchlichen als auch symbiotischen Beziehung zueinander.

Völkerverständigung oder Elitenkartell? Die internationale Verflechtung des Verbandswesens

Zum Kulturgut Fußball gehört auch, daß es gerne als Mittel der Völkerverständigung angepriesen wird. Die friedliche Austragung von Rivalitäten, der internationale Spielermarkt und die Nationalmannschaften sind zwar keine Ersatzdiplomatie, aber sie können zivilisierende Kraft entfalten und Ablenkung bieten. Das macht sich auch der DFB zu eigen, der wie die anderen Verbände auch in das internationale Verbandssystem des Fußballs eingebunden ist. Selbst der immer wiederkehrende und inzwi-

---

[24] Vgl. Pfister, Gertrud: Weiblichkeitsmythen, Frauenrolle und Frauensport. Im gesellschaftlichen Wandel vom Deutschen Bund zur Bundesrepublik Deutschland. In: Schenk, Sylvia (Hg.): Frauen – Bewegung – Sport, Hamburg 1986, 53–76.

[25] Vgl. Münchener Abendzeitung, 18.3.1957.

schen auch leidlich belegte Vorwurf der Korruption und Vetternwirtschaft kann den stabilen Monopolen der FIFA und UEFA nichts anhaben. Aus Sicht ihrer Funktionäre verkörpern sie den internationalen Gemeinschaftsgeist, der nur in einer einheitlichen Sportorganisation wehen kann. Da richtet auch die immer wieder geäußerte Kritik von FC Bayern-Präsident Uli Hoeneß am DFB nichts aus, der Verband solle sich aus den internationalen Gremien zurück ziehen oder zumindest ordentlich auf die Pauke hauen. Der ehemalige DFB-Präsident Theo Zwanziger, der noch bis 2015 sein Amt in der FIFA wahrnehmen will, möchte sich für eine „saubere" Organisation einsetzen.

Im europäischen Fußball gelten die Vertreter des DFB weiterhin als einflußreich; der frühere Präsident Egidius Braun war lange Zeit Schatzmeister der UEFA und konnte in dieser Funktion die verschiedenen nationalen Verbände mit zusätzlichen Geldern versorgen. Diese Methode ist eingeübte Praxis, um sich Rückhalt und Stimmen zu sichern, wenn es um Standorte für Turniere oder um eine Veränderung von Regeln geht. In der FIFA hingegen ist die Situation unübersichtlicher, sind die Koalitionen komplexer. Nicht zuletzt der Kuhhandel um die Austragung der Weltmeisterschaft 2006 in Deutschland hat gezeigt, wie wenig Einfluss des DFB außerhalb Europas hat. FIFA-Chef Sepp Blatter, einer der dienstältesten und umstrittensten Sportfunktionäre, wird eine besondere Nähe zu außereuropäischen Verbänden nachgesagt, mit deren Hilfe er seine Macht absichert.[26]

Es mag sein, daß die internationalen Turniere eine Weltöffentlichkeit schaffen und die friedliche Konkurrenz zwischen Ländern symbolisieren. Die internationalen Fußball-Verbände als Ausrichter dieser Turniere sind jedoch in erster Linie Lizenzgeber. Sie erzielen damit hohe Einnahmen und schränken die Gestaltungsmöglichkeiten der Gastgeber an den Austragungsorten stark ein. Wenn „Premiumsponsoren" unter Vertrag genommen werden, garantieren UEFA oder FIFA „konkurrenzfreie" Werbezonen, in die nicht einmal Fans ungestraft Produkte mit Werbeaufschriften anderer Unternehmen mitnehmen dürfen.

Stärker noch als beim DFB selbst zeigt sich, daß die Verbände von der Marke Fußball vor allem durch Lizenzen und Verwertungsrechte profitieren. Als monopolistische Organisationen besitzen sie eine starke Verhandlungsposition. Hier prallen die Eigeninteressen der Verbände und das öffentliche Interesse am Fußball aufeinander. Meist gelingt es, sie miteinander zu verbinden. Denn so stark auch die wirtschaftlichen Interessen sein mögen, der DFB ist in erster Linie eine (verbands-)politische Organisation.

Kulturpflege oder Lobbyismus in eigener Sache? Der DFB als politischer Akteur

Politikerinnen und Politiker deklarieren Fußball gerne als öffentliches Gut, das von allen genutzt werden kann und vielen nutzt. Wann immer die Verhandlungen über Übertragungsrechte einsetzen, schwillt vorsorglich schon einmal der Chor der besorgten Mahner an. Solange der DFB dabei hilft, Fußball als ein solches öffentliches

[26] Vgl. Kistner, Thomas: FIFA-Mafia. Die schmutzigen Geschäfte mit dem Weltfußball, München 2012.

Gut glaubwürdig zu schützen, kann er sich breiter öffentlicher und politischer Unterstützung sicher sein. Die große Popularität des Fußballs macht es ihm leichter, die verbandseigenen Interessen zugleich als gemeinwohlorientiert darzustellen.[27] Die Politik steht ihm dabei meist zur Seite, denn politisch gibt es keine Alternative zum DFB.

Das sieht wirtschaftlich anders aus. In einer Zeit, in der Fußball ein gigantisches Unterhaltungsgeschäft mit erheblichen Risiken geworden ist, ringt der DFB als Interessenverband mit einer Vielzahl anderer Akteure um Einfluß. Und er muß den eigenen Laden zusammenhalten, denn die Liga-Vereine stehen ja selbst unter dem Einfluß der Spielerberater und Vermarktungsagenturen. Kann der DFB angesichts dieser Herausforderungen noch als gesellschafts- und kulturpolitischer Akteur auftreten oder ist er vor allem Lobbyist in eigener Sache? Beides schließt sich nicht gegenseitig aus, doch jede Verbandsführung muß angesichts widerstreitender Interessen Prioritäten setzen.

Viele vermuten, daß diese Prioritäten in Zukunft wieder stärker beim sportlichen und wirtschaftlichen Kerngeschäft Fußball liegen. Der ehemalige DFB-Präsident Theo Zwanziger hatte während seiner Amtszeit das soziale Engagement und die gesellschaftliche Verantwortung des DFB in den Vordergrund gerückt.[28] Gelegenheiten dazu gab es viele: Die Aufarbeitung der NS-Vergangenheit des DFB, die Verurteilung rassistischer und rechtsradikaler Fankultur, die Aufwertung des Frauenfußballs, der Kampf gegen Homophobie oder auch der Einsatz für Integration. Zwanziger wurde zur öffentlichen Figur, hielt gefeierte Reden und mischte sich ein. Vor Jahren noch wäre es undenkbar gewesen, daß der DFB mit einem eigenen Wagen am Christopher-Street-Day teilnimmt.

Den Höhepunkt erreichte Zwanziger mit seinem öffentlichen Wirken, als er bei der Trauerfeier für den Torwart Robert Enke im November 2009 eine bewegende und viel gelobte Rede hielt. Bemerkenswerterweise lautete einer der wichtigsten Sätze darin: „Fußball ist nicht alles". Vorher hatte er die Leo-Baeck-Medaille erhalten, eine Auszeichnung für Zwanzigers starkes gesellschaftliches Engagement gegen Rassismus und Diskriminierung.

Danach allerdings gerieten Zwanziger und der DFB in schweres Wasser. In der so genannten „Schiedsrichteraffäre" stellte sich Zwanziger voreilig gegen den später freigesprochenen Schiedsrichter Manfred Amerell und handelte höchst eigensinnig. Seine Pressekonferenz nach dem Selbstmordversuch des Schiedsrichters Babak Rafati war unsensibel und unprofessionell. Steueraffären von Schiedsrichtern sowie Gerüchte um manipulierte Spiele kamen hinzu. Ein Kernbereich des DFB, das Schiedsrichterwesen, scheint dringend reformbedürftig, aber dazu fehlte Zwanziger die Kraft.

Die voreilige Verkündigung angeblich erfolgreicher Vertragsverhandlungen mit dem Trainerstab der Männer-Nationalmannschaft war ebenfalls ein Flop. Sie offenbarte zugleich, daß Zwanzigers enge Bande mit der BILD-Zeitung dem DFB eher schadete als nutzte. Auch die überraschende Rücktrittsankündigung des Präsidenten Zwanziger parallel zur EM-Auslosung sorgte für Ärger. Zwanziger hat neue Akzente

---

[27] Vgl. allgemein zum Verhältnis von Mitgliederinteressen und Gemeinwohl Biedenkopf, Kurt H. / Mayntz, Renate (Hg.): Verbände zwischen Mitgliederinteressen und Gemeinwohl, Gütersloh 1992.

[28] Vgl. Horeni, Michael: Abschied eines Alleingängers. In: Frankfurter Allgemeine Zeitung vom 01.03.2012.

gesetzt und versucht, den DFB tatsächlich stärker als gesellschaftspolitischen Akteur einzusetzen. Doch gescheitert ist er letztlich im Kerngeschäft des Verbands und an eigenen Schwächen.

Der seit dem 2. März 2012 amtierende neue Präsident Wolfgang Niersbach wird womöglich andere Prioritäten setzen und die Rolle des DFB als kultur- und gesellschaftspolitischer Akteur abschwächen. Der langjährige Weggefährte Wolfgang Holzhäuser, Geschäftsführer der Bayer 04 Leverkusen Fußball GmbH, vermutete über die Agenda von Niersbach in einem Radio-Beitrag des Deutschlandfunks Folgendes:

> „Ich kann mir vorstellen, daß er viele Dinge, die in letzter Zeit sehr stark in den Vordergrund gedrängt worden sind, nicht so explizit in den Vordergrund schieben wird. Also, die Frage, ob wir Spieler haben, die wir outen müssen oder ob wir im Frauenfußball dies oder jenes machen. Das wird er nicht so explizit nach vorne schieben. Er ist mehr der Fußballer. Er wird mehr den Sport in den Vordergrund stellen. Das ist meine Annahme. Was auch nicht so ganz verkehrt ist. Denn erstens sind wir ein Verband, der dafür da ist, den Spielbetrieb für den Fußball zu organisieren - und nicht dazu da, na, ich will mal sagen, Schauplätze, die sehr wesentlich sind in der allgemeinen Gesellschaft. Und der Fußball muß nicht alles erledigen".[29]

Wolfang Niersbach bekam bei seiner Wahl sowohl von Amateurvereinen als auch vom Ligaverband breite Unterstützung. Niersbach galt nicht nur wegen seiner langjährigen Tätigkeiten als DFB-Mediendirektor und Generalsekretär als Wunschkandidat, sondern auch wegen seiner Verdienste als Vize-Präsident des Organisationskomitees für die Weltmeisterschaft 2006. Seine allseits gefeierte Wahl deutet darauf hin, daß er sich weniger mit gesellschaftspolitisch kontroversen Themen als mit dem Fußball im engeren Sinne profilieren will. Den Profi-Fußball zu fördern und ihn zugleich dauerhaft innerhalb des DFB zu verankern, ist die verbandspolitisch größte Herausforderung.

Der DFB wird sich aller Voraussicht nach in Zukunft mehr um sein Kerngeschäft kümmern. Die Funktionäre müssen sich verstärkt um ihre Clubgüter wie Regelwerk und Schiedsrichterwesen Gedanken machen, für Akzeptanz und Glaubwürdigkeit unter den Mitgliedern und in der Öffentlichkeit sorgen. Der DFB wird sich wohl mehr mit sich selbst als mit anderen beschäftigen. Doch das Kulturgut Fußball bleibt allen erhalten, weil es niemandem gehört. Auch nicht dem DFB.

[29] Vgl. Deutschlandfunk, 01.03.2012: Das Ende einer Ära. Machtwechsel beim Deutschen Fußball-Bund. (URL: http://www.dradio.de/dlf/sendungen/hintergrundpolitik/1691501/)

Andreas Mau

Fußballpublikum und Vereinsmitglieder – Überlegungen zum Spitzenfußball als Zuschauersport in der Bundesrepublik 1960–1980

1

Einleitung

Fußball in der Bundesrepublik - Eine Annäherung

In den 1920er Jahren des vergangenen Jahrhunderts gelang dem Fußballsport in Deutschland der Durchbruch zum Massenphänomen. Diese Entwicklung spiegelte sich in allen Bereichen wider, insbesondere jedoch in der stark zunehmenden Zahl der aktiven Spieler und der Besucher auf den Sportplätzen sowie der deutlich ausgeweiteten Berichterstattung der Medien. Die organisatorische Struktur des Spitzenfußballs unter dem Dach des Deutschen Fußball Bundes (DFB) war bis zu Beginn der 1960er Jahre durch zwei grundlegende Strukturmerkmale geprägt. Diese bestanden in der Organisation des Spielbetriebs in regionalen Ligen und der Ablehnung des Berufssports zugunsten des, oft nur vordergründig gewahrten, Amateurprinzips.[2]

Die Fußballvereine dieser Epoche lassen sich am besten mit dem Bild der Vereinsfamilie beschreiben, die durch ein enges Netzwerk persönlicher Beziehungen und räumlicher Nähe gekennzeichnet war. Überdies wies die Vereinsfamilie eine hohe soziale Homogenität auf, da sich Spieler, Anhänger und auch zahlreiche Vereinsfunktionäre hinsichtlich ihres Verdienstes und ihrer Lebensführung meist nur geringfügig unterschieden. Die idealtypische Vereinsfamilie war insbesondere im Ruhrgebiet anzutreffen, wo Vereine und Montanunternehmen in vielfacher Hinsicht eng verbunden waren. Hierbei erfuhr der Verein die Unterstützung eines Betriebes nicht nur in materieller, sondern auch in personeller Hinsicht, da leitende Betriebsangehörige oftmals ehrenamtliche Führungsaufgaben im Verein übernahmen. Zudem waren zahlreiche Zuschauer und auch Spieler bei diesem Unternehmen beschäftigt, so daß für die überwiegende Mehrzahl der Mitglieder der Vereinsfamilie Wohnung und

---

1 Dieser Aufsatz faßt in Form eines Werkstattberichtes konzeptionelle Überlegungen und erste Ergebnisse meines Dissertationsvorhabens zusammen. Das Projekt unter dem Titel „Elf Profis und ihr Publikum – Fußball und Gesellschaft in der Bundesrepublik Deutschland zwischen 1960 und 1980“ soll im Verlauf des Jahres 2013 zum Abschluß gebracht werden.

2 Zur Entwicklungsgeschichte des Fußballsports in Deutschland vgl. Eisenberg, Christiane: Deutschland. In: Dies. (Hg.): Fußball, soccer, calcio. Ein englischer Sport auf seinem Weg um die Welt, München 1997, 94–129.

Arbeitsplatz auch räumlich in unmittelbarer Nachbarschaft des Vereinsgeländes angesiedelt waren.[3]

Diese familiären Strukturen erfuhren seit den frühen 1960er Jahren, insbesondere beschleunigt durch die Einführung der Bundesliga und des Profifußballs im Jahr 1963, eine zunehmende Erosion, in deren Folge sich Spieler und Zuschauer hinsichtlich ihrer geographischen Herkunft und ihres sozialen Status entfremdeten. Die Vereinslandschaft erlebte ebenfalls eine dramatische Umwälzung, da von den bisher 74 Oberligisten nur noch 16 zur neu gegründeten Bundesliga zugelassen wurden. Viele dieser meist traditionsreichen Vereine wurden für lange Zeit oder sogar dauerhaft in die sportliche und wirtschaftliche Bedeutungslosigkeit unterer Spielklassen verwiesen.[4]

In den Vereinen selbst führte die Professionalisierung der Vereinsverwaltung zu einer Verdrängung des Ehrenamtes zugunsten externer Dienstleister und Berater sowie hauptamtlicher Kräfte. Der strukturelle Wandel des deutschen Fußballs erfuhr in der ersten Hälfte der 1970er Jahre eine weitere Beschleunigung, nachdem die Gehaltsobergrenzen für Spieler abgeschafft worden waren und die Trikotwerbung neue Formen der Vermarktung ermöglichte. Überdies boten die zur Fußballweltmeisterschaft 1974 errichteten Stadien einen deutlichen Komfortgewinn für die Zuschauer, der sich auch für die Vereine in einer Steigerung der Einnahmen niederschlug. Der in den späten 1950er und frühen 1960er Jahren angestoßene Umbruch der bundesdeutschen Fußballandschaft hatte somit bis zum Ende der 1970er Jahre seine volle Wirkung entfaltet.[5]

Der Zeitraum zwischen der Gründung und Etablierung der Fußballbundesliga im Verlauf der 1960er und 1970er Jahre bedeutete nicht nur für den Fußball, sondern auch für die bundesdeutsche Gesellschaft eine Epoche tiefgreifender Veränderungen. Die Euphorie der späten Jahre des Wirtschaftswunders trübte sich bereits im Verlauf der 1960er Jahre, als sich der wirtschaftliche Strukturwandel und die Entstehung einer Dienstleistungsgesellschaft abzuzeichnen begannen. Im Verlauf der 1970er Jahre wurde der wirtschaftliche Erfolg der Bundesrepublik in immer stärkerem Maße durch die Wahrnehmung von Krisensymptomen überlagert, die ihren Ausdruck vor allem in der Sorge um die Verfestigung der Massenarbeitslosigkeit und in Umweltfragen fanden. So wuchsen insbesondere die Zweifel hinsichtlich der Beherrschbarkeit der Großtechnik sowie der generellen Vereinbarkeit der gegenwärtigen Lebensweise in der Industriegesellschaft mit dem dauerhaften Erhalt der natürlichen und sozialen Lebensgrundlagen des Menschen.[6]

Der mit der wirtschaftlichen Modernisierung einhergehende gesellschaftliche Wandel führte ab den 1960er Jahren sowohl zu einer Verschiebung traditioneller Wert-

---

[3] Vgl. Lindner, Rolf / Breuer, Heinrich Th.: „Sind doch nicht alles Beckenbauers". Zur Sozialgeschichte des Fußballs im Ruhrgebiet, Frankfurt am Main 1982, insbes. 54ff.

[4] Zur Vorgeschichte und Gründung der Bundesliga vgl. Gehrmann, Siegfried: Ein Schritt nach Europa. Zur Gründungsgeschichte der Fußballbundesliga. In: Sozial- und Zeitgeschichte des Sports 6, Heft 1 (1992) 7–37.

[5] Zur Kommerzialisierung und Professionalisierung des Fußballs vgl. Schilhaneck, Michael: Vom Fußballverein zum Fußballunternehmen. Medialisierung, Kommerzialisierung, Professionalisierung, Berlin 2006, 47–70.

[6] Vgl. Frese, Matthias / Paulus, Julia / Teppe, Karl (Hg.): Demokratisierung und gesellschaftlicher Aufbruch. Die sechziger Jahre als Wendezeit der Bundesrepublik, Paderborn u. a. 2003 sowie Rödder, Andreas: Die Bundesrepublik Deutschland 1969–1990, München 2004.

orientierungen als auch zu einer Krise der kollektiven Identität zugunsten einer Pluralisierung der Lebensstile und einer zunehmenden „Erlebnisorientierung“[7]. Zahlreiche gesellschaftliche Gruppen strebten in allen Lebensbereichen nach Emanzipation und Teilhabe, während die ethnische Zusammensetzung der Bevölkerung durch den Zuzug von Gastarbeitern eine tiefgreifende und dauerhafte Umwälzung erfuhr.

Fragestellung

Bei der Betrachtung der massiven sportlichen und organisatorischen Modernisierung des Spitzenfußballs vor dem Hintergrund der gesellschaftlichen und sozialen Veränderungen der 1960er und 1970er Jahre drängt sich nahezu zwangsläufig die Erwartung einer Krise des Fußballs auf. Warum hätte dieser bis dahin äußerst populäre Zuschauersport ungeschmälert fortbestehen sollen, wenn sowohl seine Binnenorganisation als auch sein gesellschaftliches und kulturelles Umfeld einem so fundamentalen Wandel unterworfen waren? Trotz der offensichtlichen Erosion seiner traditionellen Grundlagen erwiesen sich die Zuschauerzahlen des Spitzenfußballs überraschenderweise als Konstanten im Wandel. So betrugen die durchschnittlichen Zuschauerzahlen zwischen der ersten Spielzeit der Bundesliga 1963/64 und der Saison 1979/80, wenn man die von den Folgen des Bundesligaskandals geprägten Jahre 1971/72 und 1972/73 herausnimmt, fast durchweg knapp 23 000 Zuschauer pro Spiel.[8]

Dieser Umstand führt zwangsläufig zu der Kernfrage, warum der Spitzenfußball in der Bundesrepublik trotz des augenscheinlichen Zerfalls der Vereinsfamilie als seiner sozialen Basis, trotz der Veränderung des Freizeitverhaltens[9], trotz der Zunahme der Fußballübertragungen im Fernsehen und trotz des Aufkommens neuer Sportarten seine traditionelle Rolle als Publikumsmagnet und beliebteste Sportart bewahren oder sogar ausbauen konnte. Welche Veränderungsprozesse der Binnenorganisation des Fußballs vereinten sich mit welchen gesellschaftlichen Bedürfnissen auf welche Art und Weise, so daß als Konsequenz dieser Prozesse der Fußball seine bestehende Popularität wahren konnte?

Die Erklärungsansätze der Forschung für die aufgeworfene Problemstellung bestehen insbesondere darin, dem Fußball einerseits die Fähigkeit zuzuschreiben, jenseits der alten, im Milieu verankerten kollektiven Identität als Projektionsfläche neuer Formen der Identitätsstiftung zu dienen, wobei diese vorzugsweise flüchtiger und nicht mehr dauerhafter Natur sind.[10] Andererseits wird die massive Ausweitung der medialen Präsenz des Fußballs ab den 1960er Jahren dafür verantwortlich gemacht, daß der Fußball neue, diesem Sport bisher fernstehende Zuschauer- und Anhängergruppen erschließen konnte. Insbesondere mit Hilfe des Fernsehens gewannen

[7] Vgl. Schulze, Gerhard: Die Erlebnisgesellschaft, Frankfurt am Main/New York 1992.

[8] Eigene Berechnung auf Basis der vom DFB veröffentlichten Zuschauerzahlen. (URL: http://www.dfb.de/index.php?id=82912)

[9] Die wichtigste Veränderung des Freizeitverhaltens hinsichtlich des Besuchs von Bundesligaspielen im Stadion besteht in dem Umstand, daß Freizeitaktivitäten außer Haus zugunsten des Aufenthaltes im häuslichen und familiären Umfeld generell zurückgingen. Neben dem Aufkommen des Fernsehens liegt dies in einem zunehmenden „Hang zu Komfort und Bequemlichkeit“ begründet. Vgl. Infratest (Hg.): Die Situation der deutschen Fußball-Bundesliga 1970/1971. Analyse. Unveröffentlichte Marktforschungsstudie, 55–57, insbes. 57.

[10] Vgl. Riedl, Lars: Spitzensport und Publikum, Schorndorf 2006, 155–187.

Frauen, Kinder und Jugendliche, die Landbevölkerung sowie Senioren einen neuartigen und individuellen Zugang zum Spitzenfußball. Dieser erlaubte es ihnen in der Folgezeit, neue, frei wählbare Ebenen der Identifikation mit dem Fußball zu entwickeln, die im Gegensatz zu den traditionellen kollektiven Formen der Identifikation nicht mit der physischen Anwesenheit im Stadion verbundenen waren.[11]

Diese aufgezeigten Antworten werfen jedoch nur erste Schlaglichter auf die Problemlage, zumal sie auch eine nähere Datierung und Quantifizierung vermissen lassen und somit keine genauere Identifizierung der hier stattfindenden Prozesse erlauben. Systematisch betrachtet bestehen drei mögliche Erklärungsansätze, die, möglicherweise auch im Zusammenwirken, eine Antwort auf die oben aufgeworfene Kernfrage liefern.

Entweder hat der Fußball unterhalb der Oberfläche des Wandels von Spielbetrieb und Gesellschaft seine gewohnte Funktion und Heimat, und damit seinen traditionellen Kern, bewahren können. Oder die Veränderungen von Fußball und Gesellschaft haben sich in einer Weise vollzogen, in der die Identifikationsmöglichkeiten des Fußballs nur in ihrer Summe gleich geblieben sind, jedoch in ihrem Wesen nicht mehr dem Früheren entsprechen. Schließlich könnte der Fußball im Prozeß der organisatorischen und gesellschaftlichen Modernisierung auch seine Fähigkeit zur Stiftung von Identifikation und Gemeinschaft verloren und sich zu einem bloßen Gegenstand der medialen Unterhaltung, der Mode und der Beliebigkeit gewandelt haben.

Die allgemeine Problemlage der Kernfrage, die im Zusammenhang mit ihr dargestellten Hypothesen und die bisherigen Erklärungsansätze der Forschung führen zu vier detaillierten Fragestellungen:

1) Wie beeinflussen Umfang, Häufigkeit und Qualität der Berichterstattung im Fernsehen das allgemeine Interesse am Fußball und die Zusammensetzung des Fußballpublikums?

2) Gründet sich die Popularität des Fußballsports an sich oder bestimmter Vereine nur auf den sportlichen Erfolg und insbesondere auf den Gewinn von Titeln? Ist der Fußball damit zu einer temporären und im Falle ausbleibender Erfolge auch austauschbaren Modeerscheinung geworden?

3) Kann der Fußball trotz aller Veränderungen seine Rolle als Ort der Identifikation im traditionellen Sinn bewahren, da Elemente fortbestehen, die, wie etwa die Vereinsfamilie, entscheidend für seine bisherige Funktion waren?

4) Bietet der Fußball, angepaßt an die gesellschaftliche Entwicklung, nunmehr neuartige Angebote der Identifikation und auch der Teilhabe? Treten diese in Ergänzung oder als Ersatz der althergebrachten Vereinsfamilie auf?

[11] Vgl. Eisenberg, Christiane: Medienfußball. Entstehung und Entwicklung einer transnationalen Kultur. In: Geschichte und Gesellschaft 31 (2005) 586–609, hier 596ff., insbes. 600.

Methode

Für die Betrachtung des Spitzenfußballs und der aufgeworfenen Fragestellungen bieten sich zwei Herangehensweisen an. Zum einen kann diese auf der Angebotsseite erfolgen und den Wandel der wirtschaftlichen, rechtlichen, sportpolitischen und organisatorischen Rahmenbedingungen in den Blick nehmen. Die in diesem Aufsatz gewählte zweite Herangehensweise richtet ihr Augenmerk auf die Nachfrageseite und die Veränderungen, die sich hinsichtlich der soziokulturellen Zusammensetzung und geographischen Herkunft des Fußballpublikums vollzogen haben.[12]

Allerdings fehlen die Quellen, um die sehr weitläufige und heterogene Gruppe des Fußballpublikums, insbesondere für die 1960er und 1970er Jahre, untersuchen zu können. Diese Problemlage betrifft an erster Stelle die Nutzer gedruckter Medien und die Zuschauer von Sportsendungen im Fernsehen, über die sich kein differenziertes Bild jenseits allgemeiner quantitativer Angaben, wie etwa der Einschaltquote, zeichnen läßt. Auch die Stadionbesucher verharren weitgehend in der Anonymität einer unentschlüsselbaren Masse, wenn man von einigen wenigen zeitlich und räumlich engumgrenzten soziologischen Studien zu Bundesligazuschauern aus den späten 1970er Jahren[13] absieht.

Hinsichtlich der Teilgruppe der Vereinsmitglieder eröffnet indes die Mitgliederkartei als serielle Quelle die Möglichkeit, die Mitgliederentwicklung unter sozialen und demographischen Gesichtspunkten über einen langen Zeitraum hinweg detailliert nachzuzeichnen. Allerdings ist die Quellenlage keineswegs optimal, da von den etwa 30 Vereinen, die der Bundesliga zwischen ihrer Gründung und 1980 angehörten, nur noch zwei Vereine, der FC Bayern München und Rot-Weiß Essen, über weitgehend vollständige Mitgliederunterlagen verfügen.[14] Diese beiden Vereine sind als Untersuchungsgegenstand für den Zeitraum der 1960er und 1970er Jahre jedoch besonders

[12] Die methodische Beschränkung auf die Nachfrageseite und die Vernachlässigung der Angebotsseite ist zwei Umständen geschuldet. Zum einen würde dies den Umfang des Aufsatzes über den hier zur Verfügung stehenden Raum ausdehnen. Zum anderen stellt die Mitgliederkartei eine Quelle dar, die bisher in der Forschung nicht wahrgenommen wurde und die somit einen neuartigen und interessanten Blickwinkel auf die benannten Fragestellungen eröffnet. In meinem Dissertationsvorhaben sollen die Angebots- und die Nachfrageseite gleichermaßen Beachtung finden.

[13] Beispielsweise Herrmann, Hans Ulrich: Die Fußballfans. Untersuchungen zum Zuschauersport, Schorndorf 1977 oder Stollenwerk, Hans J.: Zur Sozialpsychologie des Fußballpublikums. In: Albrecht, Dirk (Hg.): Fußballsport. Ergebnisse sportwissenschaftlicher Forschung, Berlin 1979, 196–217.

[14] Die Unterlagen von Rot-Weiß Essen befinden sich im Stadtarchiv Essen (StadtAE) unter der Signatur 448 und die des FC Bayern München ohne Signatur im Vereinsarchiv, das nicht öffentlich zugänglich ist. Die Mitgliederunterlagen beider Vereine setzen sich zum einen aus den Beitrittserklärungen oder Aufnahmeanträgen zusammen, die Neumitglieder vor ihrem Vereinsbeitritt ausgefüllt und beim Verein eingereicht haben. Zum anderen umfassen sie die von den Vereinsverwaltungen auf Karteikarten angelegten Mitgliederkarteien. Die Mitgliederkartei des FC Bayern München wurde ab den frühen siebziger Jahren zwar auch mit Unterstützung der EDV geführt, jedoch sind die entsprechenden Datensätze verloren. Die in den Beitrittserklärungen und der Mitgliederkartei enthaltenen Angaben wurden mit Hilfe einer Access-Datenbank erfaßt. Die Datenbank enthält zum einen demographische Angaben zu Geschlecht, Alter, Beruf, Geburtsort, Wohnort und im Falle Essens auch die genaue Adresse. Zum anderen gehen aus ihr das Jahr des Vereinseintritts und gegebenenfalls auch das Jahr des Austritts hervor sowie die Angaben, ob sich um ein aktives oder passives Mitglied handelt und welcher Abteilung des Vereins es zuzurechnen ist.

reizvoll, da sie den Vergleich zwischen einem werdenden Spitzenverein und einem Klub ermöglichen, der nahezu fortwährend zwischen Auf- und Abstieg pendelt.[15]

Im Zentrum der Betrachtung stehen hierbei die Mitglieder, die zwischen 1959 und 1980 der Fußballabteilung beider Vereine als passive Mitglieder beigetreten sind. Die Auswahl dieser Teilgruppe der Mitglieder erfolgt aus der Überlegung heraus, daß ihr Vereinsbeitritt nicht dem Wunsch einer aktiven Nutzung des Sportangebotes entsprang, sondern Ausdruck ihres Interesses an der in der Öffentlichkeit bekannten Ersten Fußballmannschaft war. Allerdings stellt sich hierbei die Frage, in welchem Maße ideelle Motive wie Sympathie und der Wunsch einer Beteiligung am Vereinsleben oder aber materielle Vorteile wie ein privilegierter Zugang zu Eintrittskarten und ermäßigte Eintrittspreise dem Vereinsbeitritt zugrunde lagen.[16] In jedem Fall stellt die formalisierte Mitgliedschaft ein höheres Maß an persönlichem Engagement dar als der spontane Stadionbesuch, zumal die Vereinsmitglieder über die Teilnahme an der Jahreshauptversammlung auch direkt Einfluß auf die Vereinspolitik nehmen können.[17]

In einem ersten Schritt der Untersuchung erfolgt eine quantitative Auswertung der Mitgliederkartei[18], wobei vier zentrale Aspekte im Mittelpunkt der Betrachtung stehen: die Altersstruktur und das Geschlecht, die Dauer der Vereinszugehörigkeit, der Zusammenhang zwischen sportlichem Erfolg und Vereinsbeitritt sowie die geographische Herkunft der Vereinsmitglieder. In einem zweiten Schritt werden diese Ergebnisse vor dem Hintergrund der oben aufgeworfenen Fragestellungen interpretiert.

Die Mitgliederstruktur

Allgemeine Entwicklung

Die passiven Mitglieder der Fußballabteilung stellten in beiden Vereinen über den gesamten Betrachtungszeitraum hinweg mindestens 80 Prozent der Gesamteintritte eines Jahres. Während die Zahl der Vereinsbeitritte zu Beginn der 1960er Jahre auf einem konstant niedrigen Niveau verharrte, erfolgte ab Mitte der 1960er Jahre bei beiden Vereinen ein deutlicher und kontinuierlicher Anstieg. Beim FC Bayern München setzte sich diese Entwicklung auch in der zweiten Hälfte der 1970er Jahre stetig fort, während bei Rot-Weiß Essen, insbesondere zum Ende des Jahrzehnts, ein deutlicher Rückgang der Neueintritte zu verzeichnen war. Um einen Eindruck von den absoluten Werten zu vermitteln: der FC Bayern München konnte die Zahl der jährlichen Neueintritte von durchschnittlich 81 Personen zu Beginn der 1960er Jahre

---

[15] Zur Geschichte beider Vereine vgl. Schulze-Marmeling, Dietrich: Die Bayern. Geschichte des deutschen Rekordmeisters, Göttingen 2003 sowie Schrepper, Georg / Wick, Uwe: „...immer wieder RWE!“ Die Geschichte von Rot-Weiß Essen, Göttingen 2004, 108–111.

[16] Zur Mitgliederstruktur eines Sportvereins vgl. Heinemann, Klaus / Schubert, Manfred: Der Sportverein. Ergebnisse einer repräsentativen Untersuchung, Schorndorf 1994, 145ff.

[17] Vgl. Augustin, Jean-Pierre / Guichard, François: Le football dans la région de Porto. Enjeux sociaux et politiques In: Hélal, Henri / Mignon, Patrick (Hg.): Football. Jeu et société, Paris 1999, 257–279, hier 265.

[18] Obwohl eine ausführliche Methodendiskussion hinsichtlich der Bewertung der Ergebnisse von zentraler Bedeutung ist, kann diese in dem begrenzten Rahmen dieses Aufsatzes nicht erfolgen.

auf 475 am Ende der 1970er Jahre steigern. Bei Rot-Weiß Essen nahm die durchschnittliche Zahl der jährlichen Neueintritte von zunächst 32 Anfang der 1960er Jahre bis auf 93 Personen Mitte der 1970er Jahre zu, bevor sie wieder auf einen Jahresdurchschnitt von 69 am Ende des Jahrzehnts zurückfiel.

Altersstruktur und Geschlecht

Die Altersstruktur der Neumitglieder ergab zu Beginn der 1960er Jahre bei beiden Vereinen ein uneinheitliches Bild. Auch wenn die Altersgruppen 18 bis 24 und 50 bis 59 Jahre leicht überwogen, so kann man hier keinen eindeutigen Schwerpunkt identifizieren. Ab dem Jahr 1962 verjüngten sich die Mitglieder beider Vereine spürbar, jedoch war diese Entwicklung in München und Essen unterschiedlich stark ausgeprägt.

Beim FC Bayern München waren seit 1962 durchweg die jungen Mitglieder zwischen 18 und 34 Jahren am stärksten vertreten. Dieser Personenkreis stellte fortan mindestens zwei Drittel der Gesamteintritte eines Jahres, während ältere Neumitglieder deutlich in die Minderzahl gerieten. Innerhalb jener Gruppe wiederum dominierten, mit einer Ausnahme im Jahr 1972, zudem stets die 18–24jährigen, die somit fast durchweg mit einem Anteil von einem Drittel den größten Teil der Gesamteintritte ausmachten. Die Mitgliedschaft beim FC Bayern München ist in Folge dieser Entwicklung zu einem eindeutigen Phänomen der Jugend geworden.

Bei Rot-Weiß Essen nahm die Altersstruktur der Neumitglieder keine so eindeutige Entwicklung wie in München. Zwar dominierten auch hier ab Mitte der 1960er Jahre junge Mitglieder zwischen 18 und 34 Jahren, doch machten diese in Essen nicht wesentlich mehr als die Hälfte der Neumitglieder aus. Des weiteren läßt sich innerhalb dieser Gruppe, im Gegensatz zu München, keine Schwerpunktbildung feststellen, da sowohl die 18–24jährigen, die 25–29jährigen als auch die 30–34jährigen in etwa gleich stark vertreten waren. Überdies traten weiterhin auch 40–50jährige in nicht unbedeutender Zahl dem Verein bei. Trotz der generellen Verjüngung der Mitgliedschaft und der Dominanz der jungen Mitglieder war diese Entwicklung in Essen bei weitem nicht so ausgeprägt wie in München.

Frauen traten bei beiden Vereinen anfangs nicht oder nur in Form weniger Einzelfälle in Erscheinung. Ab Mitte der 1960er Jahre nahm ihr Anteil jedoch langsam zu, so daß zu Beginn der 1970er Jahre Frauen etwa 10 Prozent der Neumitglieder stellten. Allerdings kam es im Verlauf der 1970er Jahre zu keinem weiteren Anstieg mehr, so daß der Frauenanteil, mit gelegentlichen Schwankungen nach unten, bis zum Ende des Betrachtungszeitraumes auf diesem Niveau verharrte.

Dauer der Vereinszugehörigkeit

Die Mitgliederzahl eines Vereins hängt nicht nur von der bloßen Summe der Eintritte und Austritte ab, sondern entscheidend auch davon, über welchen Zeitraum die Mitglieder im Verein verbleiben. Hinsichtlich der Dauer der Vereinszugehörigkeit ergibt sich bei beiden Vereinen über den gesamten Betrachtungszeitraum hinweg bei grober Betrachtung zunächst ein ähnliches Muster. Etwa ein Drittel der neu eingetretenen Mitglieder blieb den Vereinen langfristig, das heißt 21 Jahre und länger beziehungsweise bis zu ihrem Tod, als Mitglied verbunden. Folglich verließen etwa zwei Drittel der neu eingetretenen Mitglieder den Verein innerhalb der ersten 20 Jahre ihrer Mitgliedschaft. Hierbei erfolgten zwei Drittel der Austritte bereits innerhalb der ersten fünf Jahre nach dem Eintritt in den Verein.

Der genauere Blick auf diese Gruppe offenbart indes unterschiedliche Entwicklungen in den beiden Jahrzehnten des Betrachtungszeitraumes, die zudem auch noch zwischen beiden Vereinen Nuancen aufweisen. Bei beiden Vereinen, insbesondere jedoch bei Rot-Weiß Essen, ist für die 1960er Jahre der Trend erkennbar, daß die Mehrheit der Austritte nach drei bis fünf Jahren Mitgliedschaft stattfand. In den 1970er Jahren jedoch wandelte sich dieses Bild, da nun bei beiden Vereinen die Mehrheit der Vereinsaustritte innerhalb der ersten beiden Jahre der Mitgliedschaft erfolgte. Die Dauer der Vereinszugehörigkeit konzentrierte sich somit in noch stärkerem Maße auf die beiden Pole der extrem kurzfristigen und der langfristigen beziehungsweise dauerhaften Mitgliedschaften.

Mitgliederentwicklung und sportlicher Erfolg

Die sportlichen Erfolge beider Vereine schlugen sich durchweg in einem temporären, mitunter aber deutlichen Anstieg der Zahl der Vereinseintritte nieder. Erstmals sichtbar wird diese Entwicklung beim Aufstieg beider Vereine in die Bundesliga. So konnte Rot-Weiß Essen im Aufstiegsjahr 1966 eine Versechsfachung der Zahl der Eintritte von 210 zu 35 gegenüber dem Vorjahr verzeichnen, wobei die Zahl der Eintritte in den beiden Folgejahren zwar zurückging, aber mit 86 Neumitgliedern im Jahr 1967 beziehungsweise 77 im Jahr 1968 weiterhin deutlich über dem Ausgangswert lag.

Beim FC Bayern München läßt sich das gleiche Bild erkennen, da es im Aufstiegsjahr 1965 mit 653 gegenüber 156 zu einer Vervierfachung der Zahl der Neumitglieder kam. Auch hier hielt dieser Trend in den beiden Folgejahren 1966 und 1967 an, in denen 357 beziehungsweise 278 Mitglieder dem Verein beitraten. Weitere sportliche Erfolge des FC Bayern München, etwa der Gewinn der Meisterschaft im Jahr 1969 oder der des DFB-Pokals in den Jahren 1969 und 1971 führten indes zu keinem Anstieg der Vereinseintritte. Eine ähnliche Entwicklung ergab sich erst wieder im Umfeld des zweifachen Gewinns der Meisterschaft in den Jahren 1972 und 1973 sowie des dreimal hintereinander errungenen Titels im Europapokal der Landesmeister zwischen 1974 und 1976. Allerdings erreichte sie nicht den Umfang und die Nachhaltigkeit der Entwicklung des Aufstiegsjahres 1965. So konnte der Verein zwar die Zahl der Eintritte von 117 im Jahr 1971 über 299 im Jahr 1972 auf 589 im Jahr 1973 steigern, jedoch traten im Jahr 1974, trotz des erstmaligen Gewinns des Europapokals der Landesmeister, nur noch 417 Mitglieder bei.

Im Umkehrschluß waren die Auswirkungen sportlicher Mißerfolge auf den Mitgliederstand beider Vereine nicht so ausgeprägt wie die der Erfolge. Zwar ging die Zahl der Neueintritte in Zeiten sportlicher Krisen zurück, jedoch kam es nicht zu einem direkten und unmittelbaren Anstieg der Austritte. Vielmehr behielten die oben beschriebenen Muster der Verweildauer der Mitglieder im Verein unabhängig vom sportlichen Erfolg Gültigkeit. Dies führte etwa zu der paradoxen Situation, daß der FC Bayern München in Folge des Mitgliederbooms der Jahre 1972 und 1973 in den darauffolgenden Jahren 1974 und 1975 eine ungewöhnlich hohe Zahl an Vereinsaustritten verzeichnen mußte, obwohl die Mannschaft in beiden Jahren den Europapokal der Landesmeister gewann.

Jenseits dieser Wirkungsmuster konnten aber auch Umstände eintreten, in denen der sportliche Mißerfolg sogar zu einer Zunahme der Mitgliederzahlen führte. So bewirkten die beiden Abstiege von Rot-Weiß Essen aus der Bundesliga in den Jahren 1971 und 1977 jeweils einen spürbaren, jedoch auch nur kurzfristigen Anstieg der Zahl der Neumitglieder. Insbesondere hinsichtlich der deutlichen Zunahme der Neueintritte in den Jahren 1971 und 1972 liegt die Erklärung wohl im Aspekt der Solidarisierung mit dem Verein begründet. So war dieser unter zweifelhaften Umständen aus der Bundesliga abgestiegen, da konkurrierende Vereine im Zuge des Bundesligaskandals Spielmanipulationen vorgenommen hatten. Im Verlauf der Sommerpause und der darauffolgenden Spielzeit 1971/72 versuchte der Verein, zur Tilgung des aus seiner Sicht an ihm begangenen Unrechts, auf sport- und zivilgerichtlichem Weg die Wiederzulassung zur Bundesliga zu erstreiten. Auch wenn dieser leidenschaftlich geführten Kampagne am Ende kein Erfolg beschieden war und der Aufstieg in die Bundesliga erst 1973 auf sportlichem Weg errungen werden konnte, hatte dieser Kampf um Gerechtigkeit dem Verein in- und außerhalb Essens viel Sympathie eingebracht.[19]

Geographische Herkunft der Mitglieder

Die geographische Herkunft der neu eingetretenen Vereinsmitglieder gehört zu den interessantesten Erkenntnissen, die sich aus den Beitrittserklärungen und der Mitgliederkartei gewinnen lassen. Im Fall Rot-Weiß Essens stammten über den gesamten Betrachtungszeitraum hinweg mindestens 85 Prozent der Mitglieder aus dem Essener Stadtgebiet, während die auswärtigen Mitglieder fast ausschließlich in den direkt an Essen angrenzenden Gemeinden angesiedelt waren. Beitritte von Personen aus weiter entfernten Gegenden Deutschlands oder aus dem Ausland kamen indes nur in seltenen Ausnahmefällen vor.

Die räumliche Verteilung der Neumitglieder innerhalb des Essener Stadtgebietes erfuhr im Betrachtungszeitraum eine spürbare Veränderung. In den frühen 1960er Jahren stammte noch die Hälfte aller Neumitglieder aus der unmittelbaren Nachbarschaft oder zumindest der Nähe des Vereinsgeländes, auf dem sich auch das vereinseigene Stadion befand. Ab Mitte der 1960er Jahre konnte der Verein jedoch zunehmend auch Mitglieder aus anderen Stadtteilen Essens gewinnen, wobei es hier zu keinen lokalen Schwerpunkten, sondern zu einer weitgehend gleichmäßigen Verteilung über das gesamte Stadtgebiet kam. Über den gesamten Betrachtungszeitraum hinweg blieb Rot-Weiß Essen somit ein Verein, der die überwiegende Mehrheit seiner Mitglieder innerhalb des Essener Stadtgebietes gewann. Seine Verankerung in der unmittelbaren räumlichen Nähe des Vereinsgeländes und des Stadions blieb sichtbar, auch wenn der Anteil der hier beheimateten Mitglieder ab Mitte der 1960er Jahre von 50 auf 30 Prozent zurückging.

Beim FC Bayern München bot sich zu Beginn der 1960er Jahre ein ähnliches Bild wie bei Rot-Weiß Essen, da die Neumitglieder zu etwa 80 Prozent im Münchener

[19] Vgl. Schrepper / Wick, Die Geschichte von Rot-Weiß Essen, 108–111.

Stadtgebiet beheimatet waren.[20] Auswärtige Mitglieder stammten fast ausschließlich aus dem Münchener Umland und nur in seltenen Fällen aus weiter entfernten Gegenden Bayerns. Neumitglieder aus anderen Bundesländern als Bayern oder dem Ausland waren bis zu Beginn der 1970er Jahre kaum anzutreffen. Ab Mitte der 1960er Jahre ging der hohe Anteil an Mitgliedern aus dem Münchener Stadtgebiet jedoch kontinuierlich und deutlich zugunsten von Personen aus anderen Teilen Bayerns und auch Deutschlands zurück. Gegen Ende der 1970er Jahre stammten nur noch etwa 20 Prozent der Neumitglieder aus dem Münchner Stadtgebiet und weitere 10 bis 15 Prozent aus dem unmittelbaren Umland.

Auch wenn der Mitgliederstamm des FC Bayern München über seinen früher rein lokalen und regionalen Bezugsrahmen hinauswuchs, so waren selbst noch im Jahr 1980 etwa 90 Prozent aller Neumitglieder in Bayern und Süddeutschland beheimatet. Allerdings war die räumliche Verteilung der Mitglieder innerhalb Bayerns höchst ungleich. So wiesen der München umgebende Regierungsbezirk Oberbayern und der München nahegelegene Regierungsbezirk Schwaben einen deutlich höheren Mitgliederanteil auf als die geographisch weiter entfernten fränkischen Regierungsbezirke. Auch innerhalb Baden-Württembergs traten Mitglieder des FC Bayern München verstärkt in den Regionen auf, die im Süden des Bundeslandes an Bayern angrenzen.

In dem geographisch weiter von München entfernten und außerhalb der bayerischen Landesgrenzen gelegenen nord- und westdeutschen Raum bestand somit weiterhin ein nur geringes Interesse an einer Mitgliedschaft beim FC Bayern München. Seit den frühen 1970er Jahren konnte der FC Bayern München auch Mitglieder aus dem Ausland gewinnen, doch überschritt ihre Zahl nie eine Größenordnung von 2 oder 3 Prozent aller Eintritte. Die ausländischen Mitglieder stammten fast ausschließlich aus Österreich, Südtirol, der Schweiz, dem Elsaß und Luxemburg, so daß bei ihnen in den meisten Fällen von einer kulturellen und sprachlichen Nähe zu Deutschland ausgegangen werden kann. Interessanterweise konnte der FC Bayern München somit im ausländischen Grenzraum zu Süddeutschland deutlich mehr Mitglieder gewinnen als in Norddeutschland.

Die geographische Herkunft der Mitglieder des FC Bayern München läßt eine klare Struktur erkennen. Ausgehend vom geographischen Zentrum strahlte die Anziehungskraft des FC Bayern München kreisförmig aus und nahm ab, je weiter sie sich räumlich von diesem entfernte. Administrative Grenzen, seien es Bezirksgrenzen, Landesgrenzen oder sogar Staatsgrenzen besaßen in diesem Zusammenhang keinerlei Bedeutung, so daß man die geographische Mitgliederstruktur des FC Bayern München griffig zusammenfassen kann: nahe an München zu wohnen war für einen Beitritt wichtiger, als Deutscher oder Bayer zu sein.

Interpretation der Ergebnisse

Allgemeine Erkenntnisse

Die Betrachtung der Mitgliederkarteien von Rot-Weiß Essen und dem FC Bayern München im Zeitraum zwischen 1960 und 1980 eröffnet zahlreiche interessante

[20] Hinsichtlich der Mitgliederstruktur des FC Bayern München liegen, im Gegensatz zu Rot-Weiß Essen, keine Adreßdaten der Mitglieder vor, so daß keine Aussagen zu ihrer Verteilung im Stadtgebiet getroffen werden können.

Einblicke und Erkenntnisse. In der Gesamtschau wird sehr deutlich erkennbar, daß die Mitgliederstruktur beider Vereine ab der Mitte der 1960er Jahre in mehrfacher Hinsicht in Bewegung geriet. Neben dem allgemeinen Anstieg der Zahl der Neueintritte, der mit einer Erhöhung des Frauenanteils verbunden war, verdienen insbesondere die deutliche Verjüngung der Mitglieder und vor allem die Ausweitung des räumlichen Einzugsbereichs der Vereine Beachtung, zumal diese mit einer partiellen Bewahrung der ursprünglichen geographischen Herkunft einherging.

Hinsichtlich des Wandels der Mitgliederstruktur beider Vereine sind zwei übergeordnete Aspekte von besonderer Bedeutung. Zum einen fällt auf, daß die Entwicklung beider Vereine, trotz einiger Unterschiede im Detail, weitgehend synchron verlief. Dies ist vor allem deshalb erstaunlich, da sich die Rahmenbedingungen und der sportliche Werdegang beider Vereine stark unterschieden. Zum anderen fiel der Ausgangspunkt dieser Entwicklung zeitlich mit der Gründung der Fußballbundesliga zusammen und erfaßte hierbei auch Vereine, die, wie der FC Bayern München und Rot-Weiß Essen, zu diesem Zeitpunkt noch gar nicht der Bundesliga angehörten. Hier drängt sich die Vermutung auf, daß mit der Einführung der Bundesliga die gesamte bundesdeutsche Fußballandschaft in Bewegung geriet, wobei sich dieses Phänomen von Anbeginn an nicht nur auf der Angebotsseite, sondern auch auf der Nachfrageseite bemerkbar machte. Die Synchronizität der Veränderung der Mitgliederstruktur beider Vereine verleitet schließlich zu der Annahme, daß diese eine allgemeine, auch bei anderen Vereinen anzutreffende Entwicklung widerspiegelt. Allerdings muß diese Überlegung aufgrund fehlender Quellen bei anderen Vereinen spekulativ bleiben.

Fernsehen und Fußballpublikum

Der Wandel der deutschen Fußballandschaft im Betrachtungszeitraum vollzog sich mit Sicherheit auch unter dem Einfluß des Fernsehens. So deuten die Ergebnisse einer Marktforschungsstudie aus dem Jahr 1971 darauf hin, daß Fußballübertragungen im Fernsehen als Werbung für den Fußballsport an sich dienen und geeignet sind, bei Fußballfremden das Interesse für Fußball zu wecken. Dieses kann sich schließlich auch in einem Maße verfestigen, daß sogar der Wunsch nach einem persönlichen Besuch im Stadion entsteht und sich der ehemals Fußballfremde zu einem Fußballanhänger wandelt.[21]

Die hohe mediale Aufmerksamkeit, die dem FC Bayern München im Zuge seines Aufstieges zur deutschen und europäischen Spitzenmannschaft, insbesondere im Fernsehen, zuteil wurde, hat die Bekanntheit des Vereins sicherlich gesteigert. Dieser Zuwachs an Popularität hat den Anstieg der Mitgliederzahlen und die Ausweitung des geographischen Einzugsbereichs, insbesondere in Gebiete jenseits des süddeutschen Raumes und ins Ausland, sehr wahrscheinlich begünstigt. Allerdings reicht das Fernsehen als alleiniger oder auch nur hauptsächlicher Erklärungsansatz für diese Entwicklung keinesfalls aus. So spricht der starke räumliche Bezug der Mitglieder auf das Gravitationszentrum München dafür, daß andere Faktoren, etwa der landsmannschaftliche Bezug oder die Möglichkeit des persönlichen Besuchs eines Spiels in München gewichtigeren Einfluß auf diese Entwicklung nahmen.

[21] Infratest (Hg.): Die Situation der Fußball-Bundesliga, 111f.

Fußball als Modeerscheinung

Die Mitgliederentwicklung beider Vereine legt auf den ersten Blick durchaus die Vermutung nahe, daß die Popularität des Fußballs zunehmend von kurzfristigen Konjunkturen in Abhängigkeit vom sportlichen Erfolg des jeweiligen Vereins bestimmt wird. Für diese These spricht zum einen, daß Aufstiege oftmals zu einem deutlichen Anstieg der Zahl der Vereinseintritte führten, wobei diese Entwicklung jedoch nicht nachhaltig und nur auf das unmittelbare zeitliche Umfeld des Erfolges begrenzt war. Zum anderen könnte die kurze und im Verlauf der 1970er Jahre noch weiter abnehmende Verweildauer der neu eingetretenen Mitglieder im Verein drauf hinweisen, daß der Fußball in zunehmendem Maße unter den Aspekten der Beliebigkeit und als Modeerscheinung verstanden wurde. Darüber hinaus muß auch der Mitgliederboom bei Rot-Weiß Essen in Folge der Abstiege als konjunkturelles und kurzlebiges Ereignis gesehen werden, auch wenn die Ursache in diesem Fall nicht in einem positiven Ereignis, sondern im sportlichen Mißerfolg begründet lag.

Allerdings sprechen auch gewichtige Argumente gegen diese Sicht der Dinge. So stand dem Trend der kurzen und nur vorrübergehenden Mitgliedschaft die stabile Entwicklung der langfristigen und dauerhaften Mitgliedschaften gegenüber. Überdies weist auch die Konstanz der Zuschauerzahlen der Bundesliga im Betrachtungszeitraum[22] darauf hin, daß die Beliebtheit des Spitzenfußballs stagnierte und er somit nicht als die Modesportart der 1960er und 1970er Jahre gesehen werden kann.

Traditionelle Identifikation und Vereinsfamilie

Die traditionelle Vereinsfamilie, die auf der Basis persönlicher Beziehungen, sozialer Homogenität und räumlicher Nähe beruht hatte, war im Zuge der Modernisierung des Fußballs im Verlauf der 1960er und 1970er Jahre verschwunden. Jenseits der massiven organisatorischen Umwälzungen auf Vereinsseite hatte auch der Mitgliederzuwachs in den Vereinen selbst zu diesem Verlust an Nähe beigetragen. So stiegen etwa die Mitgliederzahlen des FC Bayern München von 2957 im Jahr 1960 auf 7039 im Jahr 1970.[23] Bezeichnend für den Verlust der alten Vereinsfamilie ist ein Vorgang bei Rot-Weiß Essen im Jahr 1976.[24] Der Verein sprach an alle „Lizenzspieler mit ihren Frauen bzw. Bräuten“ die Einladung aus, nach den Heimspielen in die Clubräume über der Stadiongaststätte zu kommen und stellte den Lizenzspielern hierfür, wie früher, als Sachleistungen das damals schmale Gehalt der Spieler aufbessern halfen, sogar einen „Verzehrbon“ in Aussicht. Mit dieser Maßnahme möchte der Verein „den früher gepflegten und zwischenzeitlich eingeschlafenen Brauch einer geselligen Runde nach dem Spiel wiederaufleben lassen und somit das Vereinsleben stärken“. Auf den wahren Zweck dieser Veranstaltung weist indes der Umstand hin, daß neben den Lizenzspielern und den Mitarbeitern des Vereins auch „ausgesuchte Freunde und Förderer des Vereins“ eingeladen wurden. Somit diente diese Runde weniger, wie in früheren Tagen, der Pflege der Kameradschaft im Verein als vielmehr

---

22 Vgl. Anmerkung 8.

23 Clubzeitung Fußball-Club Bayern München e. V. 12, Heft 1 (1970) 22 und Clubzeitung Fußball-Club Bayern München e. V. 22, Heft 3/4 (1970) 31.

24 StadtAE 448–694.

der Gewährung eines exklusiven Zugangs zur Lizenzspielermannschaft für die Sponsoren.

Bei näherer Betrachtung dieser Entwicklung fällt jedoch auf, daß einzelne Bruchstücke der alten Vereinsfamilie durchaus überdauert haben. So findet sich das Element der Gleichheit noch in der Wahlgleichheit auf der Mitgliederversammlung, bei der der Stimme eines jeden Mitgliedes dasselbe Gewicht zukommt. Auch wenn in der Regel nur etwa 5 bis 10 Prozent der eingetragenen Mitglieder bei den Hauptversammlungen anwesend waren[25], so nahm in einer Epoche, in der die Fußballvereine nach dem Vereinsrecht organisiert waren, die Mitgliederversammlung in satzungsrechtlicher, aber auch in praktischer Hinsicht eine zentrale Rolle in der Vereinspolitik ein.

Weiterhin deutet die Mitgliederentwicklung im Betrachtungszeitraum darauf hin, daß dem engen lokalen und regionalen Bezug beider Vereine eine entscheidende Bedeutung zukam. Diese Beobachtung läßt sich dahingehend deuten, daß der lokale Eckpfeiler der alten Vereinsfamilie, trotz einer gewissen Erosion, noch hinreichende Tragfähigkeit entfalten konnte. Die festgestellte Ausweitung des unmittelbaren Einzugsbereiches auf die Gesamtstadt im Falle Essens oder das angrenzende Umland im Falle Münchens steht diesem Befund nicht entgegen. Vielmehr ist diese in Zusammenhang mit der gestiegenen Mobilität der Bevölkerung sowie der Konzentration des Spitzenfußballs in den großen Städten als Folge der Bundesliga zu sehen. Der große lokale und regionale Bezug der Vereinsmitglieder war hierbei höchstwahrscheinlich nicht allein der Opportunität kurzer Wege zum Stadion geschuldet, sondern ist wohl auch als Hinweis darauf zu sehen, daß der Verein als Träger lokaler beziehungsweise regionaler Identifikation diente.

Neuartige Identifikationsangebote

Die Mitgliedschaft in einem Verein kann durchaus als Ausdruck des Wunsches nach Teilhabe und Mitbestimmung angesehen werden. Das Mitglied unterwirft sich, oftmals über einen langen Zeitraum hinweg, den Zwängen einer formalisierten Mitgliedschaft und bringt sich in die Gemeinschaft ein, selbst wenn dies nur in Form des Mitgliedsbeitrages erfolgt. Die Beantwortung der Frage, inwiefern sich der Mitgliederanstieg in den Fußballvereinen vor dem Hintergrund dieses Wunsches vollzog, wäre reine Spekulation. Für diesen Aspekt spräche, daß die materiellen Vorteile einer Mitgliedschaft nicht so ausgeprägt waren, als daß sie zur alleinigen Begründung des Anstiegs der Mitgliederzahlen ausreichen. Von daher müssen dem Entschluß zum Eintritt in einen Fußballverein auch ideelle Faktoren zugrunde liegen. Allerdings weist die geringe Präsenz der Vereinsmitglieder auf den Hauptversammlungen, als dem Ort größtmöglicher Mitbestimmungsmöglichkeiten, darauf hin, daß der Wunsch nach Teilhabe auf der Ebene des Gesamtvereins nicht als Hauptgrund für einen Vereinsbeitritt angesehen werden kann.

Es spricht viel dafür, daß neue Formen der Identifikation und der Vergemeinschaftung auf einer Ebene unterhalb des Gesamtvereins gesucht werden sollten.

[25] So nahmen beispielsweise an der Jahreshauptversammlung des FC Bayern München im Jahr 1970 492 der insgesamt 7 039 Mitglieder teil, was einer Quote von knapp 7 Prozent entspricht. Vgl. Clubzeitung Fußball-Club Bayern München e. V. 22, Heft 3/4 (1970) 5.

Hierbei muß die im Verlauf der 1970er Jahre entstehende Fankultur[26] und hierbei insbesondere die Gründung von Fanklubs stärker in den Blick genommen werden. So besaßen die neu entstehenden Fanklubs vielfach einen hohen Organisationsgrad, der sich mitunter auch in der Rechtsform eines eingetragenen Vereins oder der Herausgabe einer Vereinszeitung widerspiegelte.[27]

Die hier zutage tretenden Strukturen innerhalb der Fanszene waren durch ein enges Netzwerk persönlicher Beziehungen, räumliche Nähe und eine hohe soziale Homogenität gekennzeichnet, womit sie dieselben Wesensmerkmale aufwiesen, die einstmals für die Vereinsfamilie prägend gewesen waren.

Schlußbetrachtung

Die Suche nach den Gründen dafür, daß der bundesdeutsche Spitzenfußball auch unter den veränderten Bedingungen der Bundesliga seine Popularität wahren und, insbesondere medial, auch ausbauen konnte, steht am Anfang der in diesem Beitrag skizzierten Überlegungen. Die Nutzung der Mitgliederkartei als Quelle hat interessante Erkenntnisse und neue Perspektiven aufgezeigt, gleichzeitig aber auch bekannte Ergebnisse bekräftigt.

Die deutliche Verjüngung der Mitgliederstruktur, insbesondere beim FC Bayern München, bestätigt somit die zeitgenössische Wahrnehmung[28], daß Fußballanhänger im Betrachtungszeitraum vorzugsweise einer jungen Altersgruppe angehörten. Vor allem aus dieser Teilgruppe des Fußballpublikums heraus entstand im Verlauf der 1970er Jahre eine ausgeprägte und vielfach auch institutionalisierte Fankultur, die den Fußball nicht als Konsumprodukt oder Gegenstand der Unterhaltung, sondern als existentiellen Inhalt des eigenen Lebens verstand[29]. Die zentrale Forschungsfrage, welche Angebote der Identifikation und der Vergemeinschaftung der Fußball bereithält, sollte daher für den Zeitraum der 1960er und 1970er Jahre, der mit der Gründung und Etablierung der Bundesliga einherging, vor allem unter dem Aspekt der Identitäts- und Persönlichkeitsfindung Jugendlicher und junger Erwachsener gestellt werden.

---

[26] Vgl. Herrmann: Fußballfans, 24–32.

[27] Zur Entstehung und Entwicklung der Fanklubszene, hier am Beispiel der Offenbacher Kickers, vgl. Matthesius, Beate: Anti-Sozial-Front. Vom Fußballfan zum Hooligan, Opladen 1992, 81–110.

[28] Infratest (Hg.): Die Situation der Fußball-Bundesliga, 24.

[29] Vgl. Matthesius: Anti-Sozial-Front, 38ff.

Kay Schiller

Bundesliga-Krise und Fußball-Weltmeisterschaft 1974

Einleitung

Während ihrer 50jährigen Geschichte unterlag die Fußball-Bundesliga immer wieder größeren Schwankungen in der Zuschauergunst, was sich nicht zuletzt an den Statistiken für Stadionbesuche festmachen läßt. Auf Phasen überbordenden Interesses folgten solche mit Zuschauerflauten, die der Liga und den Vereinen strukturelle Anpassungsprozesse abverlangten, denen sie mit wechselndem Erfolg gewachsen waren. So schloß etwa an eine Phase anfänglich großen Zuspruchs durch das Fußball-interessierte Publikum ab der zweiten Saison 1964/65 eine Krisenphase seit Ende der 1960er Jahre an, die erst im Zuge der Vorweltmeisterschaftssaison 1973/74 überwunden wurde und die Gegenstand des vorliegenden Aufsatzes ist. Das Ergebnis der folgenden Überlegungen vorwegnehmend, läßt sich festhalten, daß die Renovierung von Fußballstadien bzw. deren Neubau anläßlich der Weltmeisterschaft 1974 einen bereits mit Ende der 1960er Jahre einsetzenden Rückgang der Zuschauerzahlen stoppt der sich noch durch den sog. „Bundesligaskandal" verschärft hatte. Auf der Verbesserung des Komforts in den Stadien aufbauend, kam es durch den Popularitätsschub, den der Gewinn des Weltmeistertitels im eigenen Land bewirkte, zu einem mehrere Jahre währenden Boom. Ab 1978/79 begann dann ein erneuter Zuschauerschwund, der etwa ein weiteres Jahrzehnt lang anhielt.

Folgt man der Argumentation von Hannah Jonas in ihrem Beitrag zu diesem Band, bewirkte die WM 1974 zwar einen Zuschauerboom und dringend notwendige Modernisierungsmaßnahmen in den Stadien, allerdings waren diese Effekte nur kurzfristig, da die strukturellen Probleme des professionellen Vereinsfußballs in der Bundesrepublik, die sich in erster Linie an Faktoren wie hohen (Personal-)Ausgaben bei niedrigen Einnahmen und unprofessionellem Management festmachen lassen, seinerzeit bestehenblieben. Retrospektiv von den ökonomischen Notwendigkeiten her betrachtet wäre die WM 1974 geeignet gewesen, einen passenden Modernisierungsimpuls zu liefern, mit dem das „Produkt" Fußball professionell an veränderte Bedingungen angepaßt hätte werden können. Allerdings dachten die verantwortlichen Akteure in den Vereinen überwiegend weder in rein ökonomischen noch in professionellen Kategorien.[1]

Daß es allerdings im Zuge der WM neben einem Aufschwung bei der Zahl der jugendlichen Aktiven in den Amateurvereinen überhaupt zu einer immerhin fünf Jahre währenden Boomphase der Fußball-Bundesliga auch bei den Zuschauern kam, war keineswegs selbstverständlich, hatten die Vereine doch mit verschiedenen schwerwiegenden Problemen zu kämpfen. Weithin geläufig ist, daß die Zuschauer seit Ende der

[1] Jonas, Hannah: Konjunkturen des Fußballkonsums – Professioneller Vereinsfußball in der Bundesrepublik seit 1963, 95–108.

1960er Jahre zunehmend aus den Stadien wegblieben, da sich in diesem Jahrzehnt das Freizeitverhalten in der „Erlebnisgesellschaft" Bundesrepublik über den Fernsehkonsum vom öffentlichen Raum in die Privatsphäre verlagerte. Zum anderen hatte der „Bundesligaskandal" einen deutlichen Imageverlust des Profifußballs zur Folge, was die Vereine umgehend an den Stadienkassen zu spüren bekamen. Weniger bekannt ist, daß der Ausgangspunkt für eine Wirkung der Fußball-WM auf das Zuschauerinteresse mittels der Verbesserung des Komforts in den Stadien alles andere als günstig war, befand sich die WM doch in einem Konkurrenzverhältnis zu den Olympischen Spielen 1972 in München, das im Großen und Ganzen zu ihren Ungunsten ausging. Die WM-Städte, die auf eine dem Olympiastadion in München, das selbst zum Austragungsort des WM-Finales designiert wurde, vergleichbare Förderung ihrer Stadionbaumaßnahmen gehofft hatten, mußten sich mit relativ geringen Bundeszuschüssen zufriedengeben. Hierfür, das wird ein weiterer Schwerpunkt dieses Aufsatzes zeigen, war vor allem das noch in den 1970er Jahren vergleichsweise niedrige Ansehen des Fußballsports bei der Politik verantwortlich. Um so bemerkenswerter erscheint der Aufschwung des Zuschauerinteresses überhaupt.

Gegen Jonas' Argument ließe sich auch anführen, daß es durch die Stadionbaumaßnahmen mittel- bis längerfristig zu einer Konsolidierung und Konzentration der Liga kam,[2] und zwar unabhängig davon, so hat es den Anschein, ob die Vereine professionell geführt wurden oder nicht. In der Folge waren, wie ein abschließender Blick auf die Saisonschlußtabellen zeigen wird, in der Bundesliga überwiegend Vereine mit modernisierter Infrastruktur, d.h. zumindest teilüberdachten Stadien, wie sie die FIFA für die WM 1974 gefordert hatte, mit der typischen Mischung von günstigeren Steh- und teureren Sitzplätzen vertreten. Zu den neun WM-Stadien in Hamburg, Hannover, Berlin, Dortmund, Gelsenkirchen, Düsseldorf, Frankfurt, Stuttgart und München muß man hier auch noch die in den 1970er Jahren erst nach der WM fertiggestellten Stadien in Köln und Bochum hinzurechnen.

Wie Ute Bednarz und Johann Jessen treffend hervorheben, sind es seit den Olympischen Spielen 1972 und der WM 1974 die Zuschläge für das Austragen von großen internationalen Sportveranstaltungen, die die entscheidenden Impulse für den Stadionneubau bzw. die Modernisierung bestehender Stadien in der Bundesrepublik geben.[3] Die Vergabe der WM 2006 zur Ausrichtung an den DFB hatte noch größere Folgen für die bundesrepublikanische Stadien-Infrastruktur, denn danach nutzten nicht nur die WM-Städte diese zu Modernisierungen.[4]

Krise der Liga

> „Wenn ich DM 20.- für eine Eintrittskarte bezahle und mir dann beim Marsch vom Parkplatz zum Stadion durch knöcheltiefen Schmutz bereits nasse Füße hole, mich auf der Tribüne zwei Stunden lang in den Regen setzen muß, keine Möglichkeit habe, ei-

[2] Eisenberg, Christiane: Deutschland. In: Dies. (Hg.): Fußball, Soccer, Calcio. Ein englischer Sport auf seinem Weg um die Welt, München 1997, 94–129, hier 117.

[3] Bednarz, Ute / Jessen, Johann: Stadtteil Fußballarena. In: Forum Stadt. Vierteljahreszeitschrift für Stadtgeschichte, Stadtsoziologie, Denkmalpflege und Stadtentwicklung 39.2 (2012), 133–155, hier 137.

[4] Vgl. Stick, Gernot: Stadien der Fussballweltmeisterschaft 2006, Basel 2005.

> nen beginnenden Schnupfen mit heißem Kaffee oder Schnaps zu bekämpfen, dann auch noch schlechten Fußball zu sehen bekomme, dann setze ich mich lieber vors Fernsehen und gebe die DM 20.- für eine Theaterkarte aus."[5]

Obgleich es angesichts der seinerzeit noch starken Milieubindung des Fußballs angezweifelt werden darf, daß der hier zitierte Fußballzuschauer wirklich eine Theater- statt der Fußballkarte erworben hat, ist der Tenor dieser Stellungnahme nicht untypisch für die gestiegenen Erwartungen der Fans an das Fußballerlebnis im Stadion seit Ende der 1960er Jahre. Die veränderte Erwartungshaltung des Publikums resultierte aus Veränderungen im Freizeitverhalten, und zwar maßgeblich der Zeit, die neben dem Zusammensein mit der Familie dem Fernsehkonsum gewidmet wurde, wozu auch die Sport- und Fußballberichterstattung in ARD und ZDF durch die *Sportschau* und *Das aktuelle Sportstudio* nicht unwesentlich beitrugen.[6] „Das Fernsehen ist der größte Feind der Bundesliga", meinten denn auch 76 Prozent der Befragten einer repräsentativen Umfrage des Wickert-Instituts 1971. Wenn sie überhaupt noch Fußball im Stadion sehen wollten, erwartete ein Großteil der Fans ein komfortableres Fußballerlebnis (41 %) und eine verbesserte Verkehrsinfrastruktur (57 %), d.h. bequemere An- und Abfahrten zu den Stadien und bessere Parkmöglichkeiten.[7] Die Notwendigkeit von Modernisierungen, für die die Weltmeisterschaft zumindest für die WM-Städte die Mittel bereitstellen sollte, hatte auch eine repräsentative Umfrage des Marktforschungsinstituts INFRATEST während der Saison 1970/71 ergeben, mit der der DFB dem kontinuierlichen Zuschauerschwund von der Saison 1964/65 (ca. 28 800 pro Spiel) bis 1969/70 (ca. 20 500 pro Spiel) auf den Grund ging.[8] Laut INFRATEST hielt die Mehrzahl der Befragten die Stadien „für veraltet und den Service für unzulänglich".[9]

Es handelte sich hierbei um längerfristig entstandene Probleme, entstammten die meisten Stadien doch der Vorkriegszeit oder waren wie das Rosenau-Stadion in Augsburg und das Niedersachsen-Stadion in Hannover „Trümmerstadien", d.h. auf und aus dem Kriegsschutt errichtet.[10] Bereits 1969 hatte eine Umfrage des *Münchner Merkur* unter 5389 Fußball-Zuschauern im dortigen Stadion an der Grünwalder Straße ergeben, daß 4473 mit den Parkplätzen und dem stundenlangen An- und Abmarsch unzufrieden waren. 2912 Fußballanhänger forderten zusätzliche Sitzplätze, zwei Drittel überdachte Sitze. Wie *Der Spiegel* zu Beginn der Saison 1969/70 zu berichten wußte, boten die Stadien der Bundesrepublik so gut wie keinen Komfort: „Die meisten Fans weicht der Regen ein und läßt die Kälte erstarren. Zusammengenagelte, spänige Bänke schlitzen ihnen Löcher in Mäntel und Hosen. Trotzdem ver-

---

[5] Zit. in INFRATEST: Die Situation der Deutschen Fußball-Bundesliga 1970/71. Analyse, München 1971, 111, Stadtarchiv Essen, Signatur 448–697. Den Zugang zu dieser Studie verdanke ich Andreas Mau, Martin-Luther-Universität Halle-Wittenberg.

[6] Schildt, Axel: Materieller Wohlstand – pragmatische Politik – kulturelle Umbrüche. Die 60er Jahre in der Bundesrepublik. In Schildt, Axel / Siegfried, Detlef / Lammers, Karl Christian (Hg.): Dynamische Zeiten: Die 60er Jahre in den beiden deutschen Gesellschaften, Hamburg 2000, 21–53, hier 31; vgl. auch Schildt, Axel / Siegfried, Detlef: Deutsche Kulturgeschichte: Die Bundesrepublik von 1945 bis zur Gegenwart, München 2009, 197–203 und Wehler, Hans-Ulrich: Deutsche Gesellschaftsgeschichte. Fünfter Band, Bundesrepublik und DDR, 1949–1990, München 2008, 80f.

[7] Fernsehen – Fußballfeind Nr. 1? In: Sport-Kurier vom 17. Februar 1971.

[8] Diese Zahlen wie auch die Zuschauerzahlen weiter unten sind der Kicker-Webseite entnommen (vgl. URL: http://www.kicker.de/news/fussball/bundesliga/startseite.html)

[9] Pleite in Raten. In: Der Spiegel 42/1972 vom 9. Oktober 1972, 154.

[10] Bednarz / Jessen: Stadtteil Fußballarena, 136.

langen die Klubs bis zu 20 Mark Eintritt."[11] Der Chef des Organisationskomitees für die Fußball-Weltmeisterschaft 1974 und spätere DFB-Präsident Hermann Neuberger übertrieb wohl nur in Hinsicht auf den Zustand des in unmittelbarer Nähe zur DFB-Zentrale gelegenen und damit auch auf sie reflektierenden Waldstadions, als er im April 1973 den Mitgliedern des Sportausschusses des Deutschen Bundestags berichtete, daß „die Stadien von Frankfurt und Köln abbruchsreif [und] das Stadion in Köln teilweise baupolizeilich gesperrt war".[12] Als „baufällig und fast gemeingefährlich", hatte der *Kölner General-Anzeiger* den Zustand des Müngersdorfer Stadions bereits zwei Jahre zuvor moniert.[13] Bedenkt man, daß dessen Bau bereits 1923 noch vom damaligen Kölner Oberbürgermeister Konrad Adenauer veranlaßt worden war, vermögen solche Aussagen nicht weiter überraschen.[14] Während das Waldstadion ebenfalls ein Kind der Weimarer Republik war, hatte es dort im Gegensatz zu Köln immerhin Ende der 1950er Jahre und zum Bundesligastart 1963 aufwendige Umbau- und Renovierungsmaßnahmen gegeben.[15]

Ganz anders stellte sich die Stimmung beim Fußballpublikum drei Jahre später dar. Bei einer Umfrage 1976 unter 27 000 Stadionbesuchern durch einen Mineralölkonzern, bei der An- und Abfahrtswege, Stadioneingänge, Parkmöglichkeiten, Stadionkomfort, Ordnungsdienst und Rahmenprogramm bewertet wurden, waren die Ergebnisse wesentlich besser. In der Rangliste der beurteilten Stadien kamen die ersten sieben aus der Riege der zur WM oder in deren Folge renovierten bzw. neugebauten Arenen. Das bei vielen Bayernfans so ungeliebte Münchner Olympiastadion und das Westfalenstadion, das seit Beginn der 1990er Jahre zum „unbewußten Modell" der Stadionmodernisierungen avancieren sollte,[16] belegten mit sehr guten Noten gemeinsam die Spitzenplätze. Diese Ergebnisse wurden 1977 durch eine Untersuchung der Stiftung Warentest untermauert. Zu den obigen Kriterien kamen noch die Eintrittspreise und sanitären Anlagen hinzu, und wieder waren die WM-Stadien in München und Dortmund vorne mit dabei, „Service-Meister" wurde allerdings ein anderes WM-Stadion, das Düsseldorfer Rheinstadion.[17]

Verschärfend auf die Zuschauerstatistik seit den späten 1960er Jahren hatte sich der Bundesligaskandal ausgewirkt, zumal er, wie Wolfram Pyta treffend hervorhebt, an den Grundfesten des Fußballsports rüttelte, in dem er die Identifikationsmöglich-

---

[11] Hermann, laß das. In: Der Spiegel 37/1969 vom 8. September 1969, 156.

[12] 4. Sitzung des Sportausschusses, Deutscher Bundestag, 7. WP, 21.3.1973, 81, Protokolle, 1. –21. Sitzung, 1973–1974, Bundestagsarchiv Berlin.

[13] Kölner General-Anzeiger vom 13. August 1971.

[14] Langen, Gabi / Deres, Thomas: Müngersdorfer Stadion Köln, Köln 1998; Skrentny, Werner: Das große Buch der deutschen Fußballstadien, Göttingen ³2010, 214.

[15] Skrentny, Fußballstadien, 124f.

[16] Vgl. Young, Christopher: Kaiser Franz and the Communist Bowl: Cultural Memory and Munich's Olympic Stadium. In: American Behavioral Scientist 46.11 (2003), 1476–1490; Kolbe, Gerd / Schulze-Marmeling, Dietrich: Westfalenstadion. Die Geschichte einer Fußball-Bühne, Göttingen 2004, 6; zum Olympiastadion vgl. Schiller, Kay / Young, Christopher: München 1972. Olympische Spiele im Zeichen des modernen Deutschlands, Göttingen 2012, 162–170; Scharenberg, Swantje: Nachdenken über die Wechselwirkung von Architektur und Wohlbefinden. Das Olympiastadion in München, ein politischer Versammlungsort. In Marschik, Matthias u.a. (Hg.): Das Stadion. Geschichte, Architektur, Politik, Ökonomie, Wien 2005, 153–174.

[17] Vgl. Service in Bundesliga-Stadien. In: Stiftung Warentest. Zeitschrift für den Verbraucher 12.8 (August 1977), 18–22; Vermerk: Stiftung Warentest, Test der Bundesligastadien, 18.8.1977, Stadtarchiv Dortmund, Nachlaß Erich Rüttel, Bestand 471, Neubau eines Fußballstadions für die Fußball-Weltmeisterschaft 1974, Band 19.

keiten und die vom Publikum an den Fußball herangetragenen Sinnbezüge bedrohte.[18]

Zur Erinnerung: Der Vorsitzende des Kontrollausschusses des Deutschen Fußballbunds Hans Kindermann fand in seinen bis 1973 dauernden Ermittlungen heraus, daß

> „in der Rückrunde der Saison 1970/71 fast jedes für den Abstieg entscheidende Spiel manipuliert [wurde], oder es wurde zumindest versucht. Die gefährdeten Klubs gingen nach einem doppelten Prinzip vor: Der eigene Gegner wurde bestochen – und den Gegnern der Mitkonkurrenten Geld geboten, damit sie auf Sieg spielten."[19]

Beim Verschieben von nachweislich sechs Spielen flossen insgesamt 1,3 Millionen DM Bestechungsgelder und 700 000 DM Schweigehonorare. Besonders unredlich verhielt sich Arminia Bielefeld, das vier Siege für den Klassenerhalt kaufte. Die Bielefelder wurden gemeinsam mit Kickers Offenbach, deren Präsident Horst-Gregorio Canellas die Vorgänge durch das Abspielen von Tonbandmitschnitten von Telefonaten bei einer Gartenparty zu seinem 50. Geburtstag publik gemacht hatte, in der Folge mit Lizenzentzug und Zwangsabstieg in die 2. bzw. 3. Liga bestraft. Insgesamt verurteilte das DFB-Sportgericht 52 Profis, sechs Funktionäre und zwei Trainer aus sieben Vereinen zu Geldstrafen und Zeitsperren.[20] Bis auf wenige aufrechterhaltene lebenslange Sperren, von denen eine umstrittenermaßen Canellas traf, da er nach eigenen Angaben nur zum Schein bei der Verschiebung von Spielen mitgeboten hatte, bewegten sich die Strafen in einem zeitlich relativ geringen Rahmen und wurden, soweit sie Spieler betrafen, durch eine stillschweigende Amnestie konterkariert.

Entgegen den Interessen des DFB, der die Vorgänge statutengemäß ausnahmslos im Haus und durch die eigene Sportgerichtsbarkeit aufklären wollte und damit auch weitgehend Erfolg hatte, führte der Skandal zeitnah zur WM 1974 und damit potentiell imageschädigend zu einer Reihe von Verfahren vor einem ordentlichen Gericht. Dazu kam es, als die Staatsanwaltschaft Essen gegen einige Spieler und Funktionäre von Schalke 04 ermittelte; eine andere Handhabe bot das Strafgesetzbuch den seinerzeit ermittelnden Staatsanwaltschaften gegen die unlauteren Machenschaften nicht. Die Schalker hatten unter Eid abgestritten, 40 000 DM von Arminia Bielefeld im Gegenzug für eine den Bielefelder Klassenerhalt stützende 0:1-Heimniederlage am 17. April 1971 entgegengenommen zu haben. Acht Schalker Profis wurden am 22. Dezember 1975 vor dem Landgericht Essen wegen Meineids zu hohen Geldstrafen verurteilt. Erst das Verhängen von weiteren Sperren gegen Schalker Spieler im Februar 1976 durch den DFB setzte dem Skandal nach fast fünf Jahren ein Ende.[21]

---

[18] Pyta, Wolfram: Bundesligaskandal. In: Skandale in Deutschland nach 1945, Bonn / Bielefeld 2007, 95–103, hier 97.

[19] Beck, Oskar: „Wir haben den Sumpf trockengelegt." Hans Kindermann und der Bundesliga-Skandal. In: Niersbach, Wolfgang / Michel, Rudi (Hg.): 100 Jahre DFB. Die Geschichte des Deutschen Fußball-Bundes, Berlin 1999, 433–440, hier 435.

[20] Pyta: Bundesligaskandal, 98; Schaffrath, Michael: „The games must go on": Sport zwischen Terroranschlägen, Korruptionsskandalen und Wettkampfpleiten. In: Faulstich, Werner (Hg.): Die Kultur der 70er Jahre, München 2004, 175–192, hier 183f.

[21] Pyta: Bundesligaskandal, 99.

Ermöglicht wurde der Bundesligaskandal freilich erst durch die nur zaghaft vollzogene Professionalisierung des Fußballs durch den DFB trotz des immer stärker werdenden Kommerzialisierungsdrucks in der Nachkriegszeit. Die Geschichte des sog. „deutschen Sonderweges im europäischen Fußball" hinsichtlich des Festhaltens des Verbands am Amateurstatus, der entgegen landläufiger Verdächtigungen nicht so sehr von dessen konservativer und mitunter antidemokratischer Grundhaltung als vielmehr von der Angst vor dem Verlust der staatlichen Steuerbegünstigung durch den Status der Gemeinnützigkeit geprägt war, muß hier nicht weiter verfolgt werden.[22] Daß allerdings bei einer Beschränkung der offiziellen Monatsbezüge auf nicht mehr als 1200 DM für die sog. „Lizenzspieler" seit Beginn der Bundesliga 1963 selbst die 2300 DM, die mutmaßlich jeder Schalker Spieler für eine einzige absichtlich verlorene Partie gegen Arminia Bielefeld einsteckte, eine attraktive Summe waren, liegt auf der Hand, selbst wenn man zugesteht, daß unter der Hand gezahlte Monatssaläre von bis zu 6000 DM nicht unüblich waren. Daß die Arminen wiederum alles taten, um den Abstieg in die finanziellen Niederungen der Regionalligen zu vermeiden, wo keine Profigehälter gezahlt werden durften und sich der durchschnittliche Jahresumsatz eines Vereines auf weniger als ein Zehntel dessen eines Bundesligaklubs reduzierte, ist auch nachvollziehbar.

Der DFB sah sich dann auch im Anschluß an den „Bundesligaskandal" veranlaßt, zu handeln und die Strukturen der Liga den neuen finanziellen Gegebenheiten anzupassen. Der Verband gab zum 8. Mai 1972 sowohl die Spielergehälter als auch die bis dahin auf eine Höchstsumme von 100 000 DM festgeschriebenen Ablösesummen frei. Eine weitere wichtige aus dem Skandal erwachsene Reform war die Einführung der zweigleisigen 2. Bundesliga mit 40 Profimannschaften an Stelle der fünf Regionalligen mit 83 Mannschaften zur Saison 1974/75, mit der der Abstieg eines Vereins aus der 1. Liga nicht gleichbedeutend mit dem so gefürchteten Abschied vom Profifußball war. Eine Nebenwirkung der Sprengung des bisherigen Gehaltsgefüges in Hinblick auf die Fußball-Weltmeisterschaft war das die Fans ernüchternde Feilschen der Nationalspieler um die Pro-Kopf-Siegprämie, bei der man sich mit dem DFB letztlich auf 70 000 DM einigte, ein Vielfaches dessen, was die Schalker Spieler nur 3 Jahre früher eingesteckt hatten.

Im Hinblick auf die Bauten für die Fußball-Weltmeisterschaft zeitigte der Skandal aber noch weitere Konsequenzen. Als der Dortmunder SPD-Stadtrat und Sportdezernent Erich Rüttel im Juni 1971 mittels eines Agenten Industriespenden für das Westfalenstadion einwerben wollte, bekam er folgende Antwort:

> „Für Verhandlungen über eine Spende dieser Größenordnung [3-4 Millionen DM] ist die Zeit augenblicklich nicht sehr günstig. Die Wirtschaft ist beunruhigt. Die süddeutschen Unternehmen wurden für das Olympia-Stadion in München bereits stark heran-

[22] Vgl. Havemann, Nils: Fußball unterm Hakenkreuz. Der DFB zwischen Sport, Politik und Kommerz, Frankfurt 2005, 56–62 und Havemanns Beitrag in diesem Band; vgl. a. Eggers, Erik: „Berufsspieler sind Schädlinge des Sports, sie sind auszumerzen..." Crux und Beginn eines deutschen Sonderwegs im europäischen Fußball: Die Amateurfrage im deutschen Fußball der Weimarer Republik. In Pyta, Wolfram (Hg.): Der lange Weg zur Bundesliga. Zum Siegeszug des Fußballs in Deutschland, Münster 2004, 91–112, hier 91; Eisenberg: Deutschland, 106–116.

gezogen, hinzu kommt die Tatsache, daß „König Fußball" wegen der Bestechungsaffären derzeit nicht gut angesehen ist."[23]

Bezeichnend für den hier direkt angesprochenen, durch den „Bundesligaskandal" verursachten Imageverlust ist, daß in Dortmund bis Ende August 1971 gerade mal 100 000 DM an Spenden zusammenkamen und der Versuch scheiterte, die Namensrechte am Stadion an die Dortmunder Hansa-Brauerei zu verkaufen;[24] zum Konkurrenzverhältnis zwischen Fußball-Weltmeisterschaft und Olympischen Spielen weiter unten mehr.

Die wichtigste Auswirkung des Skandals auf die Bundesliga war der Zuschauerschwund in den Stadien, der einige Vereine neben sonstigem unprofessionellen Wirtschaftsgebaren in große finanzielle Schwierigkeiten brachte. Hertha BSC Berlin etwa büßte in der auf den Skandal folgenden Saison 1971/72 drei von sieben Zuschauern ein, im gesamten Jahr ging im Olympiastadion die Zuschauerzahl von 780 000 auf 422 500 zurück. Laut *Kicker-Sportmagazin* fielen in Folge des Skandals die durchschnittlichen Zuschauerzahlen von einem Hoch von fast 28 800 Zuschauern pro Spiel in der Saison 1964/65 um über 10 000 in der Saison 1971/72 auf 18.750 Zuschauer pro Spiel. Und in der darauffolgenden Saison 1972/73 verlor die Liga von den ihr verbliebenen 5,7 Millionen Zuschauern noch einmal 600 000.

In der Vorweltmeisterschaftssaison 1973/74 erholten sich die Zuschauerzahlen dann sehr deutlich und kamen mit 6,8 Millionen dem Zuschauerrekord aus der Saison 1964/65 nahe. Zum einen liefen nun die Zwei-Jahres-Sperren einer Vielzahl von Spielern ab, was die Begegnungen attraktiver machte, zum anderen verbesserte sich die Infrastruktur merklich durch die im Vorfeld der WM getroffenen baulichen Maßnahmen. An erster Stelle in der Statistik stand das neu eröffnete Parkstadion in Gelsenkirchen, das mit einer Dreiviertelmillion Zuschauern mehr als 10 Prozent der Stadionbesucher in der Saison stellte.[25] Zuletzt spielte wohl auch eine Rolle, daß man dem Turnier mit zunehmender Vorfreude entgegensah, nahm die deutsche Mannschaft seit ihrem Erfolg bei der Europameisterschaft 1972 doch die Favoritenrolle auf den Titel ein. In den beiden vorherigen Jahren hatte die Nationalmannschaft, die Anfang der 1970er Jahre ihren bis dato besten Fußball spielte, der Bundesliga in der Zuschauergunst den Rang abgelaufen. Zur Eröffnung des Münchener Olympiastadions mit einem Länderspiel zwischen der Bundesrepublik und der Sowjetunion am 26. Mai 1972 waren 80.000 Zuschauer gekommen, während sich am letzten Bundesligaspieltag der Saison 1971/72 nur wenig mehr als 120 000 zahlende Fans bei den neun Partien in den Stadien verloren hatten.[26]

Der Aufwärtstrend setzte sich nach dem WM-Turnier fort. In der Saison 1974/75 fiel der Rekord der absoluten Zuschauerzahl von 1964/65 und die Liga kratzte an der 7-Millionen-Grenze. Dabei lagen sieben Vereine mit WM-Stadien mit mehr als der Hälfte aller Zuschauer vorne. In der Saison 1975/76 wurde diese dann mit mehr als 7,1 Millionen Zuschauern durchbrochen, sieben WM-Stadien waren wiederum unter

---

[23] Gerhard Bahr an Rüttel, 16.6.1971, Stadtarchiv Dortmund, Nachlaß Rüttel, Bestand 471, Neubau eines Fußballstadions, Bd. 7.

[24] Vgl. Westdeutsche Allgemeine Zeitung vom 27 August 1971.

[25] Zum Parkstadion vgl. Goch, Stefan: Stadt, Fußball und Stadion – Zusammenhänge am Beispiel Gelsenkirchen. In: Informationen zur modernen Stadtgeschichte, Band 1 (2006), 34–47; Skrentny: Fußballstadien, 145f.

[26] Vgl. Frankfurter Rundschau vom 29. Mai 1972.

den ersten Zehn vertreten. In der Saison 1976/77 ging es mit über 7,8 Millionen Zuschauern weiter rapide nach oben, die 8-Millionen-Marke wurde ein Jahr später übertroffen. Danach erschöpfte sich der von der WM angeschobene Boom mit wiederum rückläufigen Zuschauerzahlen. Krisenstimmung machte sich allerdings erst richtig in der Saison 1982/83 breit, als man insgesamt weniger als 6,5 Millionen Zuschauer in die Stadien lockte.[27]

Konkurrenz zu München '72

Der Ausgangspunkt für eine positive Wirkung der Fußball-WM auf das Zuschauerinteresse an der Liga mittels der Verbesserung des Komforts in den Stadien war alles andere als günstig. Denn die WM als Großereignis befand sich in einem direkten Konkurrenzverhältnis zu den Olympischen Spielen 1972 in München, was für die Bundesligavereine und die Kommunen, die sie beheimateten, nicht folgenlos blieb. Zwar wurde der direkte Bezug zur Bundesliga kaum einmal direkt angesprochen, er war jedoch in der Argumentation der Beteiligten immer im Hintergrund präsent. Obgleich zeitnah im Frühjahr (am 28. April) und Sommer (am 6. Juli) 1966 vom IOC und der FIFA an die Stadt München bzw. den DFB zur Ausrichtung vergeben, genossen die beiden Großveranstaltungen ein gänzlich unterschiedliches Ansehen bei den politischen Entscheidungsträgern.

Spätestens nach dem Bekanntwerden des Bestechungsskandal anläßlich der Vergabe der Olympischen Winterspiele an Salt Lake City 1998 steht die Öffentlichkeit beiden Mega-Ereignissen mit ähnlicher Skepsis oder Sympathie gegenüber. Man denke etwa an Angela Merkels bei der Bewerbung Münchens um die Winterspiele 2018 zum Ausdruck gebrachten Wunsch, auf das „Sommermärchen" der Fußball-Weltmeisterschaft 2006 möge 2018 ein olympisches „Wintermärchen" folgen bzw. die Art und Weise, wie Politiker, Merkel eingeschlossen, bei großen Turnieren den Schulterschluß zur Nationalmannschaft suchen und den Fußball zur Bühne der Politik machen – ein Trend, der mit dem Kabinenbesuch Helmut Kohls nach dem Gewinn des WM-Titels 1990 begann.[28] Vor der kommerziellen Öffnung der olympischen Spiele unter IOC-Präsident Juan Antonio Samaranch seit den 1980er Jahren und der Ankunft des Fußballs in der Mitte der Gesellschaft hingegen differenzierte man auf nationaler Ebene bei den politischen Entscheidungsträgern in der Bundesrepublik noch stark zwischen der vorgeblich höheren Werten verpflichteten olympischen Idee und dem ideellen Mehrwert, den sie dem ausrichtenden Land versprach, und dem kommerziell erfolgreichen „Proletensport" Fußball, von dem man sich keine großen Imagegewinne erwartete.[29] Daraus resultierte auch eine grundsätzlich unterschiedliche Bereitschaft, das jeweilige Großereignis aus Mitteln der öffentlichen Hand zu unterstützen, insbesondere beim Stadionbau.

---

[27] Keine Lust mehr. In: Der Spiegel 41/1982 vom 11. Oktober 1982, 228–232.

[28] Merkel träumt vom „Wintermärchen" in München. In: Sportinformationsdienst vom 4. März 2011; vgl. a. Schümer, Dirk: Schland. Wie der Fußball Deutschland neu erfunden hat, München 2010, 31–44.

[29] Zu Samaranch vgl. Guttmann, Allen: The Olympics, a History of the Modern Games, Urbana [2]2002, 171–182.

Erschwerend hinzu kam hier, daß die Finanzierung des Baus von Sport- und Fußballstadien in deutschen Städten mit Ausnahme des Sonderfalls der Bundesliegenschaft des Berliner Olympiastadions von 1936 in den Aufgabenbereich der Länder und Kommunen fiel und letztere nicht nur hinsichtlich ihrer Attraktivität, sondern mitunter auch finanziell von ihnen profitierten, zumindest, wenn sie einen solventen und professionell geführten Bundesligaverein ihr eigen nennen konnten. Allein in der Saison 1966/67 führte z.B. der Hamburger SV mehr als eine halbe Million DM an Miete und Steuern an die Hamburger Bürgerschaft ab, so daß das Volkspark-Stadion, 1953 für 1,4 Millionen Mark erbaut, sich bis Ende der 1960er Jahre bereits mehrfach amortisiert hatte.[30] Allerdings befanden sich die meisten Städte in den späten 1960er und frühen 1970er Jahren durch die Erfüllung kommunaler Aufgaben unter dem Vorzeichen der „öffentlichen Armut" (J. K. Galbraith) in finanziell denkbar schwieriger Lage.[31] Zwar konnten sie von den Einnahmen der Vereinen 10 Prozent Stadionmiete sowie Vergnügungssteuer kassieren, oft genug jedoch verzichteten sie zeitweise auf eines oder beides zugunsten der überschuldeten Vereine.

Obgleich sich die Bundesregierung bereit fand, die Fußball-WM mit einem Zuschuß von 50 Millionen DM zu subventionieren, sahen sich die Städte und die WM-Organisatoren gegenüber München '72 dennoch stets im Hintertreffen. Hermann Neuberger wurde deshalb schon Jahre vor der WM nicht müde, darauf hinzuweisen, daß es sich bei Olympischen Spielen und Fußball-Weltmeisterschaften um wenigstens gleich bedeutende Sportereignisse handelte und daß beide globale Ereignisse wären. Ergo müsse sich der Bund bereit finden, sich neben Kommunen und Ländern ähnlich stark finanziell zu engagieren, insbesondere beim Stadionbau. Im November 1969 kurz nach dem „Machtwechsel" betonte er in einem Schreiben an den neuen Staatssekretär im für den Sport zuständigen Bundesinnenministerium Hans Schäfer, daß er es bedauere, daß der neue Bundeskanzler es bei seiner Regierungserklärung unterlassen habe, neben der Bedeutung der Olympischen Spiele 1972 auch jene der WM für die „auswärtige Repräsentation" der Bundesrepublik hervorzuheben.[32] Willy Brandt hatte bekanntlich München '72 als eine Chance gesehen, „der Welt das moderne Deutschland vor[zu]stellen".[33]

Den Stellenwert des Ereignisses für die auswärtige Kulturpolitik betonend, schrieb Neuberger auch an den Fraktionsvorsitzenden der FDP im Bundestag, Wolfgang Mischnick, der auch im Sportausschuß des Bundestages saß:

> „Da diese Fußball-Weltmeisterschaft in ihrer Bedeutung und in ihrem Zuschauerinteresse nach unserer Auffassung zumindest gleichrangig mit der Abwicklung der Olympischen Spiele 1972 in München eingestuft werden kann, muß das OK bemüht sein, eine organisatorische Gesamtleistung zu bieten, die in ihrer Tiefenwirkung ja schließlich auf die Bundesrepublik zurückfällt. Deshalb auch wird man gewiß Verständnis für unsere Auffassung haben, daß nun nicht alles nach München konzentriert werden

[30] Hermann, laß das. In: Der Spiegel 37/1969 vom 8. September 1969, 156.

[31] Der Spiegel titelte etwa im Sommer 1971 „Sind die Städte noch zu retten?" (Der Spiegel 24/1971 vom 6. Juni 1971); vgl. a. Grauhan, Rolf-Richard / Linder, Wolf: Politik der Verstädterung, Frankfurt am Main 1974.

[32] Hermann Neuberger an Hans Schäfer, 3.11.1969, Bundesarchiv Koblenz, B106/50054. Zum Thema „auswärtige Repräsentation" der Bundesrepublik vgl. die Beiträge in Paulmann, Johannes (Hg.): Auswärtige Repräsentationen. Deutsche Kulturdiplomatie nach 1945, Köln 2005.

[33] Deutscher Bundestag, 6. Wahlperiode, 5. Sitzung, 28.10.1969, 30.

> darf, sondern der Bund auch die baulichen Vorbereitungen für die Fußball-Weltmeisterschaft 1974 unterstützen muß."[34]

Und als es Ende 1970 darum ging, dem Bund weiterreichende finanzielle Zusagen abzuringen, nachdem man sich seitens des Organisationskomitees und der WM-Städte schon Anfang des Jahres einig war, daß die zunächst zugesagten 50 Millionen DM Bundeszuschuß für Stadionbauten in einer finanziellen Größenordnung von bis zu 300 Millionen DM nicht reichen würden, bemängelte er in einem Schreiben an den Bundesgeschäftsführer der CDU und Vorsitzenden des Sportausschusses, Konrad Kraske, „daß beileibe noch nicht alle Öffentlichkeitsträger auch diesem zweiten Ereignis von Weltruf positiv gegenüberstehen".[35]

Während die Länder sich je nach Finanzlage und dem Grad des Interesses, das man der am Fußball hängenden Klientel entgegenbrachte, relativ großzügig zeigten, prallten Wünsche nach mehr Geld bei den Verantwortlichen beim Bund regelmäßig ab. Niedersachsen steuerte etwa 4 Millionen DM zur Renovierung und Teilüberdachung des Niedersachsen-Stadions bei.[36] Heinz Kühn, der Ministerpräsident von Nordrhein-Westfalen, versuchte seine Zusage von 10 Millionen DM für jedes von (bis zu) vier Stadien im traditionell Fußball-begeisterten Revier zur Eigenwerbung im Landtagswahlkampf 1969 zu nutzen, etwa in einem Telefongespräch mit dem Schalker Spieler und Fußballidol „Stan" Libuda, der wenig später in den Strudel des „Bundesligaskandals" geriet, während der WDR-Sendung *Parteien zur Wahl* am 4. November 1969. Beim Bund hingegen war man wesentlich zurückhaltender, wenn man nicht den Begehrlichkeiten der Städte eher feindselig gegenüberstand. Dafür gab es neben dem unterschiedlichen Renommee von Olympia und WM und der traditionellen Aufgabenteilung der Gebietskörperschaften zu verschiedenen Zeiten unterschiedliche ausschlaggebende Gründe.

1970 etwa war die Zurückhaltung zum einen der Tatsache geschuldet, daß obgleich die Städte schon längere Zeit mit der Vorbereitung von Stadionbaumaßnahmen beschäftigt waren, es erst nach dem Regierungswechsel zur sozialliberalen Koalition überhaupt zu einem Antrag im Bundestag zur finanziellen Unterstützung der WM-Städte kam. Dieser führte zur Bewilligung des bereits erwähnten, auf 50 Millionen DM festgeschriebenen Gesamtbetrages.[37]

Darüber hinaus wurde man seitens des DFB und der Städte Opfer der dramatischen Verteuerung der Münchener Olympischen Spiele, deren Preisschild von anfangs geschätzten 500 Millionen sich auf fast 2 Milliarden DM vervierfachte.[38] Als der Sportausschuß die Frage der Finanzierung im April 1970 diskutierte, stellte der Münchner Abgeordnete Erich Riedl (CSU) heraus,

---

[34] Neuberger an Wolfgang Mischnick, 20.8.1969, Bundesarchiv Koblenz, B106/50061.

[35] Neuberger an Konrad Kraske, 13.11.1970, in: 6. BT, 1. Sonderausschuß für Sport und Olympische Spiele, Ausschußdrucksachen Nr. 1–48, 1969–1972, Bundestagsarchiv Berlin; vgl. a. Neuberger an Friedel Schirmer, 12.11.1970, an die Oberbürgermeister der Bewerberstädte für die Fußball-Weltmeisterschaft 1970, 12.11.1970 und an Hans-Dietrich Genscher, 13.11.1970, Bundesarchiv Koblenz, B106/50061.

[36] Landeshauptstadt Hannover an Niedersächsisches Kultusministerium, 1.2.1971, Stadtarchiv Hannover, Sportamt 107.

[37] Deutscher Bundestag, 6. Wahlperiode, 17. Sitzung des Haushaltsausschusses, 29.4.1970, Bundesarchiv Koblenz, B136/5573.

[38] Schiller / Young: München 1972, 71.

> „daß es nicht etwa – wie bei der Olympia-Finanzierung – nach 2 Jahren zu einer Erhöhung der Gesamtkostensumme kommen dürfe. Würde das nämlich eintreten, dann sei für die Zukunft das Vertrauen des Staatsbürgers bei Ausrichtung von großen Sportereignissen erschüttert."[39]

1971 verschlechterte sich dann die finanzielle Ausgangslage in den WM-Bewerberstädten, was zu Einsparungen bzw. zu Absagen führte. So stand Köln, die viertgrößte Stadt der Bundesrepublik, nicht mehr zur Verfügung, nachdem man dort im August erkennen mußte, daß man sich mit einem sehr ambitionierten Stadionneubau finanziell übernommen hatte und der FDP-Innenminister von Nordrhein-Westfalen und langjährige Präsident des Deutschen Sportbundes Willi Weyer, der kein Freund des Profifußballs war, als oberste Instanz des Landes gegenüber den Stadtvätern sein Veto einlegte. Daß der Bundesligaskandal im Frühjahr 1971 bekannt geworden war, tat ein Übriges, um das Bauvorhaben zu verhindern. An Stelle der alten Hauptkampfbahn in Müngersdorf wurde dann erst ab 1973 ein neues, wesentlich preiswerteres neues Müngersdorfer Stadion gebaut, das 1975 bezogen wurde.[40] Auch Nürnberg zog sich wegen des verpaßten Aufstiegs des „Clubs" zur Saison 1971/72 und dem Fallout des Bundesligaskandals im November von seiner Bewerbung zurück.[41]

Laut der überregionalen Tagespresse gab es neben dem Austragungsort Berlin, dessen Olympiastadion relativ großzügig mit 26 Millionen DM aus Bundesmitteln modernisiert wurde,[42] und dem Münchener Olympiastadion, nur in Hamburg und den verbleibenden drei nordrhein-westfälischen Städten Dortmund, Düsseldorf und Gelsenkirchen keine größeren Schwierigkeiten. Drei Städte hingegen wankten deutlich: Stuttgart, Hannover und, potentiell besonders imageschädigend für den DFB wegen der Nähe zu seiner Zentrale, Frankfurt.[43]

Aber auch in Dortmund, das Beispiel Köln vor Augen, wurden nun teure Baupläne ad acta gelegt. Im Hinblick auf die Finanzierungsunsicherheit beschloß der Rat der Stadt statt dessen den Bau des Westfalenstadions als preiswerteres „Palettenstadion" aus Stahlbeton-Fertigbauteilen für 30 Millionen DM.[44] Daß man den Stadionbau überhaupt wagte, lag auch daran, daß seitens der Bundesregierung der Eindruck erweckt wurde, der Bundeszuschuß würde beginnend im Haushaltsjahr 1973 um 30 auf 80 Millionen DM erhöht werden.[45] Hinzu kam, daß die Innenminister der Länder Mitte 1971 beschlossen hatten, die Lotterie „Glücksspirale", mit der man einen Großteil der olympischen Ausgaben finanzierte, um die Jahre 1973 und 1974 zu verlängern. Aus den Gewinnen der Lotterie sollten den Städten 60 Prozent für ihre Stadien zufließen.[46]

Im Olympiajahr 1972 gingen die Baumaßnahmen für die WM deswegen unaufgeregt voran. Als der Bund sich allerdings im „Krisenjahr 1973" mit einer fadenscheini-

---

39 11. Sitzung des 1. Sonderausschusses für Sport und Olympische Spiele, Deutscher Bundestag, 6. Wahlperiode, 23.4.1970, Protokolle, 1.–34. Sitzung, 1969–1972, Bundestagsarchiv Berlin.

40 Hermann Neuberger an Willi Weyer, 6.9.1971, Bundesarchiv Koblenz, B106/50068; Skrentny: Fußballstadien, 215.

41 Süddeutsche Zeitung vom 27. Januar 1972.

42 Vgl. Bundesarchiv Koblenz, B106/50065; Landesarchiv Berlin, B Rep. 002/19026.

43 Die Welt vom 11. November 1971.

44 Westdeutsche Allgemeine Zeitung vom 5. Oktober 1971.

45 Deutscher Bundestag, 6. Wahlperiode, Drucksachen VI/2822 und VI/2998.

46 Beschluß der Ständigen Konferenz der Innenminister der Länder am 17./18.6.1971, Bundesarchiv Koblenz, B106/50061.

gen Erklärung seiner Zusage eines erhöhten Bundeszuschusses entledigte, kam es noch einmal (mit Ausnahme Berlins und Münchens) zu gesteigertem Lobbyismus der WM-Städte, für Absagen war es inzwischen freilich zu spät. Vorab, obgleich die Gründe für den Rückzieher der Bundesregierung nicht archivkundig geworden sind, lassen sie sich unschwer erkennen. Zum einen war nach dem Terroranschlag bei den Olympischen Spielen die Begeisterung für Sportgroßereignisse einer gewissen Ernüchterung gewichen. Darüber hinaus war man sich seitens der Politik im Klaren, daß die Nutznießer der neuen Stadien in erster Linie der professionelle Fußball und die Bundesligavereine sein würden. Der finanzpolitisch restriktive Stabilitätskurs der sozialliberalen Bundesregierung und der Konjunktureinbruch nach dem sog. „Ölpreisschock" vom Herbst 1973 taten dann ein Übriges, um von einer weiteren Förderung abzusehen.

Die WM-Städte wandten sich hierauf an die Öffentlichkeit. In einer gemeinsamen Resolution vom 1. März 1973 hieß es:

> „Der bisher zugesagte Bundeszuschuß steht in keinem vertretbaren Verhältnis zu den Gesamtkosten sowie in keiner vertretbaren Relation zu den Bundesleistungen für die Olympischen Spiele 1972 in München in Höhe von rund 1 Milliarde DM. Auch ist bisher nicht berücksichtigt, daß die Beteiligung des Bundes an den Kosten der Olympischen Spiele nur einer einzigen Stadt zugute kam, während mit der Ausrichtung der WM-Spiele sieben Städte belastet sind."[47]

Darüber hinaus hob man hervor, daß hier einerseits „wettkampfgerechte Sportstätten" auch für andere Sportarten geschaffen würden, während die Städte andererseits Belastungen akzeptierten, "die über die eigenen Bedürfnisse hinaus für die Weltmeisterschaftsspiele erforderlich [waren]".[48]

Diese Argumente wurden dann auch noch einmal bei einer Anhörung vor dem Sportausschuß durch Neuberger und zwei Vertreter der WM-Städte, dem Düsseldorfer Sportdezernenten Hans Edmund Landwers (FDP) und Erich Rüttel aus Dortmund vorgebracht, allerdings ohne Erfolg. Zwar gab es seitens der Oppositionsabgeordneten im Ausschuß, den Versuch, den Städten entgegenzukommen, indem man wie im Fall der Olympischen Spiele die Prägung einer Sondermünze anregte, um damit den Bundesgesamtzuschuß auf 80 Millionen DM zu erhöhen.[49] Allerdings verfingen solche Argumente bei der Mehrzahl der Abgeordneten nicht. Typischer war die Haltung Mischnicks:

> „Weshalb ich so etwas skeptisch gegenüber den Äußerungen aus den Städten bin? – Weil ich langjähriger Kommunalpolitiker bin! Ich sage das einfach aus einer Zahl heraus. Wenn man sich in einer Stadt einen Zuschuß von 25 Millionen DM für ein Theater leistet – einen Zuschuß pro Jahr! – und dann sagt: aber 4 oder 8 Millionen einmalig für das Stadion sind nicht möglich, dann muß ich das auch in Relation setzen zu anderen Überlegungen, die hier gebracht werden."[50]

---

[47] Pressedienst der Landeshauptstadt Düsseldorf, 1.3.73: Resolution der Städte: Fußball-Weltmeisterschafts-Städte fordern 30 Millionen mehr, Stadtarchiv Dortmund, Nachlaß Rüttel, Bestand 471, Neubau eines Fußballstadions, Band 12.

[48] Ebd.

[49] 4. Sitzung des Sportausschusses, Deutscher Bundestag, 7. WP, 21.3.1973, Protokolle, 1. –21. Sitzung, 1973–1974, 38–42, 51–52, Bundestagsarchiv Berlin.

[50] Ebd., 56-57.

Und Manfred Wende (SPD) fügte hinsichtlich des Verbandes und professionellen Fußballs hinzu:

> „Der Deutsche Fußballbund – und das unterscheidet ja dieses Ereignis von den Olympischen Spielen – ist ja auch nachher noch Nutznießer dieser Stadien, die dann in diesem Ausbauzustand sehr attraktiv sein werden für weitere internationale Begegnungen, für Fußball-Länderspiele, bei denen ja der Deutsche Fußballbund und die FIFA auch als Kassierer auftreten, ganz abgesehen davon, daß die Bundesliga-Mannschaften laufend am Ausbauzustand dieser Stadien partizipieren.“[51]

Als Sozialdemokrat verfolgte Rüttel die Angelegenheit dann noch in einem zunehmend schärfer geführten Briefwechsel mit der SPD-Bundestagsfraktion weiter, aber auch seitens der Fraktion war man überhaupt nicht willens, Druck auf die Regierung hinsichtlich einer Erhöhung des Bundeszuschusses auszuüben.[52] Interessant hieran ist, daß man sich gerade seitens der SPD-geführten Bundesregierung nicht erweichen ließ, obgleich man bei den Sozialdemokraten wohl ein wenig stärker als bei der CDU/CSU-Opposition davon ausgehen konnte, daß aktuelle und potentielle SPD-Wähler eher ins Fußballstadion als ins Theater gingen.

Allerdings folgte man in Bonn den Anweisungen des nach der Bundestagswahl von 1972 zum starken Mann im Kabinett avancierten Bundesfinanzminister und „Eisernen Schatzkanzler“ Helmut Schmidt, der wenig für den Fußball übrig hatte, und verschrieb sich in Zeiten der „Dollarschwemme“ einem strikten Stabilitätsprogramm, um die ohnehin durch die Expansion der Staatsausgaben bedrohlich aus dem Ruder laufende Inflation unter Kontrolle zu halten.[53] Dies machte Mehrausgaben für die Weltmeisterschaft praktisch unmöglich, wie der parlamentarische Geschäftsführer der SPD-Fraktion Karl Wienand erklärte, „da sonst mit Sicherheit die Dämme brechen und eine Flut von zusätzlichen Ausgaben [auf die Bundesregierung] zukommen würde“.[54]

Der „Ölpreisschock“ vom Herbst 1973 nach dem Jom-Kippur-Krieg und der darauf folgende Konkunktureinbruch, die das Zeitalter „nach dem Boom“ einlauteten,[55] taten dann ein Übriges, um weitere Ausgaben auszuschließen. München ‘72 hatte auch lange um sein Geld kämpfen müssen, aber hier beteiligte sich der Bund im Endeffekt mit 311,7 Millionen DM direkt an den Kosten.[56] Bei der WM hingegen blieb es bei den 50 Millionen DM Bundeszuschuß.

Aus Sicht der Städte, die die Baumaßnahmen in die Wege leiteten, wurde die Finanzierung ihrer Stadionbauvorhaben durch die Landeszuschüsse und vor allem die Fortsetzung der „Glücksspirale“ in den Jahren 1973 und 1974 gerettet. Das Beispiel Dortmund ist wiederum instruktiv. In der Endabrechnung kostete das ohne große Verteuerungen erbaute Westfalenstadion 32,7 Millionen DM. Vom Land kamen 10,

---

[51] Ebd., 46.

[52] Erich Rüttel an Herbert Wehner, 2.5.1973, Karl Wienand an Rüttel, 17.5. und 15.6.1973, Rüttel an Wienand, 20.6.1973, Stadtarchiv Dortmund, Nachlaß Erich Rüttel, Bestand 471, Neubau eines Fußballstadions, Band 13.

[53] Soell, Hartmut: Helmut Schmidt. Bd. 2: Macht und Verantwortung – 1969 bis heute, München 2008, 236.

[54] Wienand an Rüttel, 17.5.1973, Stadtarchiv Dortmund, Nachlaß Rüttel, Bestand 471, Neubau eines Fußballstadions, Band 13.

[55] Vgl. Doering-Manteuffel, Anselm / Raphael, Lutz: Nach dem Boom: Perspektiven auf die Zeitgeschichte seit 1970, Göttingen [2]2010.

[56] Schiller / Young: München 1972, 71.

vom Bund 6, durch die „Glücksspirale" wiederum 6 Millionen und durch Spenden und Vorsteuererstattungen 5,2 Millionen DM zusammen, so daß die Stadt Dortmund nur eine Eigenbeteiligung von 5,5 bis 6 Millionen DM leisten mußte.[57] Das Münchener Olympiastadion nicht miteingerechnet kosteten die Baumaßnahmen an den WM-Stadien ca. 240 Millionen DM. Neben den 50 Millionen vom Bund kamen 62 Millionen von den Ländern, 74 von den Städten und noch einmal 50 Millionen durch die „Glücksspirale" zusammen.

Um noch einmal auf die Konkurrenz mit den Olympischen Spielen zurückzukommen: Auch Sonderfinanzierungen, wie das Prägen von Sondermünzen zu 10 DM, die das Gros der finanziellen Mittel für 1972 gestellt hatten, wurden seitens der Bundesregierung abgelehnt. Entgegen der Münchner Erfahrung, daß solche Münzen im Regelfall gehortet und nur selten als Zahlungsmittel verwendet werden, bestand aus Sicht von Helmut Schmidt die Gefahr, mit den Münzen die Inflation weiter anzuheizen, stellten sie doch einen „Akt der Geldschöpfung" dar. Zum anderen und leichter nachvollziebar wollte er keinen weiteren Präzedenzfall für die Finanzierung von zukünftigen Großereignissen schaffen bzw. in seinen Worten, sich „nicht dem Vorwurf aussetzen, Investitionen wieder einmal auf ‚leichte Art' finanzieren zu wollen".[58] Allerdings war man im Bundesministerium der Finanzen schon 1969, nachdem die Münzidee zum ersten Mal lanciert wurde, der WM nicht besonders wohlgesonnen gewesen. In einem diesbezüglichen Vermerk heißt es passend zum stiefmütterlichen Dasein, daß die WM bei vielen in der Politik fristete:

> „Auch in Kenntnis der Beachtung, die der Fußballsport bei uns und in vielen Teilen der Welt findet, und der Bedeutung, die die Ausrichtung der Fußball-Weltmeisterschaft für unser Land hat, ist ein Vergleich mit den Spielen der XX. Olympiade 1972 in München und Kiel nicht angebracht. Bei dem Weltrang der olympischen Idee und der nationalen Bedeutung der Ausrichtung der Olympischen Spiele in Deutschland war es gerechtfertigt, durch ein eigenes Gesetz die Ausprägung einer Bundesmünze zu ermöglichen."[59]

Desgleichen ließ sich nach Ansicht des Ministeriums über die WM 1974 nicht sagen.

Konzentration und Konsolidierung der Liga

Ohne diese überaus plausible These weiter zu belegen, hat Christiane Eisenberg darauf hingewiesen, daß durch die Modernisierung der Stadien im Vorfeld der WM 1974 eine finanzielle Konsolidierung und damit eine Konzentration in der Liga in Gang gesetzt wurde.[60] Wie nach der Einrichtung der Bundesliga 1963 fand auch im Zuge der WM 1974 ein Konzentrationsprozeß statt. In der Folge waren in der Bundesliga überwiegend Vereine mit modernisierter Infrastruktur, d.h. zumindest teilüberdachten Stadien mit der typischen Mischung von günstigeren Steh- und teureren Sitzplätzen vertreten. Neben den neun WM-Arenen von 1974 mit einer Kapazität

---

57 Pressedienst der Stadt Dortmund, 27.3.74, Stadtarchiv Dortmund, Nachlaß Rüttel, Bestand 471, Neubau eines Fußballstadions, Band 16.

58 Helmut Schmidt an Hans-Dietrich Genscher, 3.10.1973, Bundesarchiv Koblenz, B106/50059.

59 BMF, Vermerk vom 15.1.1969, Bundesarchiv Koblenz, B106/50059.

60 Eisenberg: Deutschland, 117.

von 60 000 oder mehr Zuschauerplätzen in Hamburg, Hannover, Berlin, Dortmund, Gelsenkirchen, Düsseldorf, Frankfurt, Stuttgart und München, wie sie die FIFA gefordert hatte, und dem Stadion in Dortmund betrifft dies auch noch die in den 1970er Jahren nach der WM fertiggestellten Stadien in Köln und Bochum.

Das anläßlich der WM als reines Fußballstadion neu errichtete Dortmunder Westfalenstadion hatte nur 56 000 Plätze. Ursprünglich neben den Stadien in Düsseldorf, Gelsenkirchen und Köln als einer von vier Austragungsorten in Nordrhein-Westfalen vorgesehen, wurde es aufgrund der unzureichenden Zahl von Zuschauerplätzen – 60 000 waren gefordert – zunächst vom Organisationskomitee der WM aussortiert, sprang dann aber als „Reservestadion" ein, als Köln ausfiel.[61] So wie man in Köln mit einem Stadionneubau rasch nachzog, war auch das neue Bochumer Ruhrstadion, zwischen 1976 und 1979 nach dem Vorbild des Westfalenstadions als reines Fußballstadion errichtet und seinerzeit „fast Nonplusultra und eines der schönsten Stadien Deutschlands",[62] letztlich auch der Weltmeisterschaft geschuldet, allerdings ohne daß der Bund bei den Kosten geholfen hätte. Nach jahrelanger Lobbyarbeit trug das Land den Hauptteil der Kosten. Der VfL Bochum hatte sich bereits vor der WM „Weltmeisterschafts-geschädigt" gefühlt.[63] Hinsichtlich des alten städtischen Stadions an der Castroper Straße hatte der Präsident des notorisch klammen Vereins Ottokar Wüst im März 1974 festgestellt, daß sich „die Sünden der Vergangenheit heute grausam rächten, weil sich hinsichtlich des Stadionausbaues nicht getan hat".[64] Ohne ein neues Stadion, so Wüst bereits 1971, „wäre der Sturz des VfL in die Tiefe nicht mehr aufzuhalten",[65] rangierte der im gleichen Jahr in die Bundesliga aufgestiegene VfL zu einer Zeit, als Merchandising-, Werbe- und Fernseheinnahmen noch nicht die herausragende ökonomische Rolle für die Vereine spielten wie heute, doch am Ende der Tabelle für Ticketeinkünfte. Allerdings sollte auch das neue Stadion nur eine Kapazität von 30 000 Zuschauern besitzen und der VfL auch in Zukunft kein Zuschauermagnet werden.

Um die These vom Konzentrationsprozeß weiter zu untermauern, ließe sich auch folgendes feststellen: Von der Saison 1974/75 bis zur Saison 1990/91, also sowohl während der Boomphase als auch der an sie anschließenden Krise und bevor die 1. Bundesliga im Zuge der Wiedervereinigung übergangsweise auf 20 Plätze erweitert wurde, nahmen nie weniger als sieben (1981/82), aber meist neun oder zehn (während 13 von 17 Spielzeiten) Mannschaften aus den neun WM-Städten zuzüglich Kölns und Bochums einen der Plätze in der Liga ein. Zwar stiegen mit dem VfB Stuttgart (1975), Fortuna Düsseldorf (1987), und Hannover 96 (1976, 1986 und 1989), Hertha BSC (1980, 1983 und 1991) und Schalke 04 (1981, 1983 und 1987) immer wieder auch Vereine mit WM-Stadien ab, allerdings kamen Stuttgart, Düsseldorf und Schalke umgehend oder zügig zurück, und zwar auch, weil die 2. Bundesliga inzwischen die Fortführung des Profigeschäfts erlaubte. Ausnahmen waren der Dauerzweitligist Hannover (1976–1985, 1986–1987, 1989–2002) und die Hertha, die beim zweiten Abstieg bis in die Amateuroberliga durchgereicht wurde und erst 1990 den Wiederaufstieg schaffte, um dann allerdings gleich wieder abzusteigen. Daß sich

[61] Kolbe / Schulze-Marmeling: Westfalenstadion, 45–46; Neuberger an Rüttel, 6.7.1971, Stadtarchiv Dortmund, Nachlaß Rüttel, Bestand 471, Neubau eines Fußballstadions, Band 7.

[62] Skrentny: Fußballstadien, 215.

[63] Zit. nach Westfälische Rundschau vom 5. März 1974.

[64] Ebd.

[65] Skrentny: Fußballstadien, 215.

Borussia Dortmund ab der Saison 1976/77 als feste Größe in der 1. Bundesliga etablieren konnte, läßt sich auch zu einem Großteil durch den Umzug ins „Zwillingsstadion" von der nebenan gelegenen alten Kampfbahn „Rote Erde" erklären. Das Westfalenstadion, so war die Meinung im Revier, bot dem Europapokalsieger von 1966, der Anfang der 1970er Jahre als Zweitligist nicht mehr als 5000 Anhänger auf die Beine brachte, die Chance zum Neuanfang.[66]

Da die Bundesligavereine in den 1970er Jahren allein zur Deckung der Kosten einen Zuschauerschnitt von ca. 20 000 brauchten, wäre auch der Meistertitel-Hattrick von Borussia Mönchengladbach 1975 bis 1977 bzw. der kontinuierliche Klassenerhalt der Borussia von 1965 bis 1999, inklusive während der Boom- und Krisenphase, besonders hoch zu veranschlagen. Die Borussia konnte nämlich am Bökelberg, das zu den kleinsten Stadien der Liga zählte, lange Zeit nicht einmal die DFB-Mindestanforderung von 35 000 Zuschauern erfüllte und mit die niedrigsten Eintrittspreise in der Liga verlangte, keineswegs die gleichen Gewinne durch den Kartenverkauf erzielen wie die Vereine mit größeren Stadien. Um 1975 nahm Gladbach bei Heimspielen 250 000 DM ein, während Dauerrivale Bayern München bis zu 1,2 Millionen DM kassierte.[67]

Allerdings wäre es freilich naiv – das Beispiel Gladbach unterstreicht es – einen Automatismus von Modernität des Stadions, Stadiongröße und sportlichem Erfolg zu postulieren. Eine weitere augenfällige Ausnahme von dieser „Regel" wäre etwa Kaiserslautern, das seine Bewerbung um die Ausrichtung von WM-Spielen 1974 zu spät lancierte, um berücksichtigt zu werden.[68] Obwohl der alte Betzenberg nur 38 000 Zuschauer faßte, war der 1. FC Kaiserslautern von 1963 bis 1996 durchgängig in der 1. Bundesliga vertreten. Einschränkend muß man konzedieren, daß der Verein, dem der „Betze" gehörte – eine Ausnahme im Zeitalter der kommunalen Stadien – einige Male nahe am Bankrott vorbeischlitterte, etwa als sich der Zuschauerschnitt von 1967 bis 1968 von 16.400 auf 10 000 pro Spiel verringerte. Anfang der 1970er Jahre konnte der vom DFB bereits beschlossene Lizenzentzug, der aus der Überschuldung des Vereins durch die Kosten der Sanierung der Nordtribüne resultierte, nur durch die Intervention der rheinland-pfälzischen Landesregierung unter Helmut Kohl und die Zusage einer Teilfinanzierung aus Landesmitteln abgewandt werden.[69] Umgekehrt blieb der Traditionsverein 1. FC Nürnberg mit seinem in den 1920er Jahren gebauten und bis Mitte der 1960er Jahre anläßlich der Aufnahme der Nürnberger in die Bundesliga von der Stadt für 8 Millionen DM aufwendig renovierten Frankenstadion, das eine Kapazität von ca. 71.200 Zuschauern hatte, von 1969 bis 1978 zweitklassig. Beim Duell gegen Fortuna Düsseldorf in der Aufstiegsgruppe der Regionalligisten am 30. Mai 1971 stellte man einen Zuschauerrekord von 75.000 Zuschauern auf, weil

[66] Heymann, Alfred: Hilfe gibt dem BVB die Chance eines Neuanfangs. In: Westfälische Rundschau vom 17. –18. November 1973.

[67] Skrentny: Fußballstadien, 261f.

[68] Vgl. diesbezüglich Adolf Müller-Emmert, MdB, an das Bundesministerium des Innern, 22.11.1971 und die Antwort des BMI vom 10.12.1971, Bundesarchiv Koblenz, B106/50068.

[69] Herzog, Markwart: Kaiserslautern am Fuße des Betzenbergs. Funktionen – Lasten – Kontinuitäten. In: Informationen zur modernen Stadtgeschichte, Band 1 (2006), 48–53, hier 52; vgl. auch ders.: „Lautern ist eine große Sportfamilie!" Fußballkultur als Faktor städtischer und regionaler Identität. In: Pyta, Wolfram (Hg.): Der lange Weg zur Bundesliga. Zum Siegeszug des Fußballs in Deutschland, Münster 2004, 183–214, hier 200.

man dem Andrang nur Herr wurde, indem man die 400m-Bahn für die Zuschauer öffnete.

Festzustellen, wie ursächlich der Zusammenhang ist, geht über den Rahmen dieses Aufsatzes hinaus. Man müßte, um hier zu einem endgültigen Urteil zu kommen, die Verschiebungen bei den sich in den 1970er Jahren verändernden Einnahmequellen der Vereine genauer untersuchen, insbesondere da die Trikot- und Bandenwerbung eine immer größere Rolle spielte. Um ein Argument mittlerer Reichweite handelt es sich jedoch auf alle Fälle, wie auch die folgenden Beispiele zeigen. 1973 beginnt die Werbung mit dem Jägermeister-Logo auf den Trikots von Eintracht Braunschweig, was dem Verein zunächst nur 100 000 DM pro Saison, später schnell das Vierfache einbringt. Die Einnahmen aus der Verteilung der Fernsehrechte hingegen lagen noch 1976/77 bei nur 200 000 DM für jeden Verein der 1. Bundesliga für die gesamte Saison.[70] Dieser Betrag wurde mit den Eintrittsgeldern aus einem einzigen Heimspiel übertroffen. Spitzenspiele in Hamburg und München brachten oft mehr als eine Million DM. Von den durchschnittlich 3 Millionen DM Jahreseinnahmen, die Rot-Weiß Essen während seiner fünf Jahre in der 1. Bundesliga von 1973/74 bis 1977/78 erzielte, stammten noch 2,3 Millionen allein aus dem Kartenverkauf.[71]

Deshalb liegt es auf der Hand, daß die Bundesligaklubs, wenn sie konkurrenzfähig bleiben wollten, nicht umhin konnten, die Kommunen und Länder mittelfristig auf die Verbesserung des Komforts in den Stadien zu drängen. Auch deshalb zogen Traditionsvereine wie Nürnberg (1986–1991), Kaiserslautern (1978, 1990–1994) und Bremen (1988, 1991–1992) so bald wie möglich mit Stadionmodernisierungen nach.

---

[70] Bundesliga: Am Wochenende Volkstheater. In: Der Spiegel 21/1977 vom 16. Mai 1977, 177–190, hier 183.

[71] Laut Auskunft von Andreas Mau, der an einem Dissertationsprojekt zu diesem Verein arbeitet.

Christopher Young

England – Deutschland, 1966–2010
Überlegungen zu einer vergleichenden Fußballgeschichte

Dieser Aufsatz versteht sich als ein erster Versuch, die Hauptmomente und Möglichkeiten einer vergleichenden Geschichte der Fußball-Kulturen in England und Deutschland abzustecken. Die nationalistischen Aspekte dieser traditionellen Rivalität sind zwar – zumindest von englischer Seite – schon relativ erschöpfend behandelt worden,[1] aber es fehlt bislang an wissenschaftlich fundierten, kritisch reflektierenden Analysen dieser zwei einerseits eng verbundenen, andererseits grundverschiedenen Systemen, etwa im Sinne einer *histoire croisée.* Aus Platzgründen und um der Klarheit willen beschränken sich meine Gedanken auf die großen Wendepunkte beider Nationalmannschaften; es werden drei Phasen – 1966, 1970–1990, 1990–2010 – in den Blick genommen; und der historische Zeitrahmen erstreckt sich von ungefähr 1966 bis zum Jahre 2010, von einem Tor etwa, das nicht drin war, jedoch gezählt hat zu einem Tor, das drin war, jedoch nicht gezählt hat. Wie der Aufsatz aber zeigen und als Erkenntnisgewinn präsentieren wird, läßt sich diese Geschichte nicht erzählen, ohne der regelrechten Verzahnung der Vereins- und internationalen Ebenen, die in den großen national-fokussierten Narrativen verlorengeht, Rechnung zu tragen.[2] Mit Blick auf England-Deutschland ist es eigentlich unmöglich, letzteres ohne ersteres zu erklären.

In ihrem grundlegenden Artikel zum Thema *Histoire croisée* (das ich in diesem Aufsatz mal aufgreifend, mal ablehnend als grobes Orientierungsangebot benutze) bieten Michael Werner und Bénédicte Zimmermann

> „neue Antworten auf die Frage, wie wir, obschon primär in nationalzentrierten Sichtweisen, Terminologien und Kategorien befangen, dennoch sinnvoll Wege beschreiten können, welche die Begrenzung und Zirkelschlüsse einer nationalbelasteten Sozialgeschichte überwinden helfen“.[3]

Die Autoren bemerken hierbei, wie schwierig das Ziehen von Vergleichen ist, sogar zwischen zwei Städten und Dörfern. Es ist allerdings nicht klar, ob das Konzept der *Histoire croisée* darauf zielt, diese Aufgabe noch komplexer oder (wie man fast vermutet) durch einen kleinen theoretischen Mystizismus irgendwie ein wenig einfacher zu machen. Sei es drum. „Überkreuzen“, so Werner und Zimmermann, ‚heißt zunächst einmal, für jede Fragestellung, für die Bearbeitung jedes Problems

---

[1] Weiterführende Literatur in Porter, Dilwyn: Egg and Chips with the Connellys. Remembering 1966. In: Sport in History 29 (2009), 519–539.

[2] Grundlegend zur Geschichte der englischen und deutschen Ligen: Taylor, Matthew: The Association Game. A History of British Football, London, 2007; Hesse-Lichtenberger, Ulrich: Tor! The Story of German Football, London 2002.

[3] Werner, Michael / Zimmermann, Bénédicte: Vergleich, Transfer, Verflechtung. Der Ansatz der Histoire croisée und die Herausforderung des Transnationalen. In: Geschichte und Gesellschaft 28 (2002), 607–636, hier 607–608.

mindestens zwei Blickwinkel zu berücksichtigen und die aus der Kreuzung der Blickwinkel resultierenden Interaktionen in die Analysesituation selbst eingehen zu lassen, wobei zugleich von vornherein klar ist, daß die Verdoppelung der Blickwinkel und des Zugangs zu den Fragestellungen ihrerseits in eine historische Situation eingeschrieben ist und sich ihrer eigenen Historizität bewußt zu sein hat.‘[4] Und weiter:

> „Die gewissermaßen verdoppelten Objekte innerhalb dieses Frageraums stehen zueinander in einem näher zu klärenden Zusammenhang [...]. Sie hat auch in Rechnung zu stellen, daß die Entwicklung der beiden Systeme oft mit dem Blick auf den anderen oder das andere erfolgt ist. Es handelt sich also um einen wechselseitigen, in sich vernetzten Konstitutionsprozeß, dessen Akteure jeweils das System des anderen im Kopf hatten und auch strategisch damit operierten, diese Vorstellungen für ihre Zwecke einsetzten.“[5]

Mit Blick auf die englisch-deutsche Fußballrivalität sind m. E. die so definierten Bedingungen für eine *Histoire croisée* teilweise gegeben, teilweise aber auch nicht (oder zumindest nicht im vollen Sinne) gegeben. Sicher: Die Fragestellung ist in eine historische Situation eingeschrieben: Englische Einstellungen gegenüber Deutschland, die durch die Linse des Fußballs konzentriert und von den Medien in bestimmten kritischen Momenten ausgestellt werden, konstituieren historische Fakten, die beobachtbar sowie des Aufschreibens, Beschreibens und Erklärens wert sind. Wie ich an anderem Ort zu zeigen versucht habe, ist diese Beziehung sowohl asymmetrisch (Deutschland ist Englands Holland und nicht anders herum) als auch das Produkt eines komplexen Zusammenspiels politischer, kultureller, sozialer und sportlicher Faktoren, in welchem der Zufall keine geringe Rolle spielt.[6] In dieser Hinsicht kann die Beziehung aber auf jeden Fall als ‚eingeschrieben‘ gelten. Andererseits denke ich, daß das zweite Kriterium nicht vollends erfüllt ist. Klammert man einmal die Phase der Übernahme, als Fußball im späten 19. Jahrhundert von England aus nach Deutschland kam, sowie die Startphase, als der deutsche Fußball in den 1920er und 1930er Jahren als Sport der Arbeiterklasse boomte und die Engländer auch weiterhin mit unverhohlener Ehrerbietung betrachtet wurden[7] (sogar Ende der 1930er waren Wochenschau-Beiträge zum englischen Fußball sehr beliebt in Deutschland),[8] aus, so läßt sich wenig interkulturelle „strategische“ oder „systematische“ Beeinflussung zwischen dem englischen und dem deutschen Fußball feststellen. Zwar kann man eine gewisse *longue durée* hinsichtlich der positiven Art und Weise, in welcher englische Fans beschrieben werden, beobachten: So weist Rudolf Kirchners Beschreibung der Menschenmengen und der Atmosphäre im englischen Fußball der späten 1920er Jahre starke Anklänge auf im Stolz und der Freude,[9] welche die Dortmund-Anhänger empfanden, als sie bei der WM 1974 in Deutschland ausgerechnet ein „englisches“

---

[4] Werner / Zimmermann: Vergleich, Transfer, Verflechtung, 618.

[5] Werner / Zimmermann: Vergleich, Transfer, Verflechtung, 618–619.

[6] Young, Christopher: Two World Wars and One World Cup. Humour, Trauma and the Asymmetric Relation in Anglo-German Football. In: Sport in History 27 (2007), 1–23.

[7] Eisenberg, Christiane: ‚English Sports‘ und deutsche Bürger. Eine Gesellschaftsgeschichte 1800–1939, Paderborn 1999.

[8] Belege in Teichler, Hans Joachim / Meyer-Ticheloven, Wolfgang: Filme und Rundfunkreportagen als Dokumente der deutschen Sportgeschichte von 1907–1945, Schorndorf 1981.

[9] Kirchner, Rudolf: Fair Play. The Games of Merrie England, London 1928, 65–72.

Stadion erhielten.[10] Dennoch, nach 1945 gibt es jahrzehntelang keine wirkliche gegenseitige Befruchtung zwischen England und Deutschland: Während England in *splendid isolation* verblieb, richtete Deutschland seinen Blick mehr auf andere Länder. So hätte beispielsweise Sepp Herberger, als er schließlich überzeugt wurde, daß Deutschland eine Profi-Liga brauchte, die Schaffung einer solchen nach englischem Vorbild ins Auge fassen können – aber er und andere Befürworter der Bundesliga orientierten sich u. a. mehr an den reichen italienischen und spanischen Ligen, die gerade begonnen hatte, die Top-Stars abzuwerben.[11] Im übrigen war es dieser aufkommende Abzug von Talent, welcher die Öffentlichkeit zwei Jahre zuvor, d. h. 1961, dazu bewegt hatte, die englischen Profispieler in ihrem erfolgreichen Versuch der Abschaffung eines Höchstgehaltes zu unterstützen.[12]

Histoire croisée ist jedoch ein recht undogmatisches Konzept – man sollte also noch nicht gänzlich verzweifeln. Werner und Zimmermann zufolge ist nicht von apriorisch festgelegten Einheiten und Kategorien auszugehen, sondern von Problemen und Fragestellungen, die sich erst im Laufe der Analyse näher eingrenzen lassen und dementsprechenden Entwicklungen unterworfen sind. Dies im Hinterkopf behaltend, möchte ich eine einfache Frage stellen: Was lernen wir über englischen und deutschen Fußball, wenn wir die Ergebnisse von 1966 und 2010 (und einige mehr dazwischen) als Manifestationen tieferer struktureller und kultureller Prozesse begreifen? Was können wir lernen, wenn wir die zweifelhafte Entscheidung eines sowjetischen Linienrichters oder die vorsintflutliche Absenz einer Torlinien-Technologie außer Betracht lassen?

1966

Man könnte behaupten, daß Deutschlands Niederlage gegenüber England 1966 unvermeidbar war, da Deutschland bis 1963 keine Profi-Liga auf Bundesebene hatte. Eine solche Sichtweise verdeckt jedoch die Tatsache, daß Deutschland England indirekt bereits acht Jahre früher auf dem Weg zum ersten deutschen WM-Sieg geschlagen hatte; denn Deutschland siegte hier über eine stattliche ungarische Mannschaft, die wiederum England nicht lange zuvor sowohl in London als auch in Budapest gedemütigt hatte.[13] Von noch größerer Relevanz ist jedoch, daß eine solche Annahme die Differenz zwischen Profifußball in England und Amateurfußball in Deutschland überzeichnet. Ein genauerer Blick auf die grundlegenden Bedingungen für Spieler aus beiden Ländern in den 1950ern und frühen 1960ern zeigt, daß es tatsächlich nur geringe reale Differenzen zwischen ihnen gab.

Zwar wurde in England der Profifußball schon in den 1880ern zugelassen, doch lag der Grund für diese Einführung einfach darin, bis dato illegale Zahlungen an

[10] Schulze-Marmeling, Dietrich / Kolbe, Gerd: Ein Jahrhundert Borussia Dortmund. 1909 bis 2009, 303–318.

[11] Skrentny, Werner: Sepp Herberger. In: Schulze-Marmeling, Dietrich: Strategen des Spiels. Die legendären Fußballspieler, Göttingen 2005, 126–134, hier 131.

[12] Holt, Richard: Sport and the British. A Modern History, Oxford 1989, 298–299.

[13] Vgl. das Sonderheft von der Zeitschrift Sport in History 23 (2003) zum Thema England-Ungarn 1953; und Wilson, Jonathan: The Anatomy of England. A History in Ten Matches, London 2010, 65–106.

Spieler zu regulieren und jene Spieler daran zu hindern, Vereine zu ihrem eigenen Vorteil gegeneinander auszuspielen. Wie Richard Holt bemerkt,

> „the acceptance of professionalism did not set up a free market in football but bound players legally to one club and determined the maximum wage that could be paid to them. The Football League was a kind of non-profit-making cartel in which the power of the largest clubs was limited by the smallest“[14]

Dieser Zustand setzte sich bis in die frühen 1960er fort. In den 1950ern etwa mussten die meisten Profispieler in England Teilzeitjobs von ihren Club-Managern, die wiederum oftmals bedeutende Unternehmen besaßen, annehmen; in den 1950ern haben die Spieler von Barnsley Schichtarbeit in Gruben geleistet.[15]

In diesem Sinne haben sich Englands Profispieler also nicht so sehr von den deutschen Amateuren unterschieden wie Deutschland und England wiederum von den besser bezahlten Ligen in Italien und Spanien.[16] Der deutsche Fußball jedoch besaß einen entscheidenden Vorteil gegenüber dem englischen: seine Verbindungen zur Wissenschaft, zur Technologie, zu Trainingsstätten und Universitäten, d. h. sein Zugang zu einer gut ausgebauten, bundesweiten Sportinfrastruktur. Als die Engländer 1956 zum Spiel gegen die deutsche Mannschaft nach Berlin kamen, verbrachten sie mehrere Tagen in Barsinghausen, einem von neun Fußballzentren, die vom DFB mit Einnahmen aus der Lotterie gebaut worden waren:

> „Its facilities took the English players' collective breath away. There was a full-size pitch, an open-air swimming pool and a running track. There was even an indoor pitch with full-size goals and a wooden floor. A micropohone-fitted gallery behind one goal allowed coaches to share their thoughts with the players; and a huge unbreakable glass window ran down one touch-line, offering a panoramic view of the German countryside."[17]

Bei ihrer Ankunft waren die englischen Spieler so überwältigt, daß ihnen, überenthusiastischen Schuljungen gleich, nichts Besseres in den Sinn kam, als ein Spiel acht gegen acht für unmittelbar nach dem Abendessen zu organisieren. Die insbesondere bei der WM 1954 bestehende, enge Beziehung des DFB zu Adidas ist allgemein bekannt und ohne Pendant im englischen Fußball. Weniger beachtet – allerdings allzu offensichtlich im Vergleich mit England – ist die Rolle, die Weiterbildung spielt. Als Walter Winterbottom 1946 zum englischen Nationaltrainer ernannt wurde, hatte er die Aufgabe, sowohl die Nationalmannschaft als auch das allgemeine Niveau des Trainings und der Trainerausbildung im gesamten Land weiterzuentwickeln. Er war ausschließlich für diese Aufgabe verantwortlich. Die verblüffend geringe Aufmerksamkeit, die in Großbritannien dem Training gewidmet wird, manifestiert sich noch heute in der quantitativen Tatsache, daß England unter ein Zehntel der in Deutschland UEFA-qualifizierten Trainer aufweist.[18] Von den

---

[14] Holt: Sport and the British, 285.

[15] Holt: Sport and the British, 295–296.

[16] Einen exzellenten Überblick bietet Goldblatt, David: The Ball is Round. A Global History of Football, London 2006, 396–478.

[17] Downing, David: The Best of Enemies. England v Germany, a Century of Football Rivalry, London 2000, 82.

[18] Scott, Matt: Football Coach Shortage Paints Bleak Picture for England's Future. In: Guardian, vom 1. Juni 2010 (URL: http://www.guardian.co.uk/football/2010/jun/01/football-coach-shortage-england).

1930ern, beginnend mit Sepp Herberger, bis heute sind deutsche Fußballlehrer gut in die Hochschule für Leibesübung in Berlin (die erste Institution ihrer Art weltweit) und die Sporthochschule in Köln integriert. Im Juli 1966 traten zwei Absolventen der Kölner Sporthochschule gegen Alf Ramsey an: Helmut Schön und Udo Lattek.[19] (Ein beachtlicher Teil des deutschen Erfolges seit 2006 verdankt sich der Informationsgewinnung und der Technologie der Sporthochschule in Köln.[20])

Das soll natürlich nicht heißen, daß England 1966 planlos war oder die WM nur durch Glück oder Heimvorteil gewonnen hat. Denn sehr unterschätzt wird der Erfolg der englischen Vereine in den 1960ern. Die Überlegenheit italienischer, spanischer und portugiesischer Mannschaften im Europapokal der Landesmeister wird vielfach betont (von 1955 bis 1970 war jeweils mindestens eines der Teams Real Madrid, Benfica Lisabon, AC Mailand oder Inter Mailand bei jedem Endspiel dabei), doch wird dabei oft vergessen, daß die englischen Teams in diesem Wettbewerb gute Fortschritte gemacht haben (die Busby Babes konnten Real Madrid im Halbfinale 1957 beinahe schlagen); und man vernachlässigt dabei die Tatsache, daß im UEFA Cup und im Pokal der Pokalsieger englische Vereine die beste Leistung des Jahrzehnts erzielt haben. Um die Stärke einer Mannschaft zu ermessen, liefern die letzten beiden Wettkämpfe zweifellos einen besseren Indikator als der Europapokal der Landesmeister. Ein stets unterschätzter Faktor für Englands Erfolg 1966 ist daher das nachgewiesene Talent seiner Vereine. Zudem wurden diese Clubs von einer Gruppe außergewöhnlicher Manager geprägt und geführt: Tottenham Hotspurs Bill Nicholsen, West Hams Ron Greenwood, Liverpools Bill Shankley und Manchester Uniteds Matt Busby.[21] Jeder der Genannten hat neue, fortschrittliche Spiel- und Managementstile entwickelt, und ihre Spieler bildeten das Rückgrat der englischen Nationalmannschaft. West Ham war das Kaiserslautern der 1966er-Nationalmannschaft (seine Spieler schossen alle vier Tore). Auch Alf Ramsey, der englische Manager, hatte natürlich einen entscheidenden Anteil am Sieg von 1966. Er hatte 1953 gegen Ungarn gespielt und behauptete stets, die Ungarn hätten nicht gewinnen dürfen; nichtsdestotrotz hat er den Rest seiner Karriere sehr erfolgreich damit verbracht, seine Teams dazu zu bringen, andere Teams vom Spielen abzuhalten.[22] Aber auch der Manager von West Ham, Ron Greenwood (wie auch andere), der an diesem Tag im Jahre 1953 fasziniert auf der Tribüne saß und sein Bestes tat, um den ungarischen Stil zu kopieren, war von Bedeutung.[23] 1966 war das einzigartige Produkt eines konstruktiven und destruktiven Führungsgenius.

[19] Vgl. die Einträge von Hubert Dahlkamp und Dietrich Schulze-Marmeling zu Helmut Schön und Udo Latek in: Schulze-Marmeling, Dietrich: Strategen des Spiels. Die legendären Fußballspieler, Göttingen 2005, 158–168, 193–202.

[20] Interview mit Jürgen Buschmann von der Deutschen Sporthochschule Köln, Berlin im Dezember 2010.

[21] Carter, Neil: The Football Manager. A History, London 2006.

[22] Wilson: The Anatomy of England, 107–146. Downing: The Best of Enemies, 89–118.

[23] Downing: The Best of Enemies, 68.

1970–1990

In globaler Perspektive können der englische und der deutsche Fußball der Jahre 1970–1990 durch ähnliche sozio-kulturelle Muster erfaßt werden. *Erstens* zurückgehende Besucherzahlen: In nur 10 Jahren sanken die Besucherzahlen bei der Gesamtzahl der Spiele der englischen Nationalmannschaft von 25 Millionen im Jahre 1975 auf ein Nachkriegstief von weniger als 17 Millionen im Jahre 1986. In Westdeutschland sanken die Zahlen von einem Höhepunkt von 26 Millionen in den späten 1970ern auf nur 18 Millionen im Jahre 1990. Demgegenüber blieben die Besucherzahlen in ganz Südeuropa (einschließlich Frankreich) hoch oder stiegen sogar.[24] *Zweitens* Fußballkrawalle: Wie David Goldblatt bemerkt,

> „the correlation is not perfect, but broadly speaking those countries that saw a significant decline in attendances were also the countries where the most visible of the new fan cultures was a variant on the English hooligan gang." [25]

Zur gleichen Zeit wohnte Südeuropa der Geburt der Ultras bei, die in den Stadien in erster Linie friedvolle emotionale Melodramen und visuelle Zurschaustellungen von hoher Intensität hervorbrachten. Es verwundert daher nicht, daß im Vorfeld der Europameisterschaft 1988 große Sorge ob der Möglichkeit gewalttätiger Ausschreitungen bestand oder daß die Gruppe, der zwei der Hauptprotagonisten dieses Wettkampfes (England und Holland) angehörten, bei der WM 1990 aus Sicherheitsgründen auf Sardinien untergebracht war.[26] *Drittens* die Eurosklerose des Fußballs, wie Toni King es genannt hat – eine Zeitspanne des simultanen Niedergangs von Fußballqualität und des Anstiegs von Gewalt und Zynismus. Ob die Verschlechterung von Spielstandards ein reales oder eher ein Wahrnehmungsphänomen war, ist nicht völlig klar (das Spiel war von den frühen 1970ern bis zu den späten 1980ern wenig taktischer Entwicklung unterworfen), doch die großen Vier der 1960er verschwanden von der Bühne und überließen den Clubfußball sinkenden Zuschauerzahlen und einem steigenden Hooliganismus.[27]

Es läßt sich in diesem Zusammenhang also festhalten, daß deutsche Vereine recht gute Leistungen erbrachten; englische Vereine jedoch sehr gute.[28] Und weiterhin läßt sich in diesem Zusammenhang festhalten, daß englische Nationalmannschaften recht gute Leistungen erbringen: sie bleiben ungeschlagen bei der WM 1982, gewinnen dort mit Leichtigkeit gegen eine talentierte französische Mannschaft, gegen welche die deutsche Mannschaft im Halbfinale nur mit viel Glück und einem häßlichen Foul Schumachers gewann; zu dieser Bilanz kommt ein doppeltes unglückliches Ausscheiden im Viertelfinale 1986 und im Halbfinale 1990, beide Male gegen die späteren WM-Gewinner. Warum hat Deutschland England auf nationaler Ebene überholt? Und warum hat England auf Vereinsebene seine Überlegenheit behaupten können?

---

[24] d.h. Ost- und Westdeutschland, Holland, die Sowjetunion. Goldblatt: The Ball is Round, 546.

[25] Goldblatt: The Ball is Round, 547–548.

[26] Davies, Pete: All Cried Out. The Full Story of Italia 90, London 1990.

[27] So das allgemeine Argument von King, Anthony: The European Ritual. Football in the New Europe, Aldershot 2003.

[28] So haben diese zwischen 1977 und 1985 mit einer Ausnahme jedes Europapokalendspiel gewonnen, und im Grunde hat jedes an einem europäischen Wettkampf teilnehmende britische Team in den 1980ern Bayern München geschlagen.

Um die erste Frage zu beantworten: Die deutsche Nationalmannschaft war erfolgreich, weil ihre Bundestrainer, ganz anders als englische Manager, den Spielern zu spielen erlaubten, und zwar so zu spielen erlaubten, wie sie es für ihre Vereine taten. Zwar war das englische Team der späten 1960er und frühen 1970er Jahre zweifellos talentierter als jenes von 1966, doch wurde es 1972 von den Deutschen in Wembley in den Schatten gestellt.[29] Sowohl Helmut Schön als auch Bayern-Trainer Udo Lattek forderten – im Einklang mit der kulturpolitischen Zeitstimmung – von ihren Spielern, selbst Verantwortung zu übernehmen und selbständig zu entscheiden, wie sie am besten das Spielfeld beherrschten.[30] Beschäftigt man sich mit der Fußballgeschichte Deutschlands und Englands, so stößt man auf eine frappierende Differenz. In dem hier zur Diskussion stehenden Zeitraum dominieren in England die Manager – von dem zuvor erwähnten Ron Greenwood über *Liverspools* Bob Paisley bis zu *Nottingham Forests* Brian Clough.[31] In Deutschland wiederum sind die Spieler zentral: Ob es sich dabei um den in kultureller Hinsicht nachwirkenden Netzer, um Beckenbauer, der nach und nach die Kontrolle über die siegreiche Mannschaft der WM 1974 übernimmt oder um Breitner, der bei dieser WM im Alleingang entscheidet, den Elfmeter im Endspiel zu übernehmen, handelt.[32] Im internationalen Fußball, wo der Beitrag von Managern sehr viel weniger einflussreich und potentiell verwirrender als im Alltagsgeschäft von Vereinen ist, besteht ein Erfolgsrezept darin, Spielern freie Hand zu geben anstatt sie mit unvertrauten Anweisungen durcheinanderzubringen.

Zurück zu der zweiten Frage. Englische Vereine haben aus zwei entscheidenden Gründen die beste Leistung in Europa erzielt. Erstens, sie setzten die 1960er Tradition eines starken Managements fort (genau aus diesem Grund waren Liverpool und Nottingham Forest die erfolgreichsten Vereine). In England wäre es undenkbar, daß der Rekord für die meisten Meistertitel von einem Trainer wie Udo Lattek gehalten werden könnte, dem es nach der Meinung vieler Spieler sowohl an Persönlichkeit als auch an taktischen Talent fehlte.[33] Zweitens, englische Vereine hatten einen entscheidenden Vorteil gegenüber ihren europäischen Rivalen. Während sowohl die UEFA als auch die nationalen Ligen den Einsatz ausländischer Spieler beschränkten (diese Beschränkung wurde seit 1979 zunehmend, aber nicht signifikant gelockert), konnten englische Vereine Talente von den gesamten britischen Inseln sowie der Republik Irland rekrutieren. In der Tat bestanden englische Vereine aus „All-Star-Ensembles", und das zu einer Zeit, als Schottland an einer WM teilnehmen und auf einen Sieg hoffen konnte und als Nordirland seine spanischen Gastgeber besiegen und noch vor diesen als Gruppensieger in die zweite Runde einziehen konnte. Bevor die spanische Regierung in den 1960ern ihre Regeln änderte, hatte Real Madrid Europa mit einer Mannschaft dominiert, die sich aus den besten Spielern aus Argentinien, Uruguay, Frankreich und Ungarn zusammensetzte. In den 1970ern und 1980ern genossen die englischen Vereine einen ähnlichen, wenn auch beschränkteren Vorteil.

---

29 Wilson, The Anatomy of England, 147–181.

30 Dahlkamp: Helmut Schön, 165–166.

31 Zu Clough vgl. insbesondere Hamilton, Duncan: Provided You Don't Kiss Me: 20 Years with Brian Clough, London 2008; Wilson, Jonathan: Nobody Ever Says Thank You. The Biography, London 2012.

32 Pyta, Wolfram: German Football. A Cultural History. In: Tomlinson, Alan / Young, Christopher: German Football. History, Culture, Society, London 2006, 1–22, hier 14–17.

33 Schulze-Marmeling: Udo Lattek, 196.

1990–2000

Das Jahrzehnt zwischen 1990 und 2000 bezeichnet eine Zäsur, die vom Aufbrechen des Musters der Jahre 1970–1990 und dessen Wiederaufnahme ab 2000 und Gültigkeit bis heute begrenzt wird. Im ersten Jahrzehnt nach 1990 erbrachten weder deutsche noch englische Vereine besonders gute Leistungen in europäischen Wettkämpfen, und für beide Nationalmannschaften begann eine Periode des fundamentalen Abstiegs, obwohl sie *gemessen am historischen Durchschnitt* beide mäßige Erfolge erzielten. Der Verlust von Stärke auf Vereinsebene läßt sich durch Bayerns Implosion (der Verein hatte mindestens das Halbfinale des Europapokals der Landesmeister in den 1980ern mehrfach erreicht)[34] und die mittelfristigen Auswirkungen der Sperre britischer Vereine nach der Katastrophe von Heysel erklären. Auf internationaler Ebene haben zahlreiche Faktoren eine Rolle gespielt. Erstens stiegen andere Nationen auf z. B. Frankreich, dessen Wiedererstarken aus der Verbindung einer massiven Aufmerksamkeit durch das Fernsehen in den 1980ern, einem verstärkten Elite-Training und der erstmaligen Entwicklung des Sports zu einer nationalen Angelegenheit resultierte.[35] Zweitens fand im Falle Englands ein Wechsel statt von einer talentierten Spielergeneration zu einer weniger talentierten, der es an der Fähigkeit zu hochklassigem europäischem Vereinsfußball mangelte. Drittens litt Deutschland an der eigentümlichen und noch immer nicht vollends erklärten Unfähigkeit, die Talente aus Ost- und Westdeutschland in einem einzigen Team zu nutzen, das, wie Beckenbauer behauptete, unschlagbar sein würde. Und viertens gab es das Problem der Taktik. Hans Ulrich Gumbrecht hat vor kurzem die WM 1990 als jenen Moment beschrieben, als individuelles Talent (Maradona) durch das zukunftsbestimmende Mannschaftsspiel abgelöst wurde, für welches die Deutschen in ihrem Versuch, nach dem pulsierenden Takt von Lothar Matthäus zu spielen, stehen.[36] Wie üblich ist Gumbrechts Einsicht meisterhaft, wenn auch sein Argument m.E. falsch ist. Denn: In den vergangenen zwanzig Jahren haben wir zwar in der Tat in der Art, wie Fußball auf höchster Ebene gespielt wird, einer revolutionären Entwicklung hin zu dem, was man als *football total* der zweiten Generation mit höchstem Kraftanspruch beschreiben könnte, beigewohnt. Dennoch blieb Deutschland 1990 seinem Ausputzer-System verhaftet und entwickelte sich erst ein Jahrzehnt später zu einem 4-4-2-System weiter. Im Jahre 1990 erklärte Trainer Franz Beckenbauer bekannter Weise Klaus Augenthaler, daß er in Jackett und Krawatte auftauchen könne, um den Ausputzer zu spielen.[37] Wie im Falle Alf Ramseys 24 Jahre zuvor, funktionierte dies bestens für die WM 1990, aber während das Spiel sich global weiterentwickelte, war dies kaum zukunftsweisend.

---

[34] Schulze-Marmeling, Dietrich: Die Bayern. Die Geschichte des deutschen Rekordmeisters, Göttingen 2003, 283–348.

[35] Krasnoff, Lindsay Sarah: Resurrecting the Nation. The Evolution of French Sports Policy from de Gaulle to Mitterand. In: Tomlinson, Alan / Young, Christopher / Holt, Richard (Hg.), Sport and the Transformation of Modern Europe. States, Media and Markets 1950–2010, London 2011, 67–82.

[36] Gumbrecht, Hans Ulrich: Der Stil des FC Barcelona. In: Frankfurter Allgemeine Zeitung vom 27 Mai 2011 (URL: http://www.faz.net/aktuell/feuilleton/pass-und-ereignis-der-stil-des-fc-barcelona-1638074.html).

[37] Zum Hintergrund: Power statt Pirouetten. In: Der Spiegel 16/1989 vom 17. Oktober 1989 (URL: http://www.spiegel.de/spiegel/print/d-13494837.html).

In den vergangenen zehn Jahren hat sich das Muster von 1970–1990 reetabliert: Obwohl Deutschland in dieser Zeit keinen Wettkampf gewonnen hat, ist die herausragende Leistung des deutschen Teams allgemein anerkannt. England – historisch gesehen – erzielte sein bestes Mittel in drei aufeinanderfolgenden Wettkämpfen (2002, 2004, 2006), bevor es 2008 und 2010 dem Zusammenbruch anheimfiel. Auf Vereinsebene rumpelten die Deutschen weiter vor sich hin, während ihre englischen Kontrahenten wieder die Führung übernahmen (so etwa als Halbfinalisten in der Champions League). Tatsächlich ist diese Führung so stark, daß die UEFA-Regulierungen hinsichtlich der Zusammensetzung von Mannschaften und des finanziellen ‚fair-play'-Modells im weitesten Sinne als Versuch, die englischen Vereine zu bremsen und größeren Wettbewerb wieder einzuführen, interpretiert werden. Warum hat sich dieses ältere Muster wieder etabliert?

Beginnen wir mit England. Im Wesentlichen ist der britische Vorteil so ausgebaut worden, daß eine *Reihe von heutigen Mannschaften* dem Real Madrid der 1950er ähneln. Der immense und seit dem Aufkommen von Kabel- und Satellitenfernsehen stets zunehmende Fluß an Geldern in den Fußball ist gut dokumentiert[38] und die Summen, die für jedermann einsehbar sind, müssen an dieser Stelle nicht wieder zitiert werden.[39] Dennoch sollten wir hier kurz innehalten und uns den seismographischen Wandel im Fußball seit den frühen 1990ern vergegenwärtigen. Im Grunde habe ich (Jahrgang 1967) denselben Fußball geschaut, den mein Vater (Jahrgang 1939) immer geschaut hat – obwohl dieser immer beklagt hat, daß ich die großen Vereine der 1960er verpaßt habe (zu Recht, wie ich heute weiß). Die qualitative Differenz, welche *Premiership* und *Champions League* von heute zu den 1970er und 1980er Jahren aufweisen, ist enorm, und mein Sohn (Jahrgang 1998) kennt es gar nicht anders. Interessanterweise sind Vereine im Ganzen nicht viel reicher als sie es in den 1980ern waren:[40] Nach gewaltigen infrastrukturellen Investitionen finden zwar die Zuschauer bessere Bedingungen vor; der Großteil des Geldes (bis zu 68 % des Umsatzes in der *Premiership*)[41] fließt jedoch geradewegs in die Taschen von Top-Spielern, die einen Verein gegen den anderen ausspielen und dabei genau das tun, was der Fußball-Verband seit dem viktorianischen Zeitalter fast 100 Jahre erfolgreich verhindern wollte und konnte.

Während also das Grundmuster ähnlich ist, bestehen zwischen England und Deutschand dennoch auch grundlegende Differenzen. Analysen, die Sportphänomene allein in nationalkultureller Perspektive reflektieren, vereinfachen oft auf unzulässige Weise. Doch im Falle von Vereinsfinanzen erlauben die Fakten den Schluß, daß die Strukturen im Allgemeinen die Ergebnisse des Ansatzes der komparativen Varianten

---

[38] Commons Select Committee: Culture, Media and Sport Committee – Seventh Report. Football Governance, 19. Juli 2011 (URL: http://www.publications.parliament.uk/pa/cm201012/cmselect/cmcumeds/792/79202.htm).

[39] Gibson, Owen: Premier League Lands £3bn TV Rights Bonanza from Sky and BT. In: Guardian vom 13. Juni 2012 (http://www.guardian.co.uk/media/2012/jun/13/premier-league-tv-rights-3-billion-sky-bt): „The first TV deal of the Premier League era was worth £304m over five years. Under the new deal, clubs will be guaranteed £3bn from live rights, plus £180m from the BBC for Match of the Day. Once internet rights and overseas sales, which brought in £1.4bn under the current deals, are taken into account, the total is likely to easily top £5bn over three years."

[40] Commons Select Committee: Football Governance.

[41] Commons Select Committee: Football Governance, insbesondere Kapitel 4.

des Kapitalismus abbilden.[42] Anders ausgedrückt hält England im weitesten Sinne an einem liberalen oder anglo-amerikanischen Modell fest; Deutschland wiederum an einem restriktiveren und kollektiveren Modell; und Frankreich an einem noch restriktiveren Modell (obwohl 2005 die französischen Fernseheinnahmen fast den Einnahmen aus der *Premiership* gleichkamen). Darüber hinaus hat die deutsche Fankultur stärker an Traditionen festgehalten und einen großen Widerstand gegenüber dem Pay-TV an den Tag gelegt. Englische Vereine haben es geschafft, mehr Geld einzunehmen und damit bessere Spieler einzukaufen. Im Gefolge des Kirchmedia-Zusammenbruchs verfügt Deutschland heute über 10% weniger ausländische Spieler als England (bis ca. 2005 hatte es allerdings mehr), allerdings über mehr schlechtere ausländische Spieler.[43] Als Reaktion auf das Bosman-Urteil hat Deutschland seine Beschränkungen hinsichtlich des Einsatzes ausländischer Spieler stärker als jedes andere europäische Land gelockert – und damit, sei dies Ursache oder Folge, haben billigere ausländische Spieler die Ränge weniger wohlhabender Vereine besetzt, welche sich das Training eigener Spieler nicht leisten konnten.[44] Bezeichnenderweise war der erste deutsche Verein, der 2001 ein gesamtes Team aus Nicht-Deutschen aufgestellt hat, Energie Cottbus aus Ostdeutschland – im übrigen vier Jahre bevor Arsenal in England dies getan hat, allerdings aus ganz anderen Gründen.[45]

Die Frage, wie lange das englische Modell überleben wird, muß heute mit einem Fragezeichen versehen werden. Die einzelnen Ligen sind hochverschuldet und viele Vereine sind seit der Gründung der Premier League insolvent gegangen.[46] Angeregt durch Englands 4:1 Niederlage gegen Deutschland bei der WM 2010, hat ein Parlamentsausschuß des Ministeriums für Kultur, Medien und Sport eine Untersuchung des Zustands im englischen Fußball durchgeführt.[47] Im Juli 2011 hat der Ausschuß die Übernahme des deutschen Modells für englische Vereine empfohlen (was größere finanzielle Regulierung und ein viel niedrigeres Schuldenniveau erforderlich machen würde). Bislang hat die *Premiership* hierauf mit Hohn geantwortet.[48]

---

[42] Lago, Umberto / Simmons, Rob / Szymanski, Stefan: The Financial Crisis in European Football. In: Journal of Sports Economics 7.1 (2006), 3–12; Buraimo, Babatunde / Simmons, Rob / Szymanski, Stefan: English Football. In: Journal of Sports Economics 7 (2006), 29–46; Frick, Bernd / Prinz. Joachim: Crisis? What Crisis. Football in Germany. In: Journal of Sports Economics 7.1 (2006),60–75; Dietl, Helmut M. / Franck, Egon: Governance Failure and Financial Crisis in German Football. In: Journal of Sports Economics 8.6 (2007), 662–669.

[43] PFA Meltdown Report (URL: http://edition.pagesuite-professional.co.uk/Launch.aspx?referral=other&pnum=&refresh=J0z715Qso14L&EID=095118a5-4201-40ae-a055-1a7e3cf16837&skip= sowie: http://de.statista.com/statistik/daten/studie/5994/umfrage/anteil-auslaendischer-lizenz-spieler-in-der-bundesliga/ sowie: http://www.transfermarkt.co.uk/en/default/gastarbeiter startseite/basics.html)

[44] Niemann, Arne / Garcia, Borja / Grant, Wyn (Hg.): The Transformation of European Football. Towards the Europeanisation of the National Game, Manchester 2011; Niemann, Arne / Brand, Alexander / Spitaler, Georg: The Europeanization of Football: Germany and Austria Compared. In: Tomlinson, Alan / Young, Christopher / Holt, Richard (Hg.), Sport and the Transformation of Modern Europe. States, Media and Markets 1950–2010, London 2011, 187–204.

[45] Hesselmann, Markus / Ide, Robert: A Tale of Two Germanys. Football Culture and National Identity in the German Democratic Republic. In: Tomlinson, Alan / Young, Christopher: German Football. History, Culture, Society, London 2006, 36–51, hier 48.

[46] Commons Select Committee: Football Governance.

[47] Commons Select Committee: Football Governance.

[48] Premier League Response to the Culture, Media and Sport Select Committee

Wenden wir uns jetzt Deutschland zu. Deutschlands 0:1 Niederlage gegen England und das anschließende Ausscheiden während der Gruppenphase der EM 2000 stellte den absoluten Tiefpunkt der nationalen Fußballgeschichte dar, von dem sich das Land in den letzten zehn Jahren grandios erholt hat. Diese dem Phönix gleiche Auferstehung aus der Asche ist kein Produkt des Zufalls. Vereinfachend lassen sich vier grundlegende Faktoren für die deutsche Erholung bestimmen.

Erstens, die Klinsmann-Bierhoff-Löw-Revolution, die den Stil des deutschen Fußballspiels (zugunsten eines offensiveren, direkteren Systems) veränderte, neue Trainingsmethoden einführte (einschließlich nordamerikanischer Fitness-Techniken) und dem Nationaltrainer und seinem Stab eine größere Autonomie gegenüber den vom DFB und dem älteren FC Bayern dominierten Machtnetzwerken zusprach.[49] Signifikanterweise haben Elemente des Stils und Trainings wiederum in die Bundesliga-Vereine Eingang gefunden, so daß ein verstärkender Mechanismus zugunsten der Nationalmannschaft entstanden ist. In England kommt demgegenüber kaum etwas Gutes vom nationalen Aufgebot, was etwa in den Worten des jüngst verabschiedeten Gary Neville, daß seine 84 Nationalspiele eine Zeitverschwendung gewesen seien, zum Ausdruck kommt.[50] Zweitens, die bewußte und gezielte Integration in Deutschland geborener und lebender Spieler mit Migrationshintergrund in die Kader und Förderprogramme des DFB: Nachdem die deutsche Nationalelf bei der 1998 in Frankreich ausgetragenen Weltmeisterschaft so miserabel abschnitt, zog der Verband die Lehre aus dem Debakel, folgte dem erfolgreichen Konzept des triumphierenden Gastgebers und schuf in knappster Zeit eine lebendige, zum ersten Mal wahrhaftig multikulturelle Basis für die künftige Auswahl.[51] Drittens hat in Deutschland in den vergangenen 20 Jahren eine Entwicklung mit Blick auf den sozialen Status der Spieler stattgefunden. Anekdotisches Material von Fußballtrainern, die ich selbst interviewt habe, zeigt, daß seit 1990 deutlich mehr Kinder aus der Mittelschicht – im Einklang mit den Erwartungen ihrer Mittelschicht-Eltern[52] – ihren Karriereweg im Fußball gefunden haben. Marco Bode hat jüngst zu bedenken gegeben, daß die Zahl der Bundesliga-Spieler mit Abitur über dem bundesweiten Durchschnitt liegt und damit die Spieler intelligenter als die Zuschauer werden; unmittelbar nach der Jahrtausendwende konnte eine deutsche Nationalmannschaft bis zu 5 Abiturienten aufweisen; und in der derzeitigen Bayern-Mannschaft haben 13 von 24 Abitur oder Fachabitur.[53]

(URL: http://www.premierleague.com/content/dam/premierleague/site-content/News/publications/other/premier-league-reponse-to-culture-media-sport-select-committee.pdf)

[49] Schulze-Marmeling, Dietrich / Dahlkamp, Hubert: Siegen lernen mit Klinsmann und Löw. In: Schulze-Marmeling, Dietrich (Hg.): Die Geschichte der Fußball-Nationalmannschaft, Göttingen 2008, 525–569; von Osang, Alexander: Von fest zu flüssig. In: Der Spiegel vom 21. Juni 2010 (URL: http://www.spiegel.de/spiegel/print/d-71030059).

[50] Neville, Gary: Red. My Autobiograpy, London 2011.

[51] Schulze-Marmeling, Dietrich: Die Multi-Kulti-Nationalelf. In: Schulze-Marmeling, Dietrich (Hg.): Die Geschichte der Fußball-Nationalmannschaft, Göttingen 2008, 518–523. Blecking, Diethelm / Dembowski, Gerd (Hg.): Der Ball ist bunt. Fußball, Migration und die Vielfalt der Identitäten in Deutschland, Frankfurt am Main 2010. Zum Migrationshintergrund der französischen Nationalelf in den letzten zwei Dekaden, vgl. Dubois, Laurent: Soccer Empire. The World Cup and the Future of France, Los Angeles / Berkeley / London 2010.

[52] Zur Beinflußung der außerschulischen Aktivitäten ihrer Kinder vonseiten der Mittelschicht-Eltern, vgl. allgemein Gladwell, Malcolm: Outliers. The Story of Success, London 2008, 250–269.

[53] Schlieben, Michael / Schwenke, Philipp: Ob's für Polen reicht? Interview mit Marco Bode. In: Die Zeit vom 7. Juni 2008 (URL: http://www.zeit.de/online/2008/24/em-interview-bode). Die

Seit 1990 hat der deutsche Fußball eine Aufwertung seines Spielerkapitals erlebt, während sich eine Aufwertung in England auf Kartenpreise und Zuschauer beschränkte. Intelligenz/ Bildung ist jedoch aus drei Gründen wichtig: (1) sie erweisen sich als nützlich, insofern der Stil des Spiels zunehmend komplexer wird;[54] (2) sie vergrößern die Talentschmiede, aus der eine Mannschaft rekrutieren kann; (3) sie haben positive Auswirkungen auf das Verhalten. Auch wenn ich keine genauen Zahlen für England besitze – jüngste Belege weisen darauf hin, daß Fußball in der Arbeiterklasse verwurzelt bleibt und Bildung eine geringe Rolle spielt.[55] Das in den vergangenen zwei Jahren außergewöhnliche Verhalten eines John Terry, Ashley Cole, Stevan Gerrard und Wayne Rooney spricht hier Bände.

Viertens und abschließend besteht die Bundesliga heute darauf, daß Vereine nicht nur Jugendakademien betreiben, sondern diese auch regelmäßiger Kontrolle unterwerfen müssen, um ihre Lizenzen zu erhalten: Ein Nichterreichen der notwendigen Punktzahl würde zum Ausschluß aus der Liga führen. In Deutschland ist dies möglich, weil die Deutsche-Fußball-Liga in vielen Bereichen noch immer dem DFB untersteht; auch wenn sie unabhängig von diesem ist. Englischer Fußball wird im Gegenzug derzeit von drei unterschiedlichen Organisationen angeführt: der *Premier League* und der *Football League* (die die Vereine organisiert) sowie dem FA, der für einen Pokalwettbewerb und die Nationalmannschaft verantwortlich ist. Der FA hat keinen Einfluß auf die *Premier League*, und die meisten *Premier League* Vereine und Manager scheren sich um die Nationalmannschaft recht wenig Als Paradebeispiel sei nur der Trainer von Manchester United, Sir Alex Ferguson, genannt.

Fazit

In ihrem wunderbaren Buch „Wittgenstein's Poker" zitieren David Edmonds und John Eidenow die berühmte Begebenheit im *Moral Sciences Club* im King's College in Cambridge, als Ludwig Wittgenstein ein Schüreisen aus dem Feuer geholt und damit Karl Popper wegen einer grundlegenden philosophischen Meinungsverschiedenheit gedroht haben soll.[56] Genutzt hat Wittgenstein das Gerät dann als Ausgangspunkt für eine kulturwissenschaftliche Untersuchung sowohl sozialer als auch intellektueller Lebensbeschreibungen beider Protagonisten dieser Szene. Am Ende ihres Buches schlußfolgern Edmonds und Eidenow, daß es irrelevant sei, ob dieses heiß debattierte Ereignis jemals stattgefunden habe oder nicht. Vielmehr habe es mit Blick auf die bis zu diesem Moment verlaufenden Laufbahnen der beiden Männer stattfin-

Bayern-Statistiken stammen von Schulze-Marmeling, Dietrich: Mündlicher Vortrag, Rotary-Club, Münster, 2011. Dietrich Schulze-Marmeling danke ich herzlich für Ratschläge und den großzügigen Blick in sein noch unveröffentlichtes Manuskript.

54 Vgl. im Allgemeinen Wilson, Jonathan: Inverting the Pyramid. The History of Football Tactics, London 2008.

55 Kuper, Simon / Szymanski, Stefan: Why England Lose and Other Curious Football Phenomena Explained, London 2009, 8–55. Zu einem ahnlichen Ergebnis (mit Italien als Vergleichsland) kommen Vialli, Gianluca / Marcotti, Gabriele: The Italian Job. A Journey to the Heart of Two Great Footballing Culture, London 2006, 17–40.

56 Edmonds, David / Eidenow, John: Wittgenstein's Poker. The Story of a Ten-Minute Argument between Two Great Philosophers, London 2001.

den müssen. Unter Berücksichtigung des Zusammenspiels von Vereins- und internationalem Fußball in England und Deutschland würde ich ähnlich schlußfolgern, daß 1966 der Ball hätte drin sein müssen und 2010 die Linie nicht hätte überschreiten dürfen.

Dieser – aus englischer Perspektive – traurigen Erzählung sei aber abschließend eine weitere historische These beigefügt. Wie bereits erwähnt, war der kritische Augenblick 1991–1992, als die englische *Premiership* gegründet wurde, für die Zukunft der Nationalmannschaft entscheidend. In gewisser Hinsicht kann man behaupten, daß Finanzen den englischen Vereinsfußball verbessert, jedoch dem zunehmenden Mangel an internationalem Erfolg Vorschub geleistet haben. Betrachten wir jenen kritischen Moment jedoch genauer, wird die Rolle eines weiteren Faktors offenbar. Von Beginn an war der englische Fußball aufgeteilt zwischen dem FA und der *Football League*, zwischen den Aristokraten, die das Spiel gegründet hatten und der Arbeiterklasse, die es auf dem Spielfeld zunehmend dominierte. Diese extreme Zweiteilung des englischen Fußballs ist sonderbar, hat aber über ein Jahrhundert lang gut funktioniert. Im deutschen Fußball sind die Klassenunterschiede weniger stark ausgeprägt, da der Sport von der neuen Mittelschicht aufgenommen und ins Land gebracht wurde und dann, in der Zwischenkriegszeit, die Arbeiterklasse erreicht hat. Das Bestehen einer Profi-Liga von Beginn an erlaubte den FA-Eliten, wegzuschauen und an einem Ethos des Amateurismus festzuhalten. Nun der Sprung zu 1991. In ihrem Bemühen um einen größeren Anteil an den Fernseheinnahmen entschieden die fünf besten Vereine, die *Football League* zu verlassen und ihre eigene League zu gründen. Um die anderen davon zu überzeugen, es ihnen gleichzutun, brauchten sie einen neutralen Vermittler. Und so wandten sie sich an den FA. In einem für das nationale Spiel kritischen Moment übernahm der FA den Vorsitz der Sitzungen, schaute allerdings im Wesentlichen wieder einmal weg. Als einige Angelegenheiten strittig wurden, erklärte Sir Bert Millichip, der 77jährige Vorsitzende des FA, dessen Name direkt dem 19. Jahrhundert entspringt, den Vereinen ganz einfach: ‚Es ist eure Liga, tut was ihr wollt.'[57] Eine historische Gelegenheit für eine größere Koordination zwischen dem Vereins- und internationalem Fußball war damit verloren – jetzt, wie es aussieht, für immer. Der FA beharrte weiterhin auf seinen aristokratischen Ansprüchen und gab 750 Millionen britische Pfund für das neue Wembley Stadium aus (Deutschland und andere führende Nationen brauchen kein Nationalstadion) – die Summe, die man in der letzten Dekade hätte aufbringen müssen, um Manchester United zu kaufen. Heute ist der FA von der Supermarkt-Kette Tesco abhängig, um seine „Graswurzel"-Jugendentwicklung zu finanzieren. Trotz der späten Entwicklung einer Profiliga und trotz der langwierigen, berühmt-berüchtigten Debatten über den Amateurismus in der Weimarer Republik und im Dritten Reich[58] – Deutschlands Beziehung zur Professionalisierung und Kommerzialisierung war deutlich weniger verklemmt, viel weniger *upstairs*, *downstairs* als in England.

Ein ehemaliger Arsenal- und England-Stürmer, heute Sportreporter und die „Stimme des Volkes", Ian Wright, hat 2011 in der *Sun* erklärt: *The simple fact is we are*

---

[57] Bose, Mihir: Interviews. In: London Evening Standard vom 24. März 2011 (URL: http://business.highbeam.com/5729/article-1G1-252324372/fa-have-hindered-england-they-need-copy-germany-big).

[58] Vgl. Havemann, Nils: Fußball unterm Hakenkreuz. Der DFB zwischen Sport, Politik und Kommerz, Frankfurt am Main 2005.

just NOT GOOD ENOUGH. Im folgenden regte Wright England an, junge Spieler wie in Deutschland hervorzubringen und fügte hinzu:

> „For too long the FA's top brass have seemed more concerned on whether we look right — whether the ties are done up and top buttons fastened — rather than the real problem. "[59]

Wright hat Recht. Und hätte er die großen Klassiker der deutschen und englischen Sportgeschichte von Christiane Eisenberg und Richard Holt gelesen,[60] würde er mir wahrscheinlich in der Aussage zustimmen, daß Englands Problem der letzten 10 Jahre bis ins 19. Jahrhundert zurückreicht.

[59] Wright, Ian: Ian Wright says England can forget about winning the Euros – and the World Cup. In: The Sun vom 10. Oktober 2011 (URL: http://www.thesun.co.uk/sol/homepage/sport/sunsport_columnists/3864425/Ian-Wright-says-England-can-forget-about-winning-the-Euros-and-the-World-Cup.html).

[60] Eisenberg: English Sports; Holt: Sport and the British.

Jutta Braun

Zuschauersport im Staatssozialismus – Fußball in der DDR

Fußball nach Plan

Die Geschichte der Bundesliga, generell des westdeutschen Fußballs, hatte 40 Jahre lang einen kleineren, weniger erfolgreichen, gleichwohl äußerst eigenwilligen Zwillingsbruder: Fußball in Ostdeutschland. Während jedoch der Bundesliga von Historikern und Kulturwissenschaftlern mittlerweile der Stellenwert eines deutschen Erinnerungsortes[1] zuerkannt wird, scheint die Erinnerung an den DDR-Fußball in gesamtdeutscher Perspektive verblasst. Autor und Fußballfan Christoph Diekmann sieht darin jedoch wenig Verwunderliches:

> „Verständlich, aber fruchtlos ist der ostdeutsche Ärger, daß die Granden des DDR-Fußballs im Westen unverdientermaßen viel weniger bekannt sind als die West-Stars bei uns. So war eben die Zeit der deutschen Teilung. Wir guckten nach Westen. Der Westen auch."[2]

Die Ursache der Blickrichtung hing auch mit dem Leistungsgefälle zwischen Ost und West zusammen: während der DFB drei WM- und zwei EM-Titel verbuchen konnte, erreichte die DDR-Auswahlmannschaft nur einmal die Endrundenteilnahme eines Turniers – wobei hier immerhin der legendäre Überraschungscoup des Sparwasser-Tores im Hamburger Volksparkstadion 1974 und gegen die Bundesrepublik gelang. Über die Ursachen für die Leistungsdifferenz zwischen Ost und West ist bereits viel spekuliert worden. Ein Grund lag mit Sicherheit in einer Benachteiligung des Fußballs, die aus der Olympiafixierung der DDR-Sportführung erwuchs. Von Beginn an hatte sich die DDR, im Fahrwasser der Sowjetunion, dem Ziel des olympischen Erfolgs verschrieben, insbesondere im direkten Vergleich mit der Bundesrepublik. Daß dieses ambitionierte Ziel seit 1968 in jedem olympischen Jahr wieder aufs Neue erreicht wurde, war einer Konzentration auf die medaillenintensiven Sportarten geschuldet; so wurden etwa Leichtathletik, Rudern und Schwimmen hinsichtlich Ressourcen und Talentzuteilung bevorzugt. Auf die Frage eines westdeutschen Journalisten, weshalb so wenige hochgewachsene Spieler in der Auswahl so zu finden seien, bemerkte im Jahr 1986 der Trainer des FC Carl Zeiss Jena resigniert: „Die langen Fußballer sind bei uns Ruderer."[3] Umstritten ist jedoch, inwieweit die Partei und ihre Massenorganisation im Sport, der Deutsche Turn- und Sportbund (DTSB) unter

---

[1] So Gebauer, Gunter: Die Bundesliga In: François, Etienne / Schulze, Hagen (Hg.): Deutsche Erinnerungsorte. Eine Auswahl, München 2005, 463–476.

[2] Diekmann, Christoph: Meine schwarze Perle. In: Stridde, Thomas: Die Peter-Ducke-Story, Jena 2006, 5–7, hier 7.

[3] Der Fußball-Trainer aus Jena leistet sich Träume, weil er Realist ist. In: FAZ vom 18. September 1986.

Manfred Ewald, tatsächlich den Fußball kleinhalten wollten. Daß Olympia Priorität hatte, war einerseits keine Frage. Bob Edelmann hat hinsichtlich des Sports in der Sowjetunion konstatiert, daß die sture Betonung des Olympismus als Äquivalent zur langjährigen Bevorzugung der Schwerindustrie zu sehen sei, olympische Pläne wurden mit der Verbissenheit und der logistischen Anstrengung des Baus von Stahlhütten, Staudämmen und Turbinen in Angriff genommen.[4] Und auch in der DDR wurde mit einem unvergleichlichen Personal- und Ressourcenaufwand das olympische Unternehmen systematisch betrieben und ausgebaut; der olympische Wettbewerbs-Zyklus von vier Jahren passte sich hierbei ideal in das in Jahresplänen denkende ökonomische Plangetriebe der DDR ein.[5] Olympische Geschichten waren Erzählstränge des erfolgreichen sozialistischen Aufbaus; Kreis- und Bezirksspartakiaden für Heranwachsende pflanzten seit 1965 das Denken und Handeln in olympischem Format und in olympischer Symbolik, inklusive Fackelentzündung, auch auf der lokalen Ebene und in den Köpfen der Kinder und Jugendlichen fort. Angesichts dieses Aufwandes erklärte der ehemalige Nationaltrainer Georg Buschner:

> „Der DTSB, diese verbrecherische Organisation, hatte doch alles getan, was man gegen den Fußball tun konnte. Der Fußball war diesem Ewald, diesem Räuber, diesem früheren HJ-Führer, zu populär."[6]

Solche und ähnliche Einlassungen von Zeitgenossen aus dem ehemaligen aktiven DDR-Fußballumfeld spiegeln das Gefühl von Enttäuschung, gleichwohl kann – nach bisherigem Kenntnisstand – eine derartige Ungunst, sogar Schadensabsicht seitens der DTSB-Führung nicht konstatiert werden. Vielmehr wusste die ostdeutsche Sportführung die Massenwirksamkeit des Fußballs sehr wohl zu schätzen und widmete ihm deshalb auch von Beginn an große Aufmerksamkeit. Zur Erreichung einer flächendeckenden Versorgung mit Fußballsport unternahm die SED sogar weitreichende, wenn auch dirigistische und deshalb häufig unbeliebte Anstrengungen: Hierzu gehörte die Verpflanzung von Mannschaften zur Schaffung einer gleichmäßigen Verteilung von leistungsfähigen Clubs über die DDR-Fußballlandkarte, unter möglichst ausgewogener Berücksichtigung jedes einzelnen Bezirks, bis hin zur Bildung von elf so genannten Fußball-Schwerpunkten in den Jahren 1965/1966. Schematisches Plandenken bestimmte also auch hier das neu entstehende organisatorische Grundgerüst des Fußballs. Ebenso duldete der DTSB die Existenz halblegaler Spielräume, die sich Fußball-Clubs wie Betriebssportgemeinschaften in Kooperation mit Werksdirektoren und SED-Bezirksverantwortlichen bald selber schufen. Denn erfolgreicher Fußball hängt immer und überall auf der Welt an herausragenden Spielerpersönlichkeiten, und da diese auch in der DDR begehrt und umworben waren, gab es für sie auch stets einen verdeckten Markt, der allerdings in der Mangelwirtschaft des Sozialismus nicht allein mit Geldprämien, sondern ebenso mit der Versorgung mit Wohnraum und Fahrzeugen lockte.[7] Ein Ligabetrieb auf hohem Niveau lag im Interesse der SED-Funktionäre, und demgemäß fokussierte auch die DDR-Sport-

---

[4] Edelman, Robert: Serious Fun. A History of Spectator Sports in the USSR, Oxford 1993.

[5] Sogar Doping geriet zum ‚Staatsplanthema'.

[6] Stridde: Peter-Ducke-Story, 46f.

[7] Für die BSG Stahl Brandenburg hat dies ausführlich beschrieben: Klaedtke, Uta: „Stahl Feuer!!!" – Die Fußballer des Stahl- und Walzwerkes Brandenburg zwischen politischer Anpassung und betrieblichem Eigensinn. In: Teichler, Hans Joachim (Hg.): Sport in der DDR. Eigensinn, Konflikte, Trends, Köln 2003, 237–270.

presse weniger auf die nur mäßig erfolgreiche internationale Ebene, sondern vor allem auf die Meisterschaft und den Pokalwettbewerb.[8] Doch in einem Punkt ist Georg Buschner recht zu geben: Das heikle Verhältnis zwischen Staatsmacht und Popularität des Fußballs. Zwar störte die Parteiführung nicht per se die Beliebtheit dieser Sportart – ganz im Gegenteil suchte man besonders in der Frühphase der DDR die Zuschauermassen in den Stadien gezielt für eigene politische Zielsetzungen einzustimmen. Als problematisch erwies sich jedoch, daß die Schar der Fußballanhänger – jede Generation auf ihre Weise – eigene soziale und kulturelle Bindungskräfte im Fußball fand und verteidigte, die mitunter quer zu den gesellschaftspolitischen Absichten der SED lagen. Somit geriet die eigentliche Stärke des Fußballs, seine Verwurzelung bei den breiten Massen der Fußballbegeisterten, für die SED immer wieder aufs Neue zu einem Steuerungsproblem. Im Folgenden sollen fünf Konfliktlinien der DDR-Fußballfans mit der Staatsmacht nachgezeichnet werden, in denen auch das Verhältnis zur Bundesrepublik zuweilen eine entscheidende Rolle spielte.

Sportpublikum und staatliche Lenkung

Ausführlich hat Hans Joachim Teichler nachgewiesen, wie Tumulte in der Frühphase die Umgestaltung der traditionellen Vereine in Organisationen sozialistischen Zuschnitts begleiteten. Dies zeigten etwa die Vorfälle während der Begegnung der SG Planitz mit der Zentral-Betriebssportgemeinschaft Industrie Leipzig am 1. Mai 1949 im Rahmen der sächsischen Fußballmeisterschaft. Nach einer offenbar schwachen Leistung des Schiedsrichters, der kurz vor der Halbzeit ein Tor für Planitz nicht anerkannte, kam es zu wütenden Protesten der Zuschauer, die das Spiel vor allem als eine Auseinandersetzung zwischen Vereinsprinzip und neuer, unbeliebter BSG Organisationsform verstanden.[9] Eine ähnliches Szenario ergab sich, als die beliebteste Nachkriegsmannschaft der Ostzone, die SG Dresden Friedrichstadt, am letzten Spieltag der Saison 1949/50 ein Duell gegen die ZSG Horch Zwickau haushoch verlor. Die Männer um Helmut Schön stammten zum großen Teil aus der letzten Meistermannschaft von 1944, dem Dresdener SC und verkörperten damit besonders stark die alte Vereinstradition. Die Tumulte im Publikum richteten sich nicht zuletzt gegen den anwesenden Walter Ulbricht.[10] Zu Beginn der 1960er Jahre war es die Verärgerung über das von oben verordnete Verschieben von Mannschaftsteilen, das die Fußballbasis in Aufruhr versetzte. So beabsichtigten die SED-Funktionäre eine Neuordnung des Fußballs in Leipzig: Die besten Spieler der Bezirksstadt aus den Sportclubs „Rotation“ und „Lokomotive“ sollten künftig als Sportclub Leipzig antreten. Spieler, die den Ansprüchen des neuen Clubs scheinbar nicht genügten, wurden hingegen aussortiert und in der BSG Chemie Leipzig unter Trainer Alfred Kunze

[8] So Spitzer, Giselher: Die Sonderrolle des Spitzen-Fußballs in der DDR: Funktionalisierungen – Identitäten – Konkurrenzen. In: Pyta, Wolfram (Hg.): Der lange Weg zur Bundesliga. Zum Siegeszug des Fußballs in Deutschland, Münster 2004, 241–282, hier 262.

[9] Teichler, Hans Joachim: Fußball in der DDR. In: Aus Politik und Zeitgeschichte 56 (2006) Nr. 19, 26–33.

[10] Ebd.

gesammelt. Auch fortan sollte Chemie als „Zulieferer" die besten Talente an seinen lokalen Konkurrenten delegieren. Doch das Herz des Publikums gehörte dem gebeutelten „Rest von Leipzig". Mit einem Schnitt von mehr als 20 000 Zuschauern zogen die Chemie-Spiele doppelt so viele Zuschauer an wie die Heimauftritte des SC Leipzig. Die Saison 1963/64 wurde zum überraschenden Triumphzug der Außenseiter, die am Ende sogar den Meistertitel der DDR-Oberliga gewannen.[11] Hier scheint eines der sozialhistorischen Elemente auf, die die Zuschauerschaft des Fußballsports mit vormodernen Traditionen verbinden, in diesem Fall die öffentliche Volksbelustigung darüber, der Obrigkeit erfolgreich ein Schnippchen geschlagen zu haben.[12] In der Frühphase des DDR-Fußballs war allerdings noch kaum grundsätzliche Kritik an den politischen Verhältnisse zu vernehmen, allein ihre Auswirkungen auf die Gestalt des Fußballsports bildeten den Stein des Anstoßes für das Publikum.

In nahezu allen Dekaden haderte die SED allerdings mit dem Zuschauerverhalten, soweit es sich um deutsch-deutsche Begegnungen im Fußballsport handelte. Zu einem Markstein wurde hierbei der „Fußballgroßkampf" von Leipzig – eine Reklamelosung, mit der die DDR im Oktober 1956 ein Freundschaftsspiel zwischen dem 1. FC Kaiserslautern und dem SC Wismut Karl-Marx-Stadt im neuerbauten Zentralstadion von Leipzig ankündigte. Die beiden populären Titanen des ost- und westdeutschen Fußballs sollten aufeinandertreffen, die Pfälzer zählten in ihren Reihen drei „Helden von Bern", und auch Wismut hatte fünf Nationalspieler aufzuweisen. Der Andrang der Zuschauer war überwältigend, Fans durchwachten die Nächte vor den Kartenhäuschen, das Spiel war im Nu ausverkauft. Mit der artistischen Leistung eines Hackentors krönte Fritz Walter das spannende Spiel, das 5:3 für die Pfälzer endete.[13] Doch registrierte die SED mit Sorge, welche Begeisterung die bundesdeutschen Kicker bei den DDR-Anhängern ausgelöst hatten. Die Nacht von Leipzig bestätigte und verstärkte den sich bereits seit längerer Zeit abzeichnenden Eindruck bei der Parteiführung, daß der innerdeutsche Sportverkehr nicht als Werbeträger der DDR funktionierte, sondern vielmehr massive Strahlkraft zugunsten des Westens ausübte. Konsequenterweise begann die DDR bereits Ende der 1950er Jahre, sich aus dem gesamtdeutschen Sportverkehr zurückzuziehen, bevor der Mauerbau ohnehin jeden unbeschwerten sportlichen Austausch beendete.

Als unbestrittener Tiefpunkt der deutsch-deutschen Fangeschichte im Fußball können jedoch zweifellos die Olympia-Qualifikationsspiele von Düsseldorf und Ost-Berlin im Jahre 1959 gelten – und zwar schon allein deshalb, da überhaupt keine Zuschauer anwesend sein durften. Dabei handelte es sich um das prestigeträchtige erste Duell zweier deutscher Fußball-Nationalmannschaften, gekämpft wurde um das Ticket für die Olympischen Spiele 1960 in Rom. Doch außer Journalisten und einer Handvoll Funktionären herrschte gähnende Leere im weiten Rund des Walter-Ulbricht-Stadions an der Ost-Berliner Chausseestraße, das gleiche Bild ergab sich eine

---

[11] Die Meisterelf wurde später lebensgroß in Beton gegossen und steht noch heute im nach ihrem Trainer benannten Alfred-Kunze-Sportpark. Barsuhn, Michael: Der „Rest von Leipzig". In: Wiese, René / Braun, Jutta: Ästhetik und Politik. Deutsche Sportfotografie im Kalten Krieg, Hildesheim 2008, 52.

[12] So ist der Fußballsport generell dadurch gekennzeichnet, daß alte Werte und Mentalitäten „erfolgreich in einen neuen, modernen Lebensstil integriert werden." Brändle, Fabian / Koller, Christian (Hg.): Goooal!!! Kultur- und Sozialgeschichte des modernen Fußballs. Zürich 2002, 69.

[13] Braun, Jutta: „Fußballgroßkampf". Das Fritz Walter Tor in Leipzig. In: Wiese / Braun: Ästhetik und Politik, 82.

Woche später im Düsseldorfer Rheinstadion. Der erbitterte Streit um den Austragungsmodus der Begegnung hatte zu der äußerst unglücklichen Lösung der Aussperrung der Zuschauer geführt, so daß die Spiele schließlich als „Geisterspiele" in die deutsche Sportgeschichte eingehen sollten.[14]

Während für die Bundesrepublik die Fan-Aussperrung des Jahres 1959 nur eine Episode blieb, entwickelte sich die DDR in den kommenden Jahrzehnten zum wahren Meister, was die Manipulation, Beeinflussung, auch Bedrohung und sogar Bestrafung ihres Sportpublikums auf den Rängen und Tribünen der Fußball-Arenen betraf. Während die DDR bei Olympia brillierte, agierten ihre Fußballer auf internationaler Ebene trotz einiger Höhepunkte insgesamt enttäuschend. So nimmt es nicht Wunder, daß der sehnsüchtige Blick der Fans regelmäßig über die Grenze hin zu den bundesdeutschen Ligamannschaften und dem Nationalteam des DFB wanderte.[15] Aufgrund des West-Reiseverbots blieb es den DDR-Fans allerdings verwehrt, unmittelbar Spiele der Bundesliga zu besuchen. Jedoch machten sie sich zu Hunderten, manchmal Tausenden auf und reisten in den Ostblock, wann immer ihre westdeutschen Fußball-Idole dort ein Match zu bestreiten hatten. Zum alarmierenden politischen Schlüsselerlebnis wurde für die SED im Jahr 1971 der Auftritt der bundesdeutschen Nationalmannschaft beim Europameisterschafts-Qualifikationsspiel gegen die Volksrepublik Polen in Warschau.

> „Unter den 1162 Besuchern aus der DDR befanden sich nach den Ermittlungen des MfS 106 Personen, die in verschiedener Art und Weise für die westdeutsche Mannschaft auftraten. Außerdem wurden 41 DDR-Bürger ermittelt, die für die westdeutsche Nationalmannschaft und für den westdeutschen Fußballsport demonstrative Handlungen begingen",

hielt ein MfS-Bericht fest. Deutsch-deutsche Parolen auf Transparenten der DDR-Fans wie „Chemnitz grüßt die deutsche Nationalelf und den Kaiser Franz" ließen der SED den politischen Schrecken in die Glieder fahren, es erfolgte eine Überprüfung aller zum Spiel angereister DDR Bürger.[16] Zu ihnen gehörten der 21jährige Hans-Christian Maaß, Student der Agrarwissenschaften aus Berlin und zwei seiner Kommilitonen. Da der DFB zu jener Zeit Karten für Ost-Fans vorhielt, hatten sie ihre Tickets direkt im DFB-Mannschafts-Hotel abgeholt und dabei auch mit westdeutschen Spielern sprechen und Autogramme von ihren Idolen wie Beckenbauer und Netzer ergattern können. Nach dem Spiel in Warschau ordnete Erich Mielke umfangreiche Ermittlungsmaßnahmen an. Die Seminargruppe von Hans Christian Maaß an der Humboldt-Universität wurde vom FDJ-Sekretär und der Fakultätsleitung einbestellt.

> „Es wurde also dieser Gruppe nunmehr erklärt, daß wir drei uns bei diesem Fußballspiel aufgehalten hätten, und daß wir natürlich einseitig für die Mannschaft der imperialistischen BRD Beifall geklatscht hätten und nicht für die Mannschaft der sozialisti-

---

[14] Wiese, René: Deutsch-deutsche Geisterspiele. In: Wiese / Braun: Ästhetik und Politik, 102.

[15] Braun, Jutta / Wiese, René: DDR-Fußball und gesamtdeutsche Identität im Kalten Krieg. In: Historical Social Research, Historische Sozialforschung, 4 (2005), 191–210.

[16] Vgl. die entsprechende Diskussion im ZK am 17.11.1971 in: Teichler, Hans Joachim (Hg.): Die Sportbeschlüsse des Politbüros, Bonn 2002, 609–614.

> schen Volksrepublik Polen, und dies sei völlig gegen das Absolventenbild eines sozialistischen Absolventen einer sozialistischen Universität."[17]

Alle Studenten des Seminars wurden gedrängt, die Haltung von Hans-Christian Maaß und seinen Freunden zu verurteilen – andernfalls drohte Ausschluß von den Hauptprüfungen. Dementsprechend fiel die politische Beurteilung für die drei Fußballfreunde derart schlecht aus, daß sie exmatrikuliert wurden.

> „Wir haben das als ein ganz großes Unrecht angesehen, eine ganz furchtbar uns betreffende Mißhandlung, als wir uns darüber klar wurden, daß in der DDR für uns keinerlei berufliche Perspektive mehr da ist. Mit diesem Brandzeichen sind wir also ein für alle Mal als Leitungskader sowieso völlig unmöglich und können unsere berufliche Karriere an den Haken hängen."[18]

In den 1970er Jahren nahm sich das MfS verstärkt der „Sicherungsaufgaben bei Großsportveranstaltungen" an, wenn „Fußballmannschaften der BRD-Profiliga beteiligt" waren.[19] Die „politisch-operativen Abwehrarbeit" sollte vor allem „massenwirksame Auftritte in Verbindung mit Bürgern der DDR, wartenden ‚Fans', Autogrammjägern und Souvenirsammlern vorbeugend verhindern."[20]

Das Jahr 1974 wurde zum besonderen Fußballjahr nicht nur für die Bundesrepublik, sondern auch für die DDR: Während das bundesdeutsche Team schließlich den Weltmeistertitel erringen konnte, gelang der DDR kurz zuvor immerhin der Überraschungssieg von Hamburg 1974. Doch lag der wohl schönste Erfolg des DDR-Fußballs zu diesem Zeitpunkt bereits ein paar Wochen zurück: In Rotterdam hatte der 1. FC Magdeburg im Finale des Europapokals der Pokalsieger den AC Milan besiegt. Während sich die glücklichen Spieler in weißen Malimo-Bademänteln ablichten ließen, stießen einige hundert Kilometer entfernt west- und ostdeutsche Sportfunktionäre auf eine historische Einigung an: Am 8. Mai 1974 unterzeichneten DTSB und DSB in Frankfurt am Main das so genannte Sportprotokoll, das künftig einen geregelten Freundschaftsspielverkehr zwischen beiden deutschen Staaten sicherstellen sollte. Das Vertragsabkommen war Bestandteil der Versuche innerhalb der Ost-Politik Willy Brandts, zwischenmenschliche Erleichterungen und Begegnungen zwischen beiden deutschen Staaten zu ermöglichen.[21]

Jedes der drei Ereignisse im Jahr 1974 hatte eine spezielle Dimension in Bezug auf die Fußballzuschauer: Zum deutsch-deutschen Duell im Volksparkstadion durften ohnehin nur ausgesuchte Parteimitglieder reisen, die durch gestelzte Parolen auffielen: „Touristendelegation" war der bürokratische Name, den die Partei diesen handverlesenen Zuschauer-Gesandtschaften in internen Papieren gab.[22] Eine solche

---

[17] Hans-Christian Maaß im Gespräch mit Dorothea Jung. Deutschlandfunk, Nachspiel: Stasi am Ball, 3.10.2012.

[18] Ebd.

[19] Erfahrungen und Erkenntnisse der politisch-operativen Abwehrarbeit im Zusammenhang mit Großsportveranstaltungen, insbesondere Fußballspielen, o.D. BStU MfS HA XXII Nr. 1738.

[20] Ebd.

[21] Braun, Jutta: Klassenkampf nach Kalenderplan. 30 Jahre deutsch-deutsches Sportprotokoll. In: Deutschlandarchiv 37 (2004) Nr. 3, 405–414.

[22] Die Kriterien der Staatssicherheit für die Auswahl solcher ‚Touristen', niedergelegt in einer Anlage zum Befehl Nr. 35/74 des Ministers für Staatssicherheit, sind beispielhaft für das UEFA-Pokalspiel HSV gegen Dynamo Dresden am 27.11.1974 abgedruckt in: Wiese, René / Braun, Jutta (Hg.): Doppelpässe. Wie die Deutschen die Mauer umspielten, Berlin 2006, 113.

Delegation war auch in Rotterdam beim großen Abend der Magdeburger präsent, gleichwohl konnte sie nicht den Eindruck ausgleichen, daß das Stadion viele leere Plätze aufwies – Folge des Umstands, daß der SED-Staat die Anhänger von Magdeburg nicht hatte ausreisen lassen. Die kümmerliche Kulisse von 5000 Zuschauern spiegelte auch die damals schwierige internationale Situation des DDR-Fußballs: Die gastgebenden Holländer interessierten sich nicht für den Auftritt der Ostdeutschen, und die Tifosi hielten das Spiel von vornherein für gewonnen. Wolfgang „Paule" Seguin, mit 57 Einsätzen der ‚Mister Europacup' seines Klubs, bedauert noch heute: „*Die eigentlichen Fans mussten zu Hause bleiben* [...] *auch unsere Frauen.*"[23] Und auch der unter den Vorzeichen der Entspannungspolitik vereinbarte Sportkalender erbrachte in den folgenden Jahren keinerlei Erleichterung. Ganz im Gegenteil wirkt bis heute befremdlich, mit welcher Intensität die Sportführung jeden der kommenden, harmlosen Freundschaftsvergleiche vom Moment der ersten Verabredung bis hin zur gegenseitigen Verabschiedung minutiös plante und überwachte. So wurde etwa ein Vergleich zwischen Dynamo Dresden und Hertha BSC, es war der erste der beiden Klubs überhaupt, auf Seiten des DTSB und der Dresdner mit einer mehrseitigen Konzeption vorbereitet, die alle Unwägbarkeiten des Zusammentreffens zu antizipieren suchte.[24] Die *politisch-ideologische Vorbereitung auf den Vergleichskampf* umfaßte dabei, in einer erweiterten Parteigruppenversammlung mit allen Delegationsmitgliedern

> „nochmals intensiv die Frage der Abgrenzung zu diskutieren. Gleichermaßen ist hier auf die Rolle des Leistungssports in der Klassenauseinandersetzung mit dem imperialistischen System, speziell dem in der BRD, einzugehen."[25]

Die Abschottung sollte nicht nur ideologisch, sondern auch ganz praktisch erfolgen:

> „Vom Eintreffen bis zur Verabschiedung der Delegation von Hertha BSC werden Gespräche grundsätzlich nur von Leitung zu Leitung geführt. Die Gespräche haben sich auf die Austragung des Vergleiches zu beschränken (Gespräche mit anderen Personen sowie zwischen den Aktiven sind zu vermeiden). Nach Beendigung des Vergleichs hat kein Jerseyaustausch zu erfolgen."[26]

Und natürlich bereitete auch das Publikum den Funktionären Kopfzerbrechen. Daß sich ein Großteil der Überlegungen darauf konzentrierte, den Hertha-üblichen Wurf von Berliner Teddybären in die Zuschauerränge zu verhindern, zeigt, auf welch banalen Ebenen sich die Abgrenzungswut der SED bewegte. Mit protokollarischen Absprachen suchte man das Unvermeidliche zu verhindern. „*Falls sie trotzdem mit Bären auflaufen*" beabsichtigte die DDR-Sportführung, sich anschließend beim DSB in

---

[23] http://www.dfb.de/index.php?id=511739&tx_dfbnews_pi1[showUid]=18061&&tx_dfbnews_pi1[article_page]=1&tx_dfbnews_pi1[sword]=1974 Seguin&tx_dfbnews_pi4[cat]=143&type=0

[24] SV Dynamo, SG Dynamo Dresden, 15.3.1978, Konzeption für die Vorbereitung des internationalen Wettkampfes der SG Dynamo Dresden gegen den Westberliner Sportklub Hertha BSC am 26.4.1978 in Dresden. Bundesarchiv Berlin DY 12/3139. Die Vorbereitung mit Konzeptionen war das übliche Verfahren bei allen Sportkalender-Begegnungen in dieser Zeit, unabhängig von der Sportart. Vgl. Braun, Jutta: Klassenkampf im Flutlicht. Innerdeutscher Sportverkehr 1974–1989, In: Teichler: Sport in der DDR, 61–132.

[25] SV Dynamo, SG Dynamo Dresden, 15.3.1978, Konzeption für die Vorbereitung des internationalen Wettkampfes der SG Dynamo Dresden gegen den Westberliner Sportklub Hertha BSC am 26.4.1978 in Dresden. Bundesarchiv Berlin DY 12/3139, 4.

[26] Ebd., 7.

den nächsten Verhandlungen über Sportbegegnungen zu beschweren.[27] Wurde schon bei einem Freundschaftsspiel ein solcher Aufwand betrieben, so konnte man erahnen, was in den „Ernstfällen" von deutsch-deutschen Begegnungen im Rahmen internationaler Turniere staatlicherseits unternommen wurde. Eine solche Gelegenheit ergab sich, als am 15. September 1982 der bundesdeutsche Meister HSV in Ost-Berlin beim DDR-Meister BFC Dynamo im Friedrich-Ludwig-Jahn-Sportpark antrat. Szenen spontaner deutsch-deutscher Fan-Verbrüderungen wollte man hier unbedingt vermeiden, zumal auch die Westmedien das Spiel im Blick hatten. Warum also unberechenbare Fans ins Stadion lassen, die womöglich eine lautstarke Vorliebe für Horst Hrubesch, Felix Magath oder Manfred Kaltz pflegten, wenn es genug fußballinteressierte Staatssicherheitsbeamte gab? Nur 2000 – politisch vorher ausgewählte – BFC-Fans erhielten dementsprechend Karten, die übrigen Plätze auf den Tribünen wurden von Stasi-Mitarbeitern, Dynamo-Angehörigen, Volkspolizisten und Funktionären eingenommen.[28] Doch nicht nur der eigene Anhang wurde von der Stasi eingehegt: Aus der Bundesrepublik durften gerade 300 Fans anreisen, ein verschwindendes Häuflein, das im Block E von Stasi-Mitarbeitern umringt wurde. Mit diesem Sicherheitskordon konnte das MfS in der Tat wirksam verhindern, daß es zu Kontakten zwischen Ost- und West-Fans kommen konnte.

Es sei wohlbemerkt, daß die SED hier mit all ihrer ideologischen und logistischen Gefechtsbereitschaft letztlich einen Gegner bekämpfte, der kein wirklicher Gegner war. Begeisterung für den bundesdeutschen Fußball war nicht mit Systemkritik gleichzusetzen. Die hysterische Reaktion des Staates wird vielleicht am anschaulichsten am Beispiel eines 12jährigen Berliners, der in einem Schulaufsatz zum Thema *Mein Vorbild* eine liebevolle Betrachtung zu Karl-Heinz Rummenigge verfasste, nur um umgehend von Informellen Mitarbeitern unter der Lehrerschaft an das MfS verpetzt zu werden, das wenige Tage später dem Elternhaus einen Besuch abstattete.[29] Doch gab es durchaus auch das Phänomen, daß sich rebellische Elemente der Jugendkultur mit deutlicher Kritik am SED-Staat mischten. Vor allem der Ost-Berliner, in der Köpenicker Wuhlheide beheimatete 1. FC Union stand nicht nur im Ruf eines sportlichen Underdogs, sondern auch eines Sammelbeckens von zumindest systemfernen Fußballfans. *Nicht jeder Union-Fan ist Staatsfeind, aber jeder Staatsfeind ist Union-Fan*[30] – mit diesem Bonmot umschrieb der Chefredakteur der DDR-Satirezeitschrift „Eulenspiegel" das mitunter spannungsreiche Verhältnis zwischen den Anhängern dieses Klubs und der Staatsführung. War in der Wuhlheide der Ruf *Die Mauer muss weg* in einer Freistoßsituation zu vernehmen, so war dies nicht nur sportlich ge-

[27] DTSB, Abteilung Internationale Verbindungen, Berlin den 4.11.1978. Information an Genossen Schröder zum Spiel Dynamo Dresden – Hertha BSC West-Berlin. Bundesarchiv Berlin DY 12/3139.

[28] Hanns Leske hat den Verteilungsschlüssel für die Eintrittskarten anschaulich aufgearbeitet: Leske, Hanns: Erich Mielke, die Stasi und das runde Leder, Berlin 2004, 413. In der Ausstellung „Fußball für die Stasi – der Berliner Fußballclub Dynamo" der BStU zur Rolle des BFC Dynamo im Sport der DDR ist mittlerweile auch eine entsprechende Stadionskizze des MfS mit der Sitzplatzverteilung zu sehen.

[29] Das Schicksal des ‚fußballverrückten' Vater-Sohn-Gespanns Helmut und Ralf Klopfleisch ist an verschiedenen Stellen beschrieben worden. Zuerst: Wiese, René: Wie der Fußball Löcher in die Mauer schoss. In: Braun, Jutta / Teichler, Hans Joachim (Hg.): Sportstadt Berlin im Kalten Krieg. Prestigekämpfe und Systemwettstreit, Berlin 2006, 239–284.

[30] Luther, Jörn/ Willmann, Frank: Und niemals vergessen – Eisern Union!, Berlin 2000, 91.

meint.[31] Hier trifft die Diagnose des Osteuropahistorikers Jörg Ganzenmüller zu, daß in „Gesellschaften, in denen politische Ausdrucksmöglichkeiten stark eingeschränkt sind, sportliche Parteinahme zu einem politischen Kommunikationsmittel werden" kann.[32] Sportliche Großveranstaltungen sollten somit verstanden werden als „Seismograph, mit dessen Hilfe Stimmungen jenseits der Selbstinszenierung des Regimes zu erfassen sind."[33] Das war auch der Staatssicherheit klar, die aufmerksam die Losungen mitschrieb, so etwa den Fangesang des 1. FC Union: *„30 Meter im Quadrat, hohe Mauer, Stacheldraht, zwischen hohen Häusern Minen, das ist unser Ostberlin"*.[34] In einer internen Ausstellung, die der Schulung diente, wurden die Stasi-Angehörigen für derartige Parolen sensibilisiert.[35]

Schließlich, dies darf nicht vergessen werden, wurde die hohe Aktivität des MfS im Leistungssport der DDR auch dadurch befördert, daß der Minister für Staatssicherheit, Erich Mielke, nicht nur eine Armee Informeller Mitarbeiter befehligte. Zudem war er als Vorsitzender der Sportvereinigung Dynamo und Ehrenpräsident des Ost-Berliner Fußball-Klubs BFC Dynamo gleichzeitig ein offizieller sportpolitischer Akteur. In ihrer Struktur ahmte die ostdeutsche Organisation das sowjetische Vorbild der „Sportgesellschaft Dinamo" nach, die am 18. April 1923 im Moskauer Hauptquartier der sowjetischen Geheimpolizei Tscheka ins Leben gerufen worden war. Noch bevor Mielke 1957 zum Minister für Staatssicherheit aufstieg, übte er seit 1953 die Funktion des Vorsitzenden der Sportvereinigung Dynamo aus – zwei Ämter, die er unangefochten bis zum Niedergang der DDR 1989 behalten sollte.[36] Dynamo, das war die Sportvereinigung der inneren Sicherheitsorgane der DDR, also der Volkspolizei, der Staatssicherheit und der Zollverwaltung, wobei das MfS in dieser so genannten Trägerorganisation von Beginn an den entscheidenden Einfluss ausübte.

Der BFC-Dynamo war als Hauptstadtklub und Rekordmeister das besondere Prunkstück dieses Mielke-Imperiums im Sport. Allerdings häufte sich über die Jahre eine Vielzahl von krassen Fehlentscheidungen zugunsten des BFC Dynamo durch die Schiedsrichter. Auch hier schien man vom großen Bruder in der Sowjetunion gelernt zu haben: So sorgte einst auch Geheimdienst-Chef Berija mit unkonventionellen Methoden dafür, daß sein Team den Sieg davontragen konnte. Berija zögerte hierbei auch nicht, Angehörige konkurrierender Teams wie Spartak Moskau einmal für einige Zeit in den Gulag zu schicken, um den fußballerischen Gegner zu schwächen.[37] Ganz

[31] Das bestätigten zuletzt zahlreiche Union-Fans bei einer sporthistorischen Diskussionsrunde mit René Wiese und Jutta Braun in Berlin, Prenzlauer Berg. Horch & Guck, Der 1. FC Union – ein Widerstandsclub in der Fürsorgediktatur?, Heft-Präsentation in der Voodoo-Lounge, Berlin am 6. Juni 2012.

[32] Ganzenmüller, Jörg: Bruderzwist im Kalten Krieg. Sowjetisch-tschechoslowakische Länderspiele im Umfeld des Prager Frühlings. In: Malz, Arie / Rohdewald, Stefan / Wiederkehr, Stefan (Hg.): Sport zwischen Ost und West, Osnabrück 2007, 113–130, hier 117.

[33] Ebd., 126.

[34] Information über gesellschaftsgefährliches Verhalten negativ-dekadenter Jugendlicher im Zusammenhang mit Spielen der Oberliga-Fußballmannschaft des 1. FC Union Berlin, 10. Oktober 1977. BStU, ZA, ZAIG 2731, Bl. 18.

[35] Wiese / Braun: Doppelpässe, 116.

[36] Die Sportvereinigung Dynamo ist nach wie vor ein Desiderat der Forschung. Zur Frühphase neuerdings: Fechner, Carmen: Mit Erich Mielke an die Sport-Spitze, In: Horch und Guck (2012) Nr. 1, 42–45.

[37] Heidbrink, Thomas: Das Lieblingsspiel der Massen. Fußball in der Sowjetunion vom Ende der 1920er Jahre bis zum Gewinn des Europacups der Nationen 1960, In: Dahlmann, Dittmar / Hilb-

so drastisch ging Erich Mielke nicht vor: Ins Straflager wurde kein rivalisierender Klub geschickt, jedoch spielten sich in den Strafräumen der DDR-Fußballfelder immer wieder Szenen ab, die die Fans zur Verzweiflung trieben. Landauf, landab waren die Fußballanhänger in der DDR genervt von einer als ständige Bevorteilung empfundenen Behandlung des BFC durch die vermeintlich Unparteiischen auf dem Platz. Doch weder eine Flut von Eingaben noch direkte Proteste bei Club und Verband erbrachten Besserungen. Der BFC hatte aus verschiedenen Gründen die Gunst auf seiner Seite: Zum einen waren nicht wenige Schiedsrichter als IMs verpflichtet, wichtiger aber war, daß Dynamo im Fußballverband eine starke personelle Bastion besaß, die lange Zeit jegliche Kritik abzublocken wußte. Darüber hinaus waren die Schiedsrichter von der Reisekadergenehmigung des MfS abhängig, wenn sie in ihrer Karriere auch einmal international pfeifen wollten. Doch Mitte der 1980er Jahre braute sich der Unmut immer heftiger zusammen: Schließlich konnte der Generalsekretär des Fußballverbandes der DDR mit Unterstützung von Egon Krenz durchsetzen, eine Studie „zur Problematik der Schiedsrichterleistungen" für die Saison 1984/85 anfertigen zu lassen, die detailliert die Bevorteilung des Mielke-Clubs rekonstruierte. Die Schlußfolgerungen des Berichts lauteten, daß das Ansehen des BFC beschädigt sei, sich gar ein „Hass" auf den BFC aufgestaut habe und auch Spannungen in der DDR-Auswahl die Folge seien. Die „Schiebereien" bewirkten zudem, daß die Konkurrenz resignierte und den Kampf um die Meisterschaft gar nicht mehr ernsthaft aufnahm. Kurz darauf wertete die Spitze des Fußballverbandes per Video auch das Endspiel im FDGB-Pokal vom 8. Juni 1985 aus, festgestellt wurde erneut eine parteiliche Verteilung der Fehlentscheidungen zugunsten des BFC. Zum offenen Eklat kam es jedoch erst ein Jahr später anläßlich des so genannten „Schand-Elfmeters von Leipzig" am 22. März 1986 – ein Strafstoß, den der Schiedsrichter dem BFC in der 95. Spielminute gegen Lok Leipzig bewilligt und damit einen 1:1 Endstand ermöglicht hatte. Neben der üblichen Welle der Protestbriefe schickte nun sogar der 2. Sekretär der SED-Bezirksleitung von Leipzig, Helmut Hackenberg, ein Fernschreiben nach Ost-Berlin, um seinem Unmut Luft zu machen und auch über die Wut der Leipziger Bevölkerung, insbesondere unter den Arbeitern zu berichten.[38] Die als Ungerechtigkeit empfundene Entscheidung von Leipzig einte Fans, SED-Lokalpolitiker und selbst regionale Parteipresse in ihrer Empörung gegen Berlin und die Stasi-Macht im Hintergrund. Als Fußball-Anhänger war für sie die Verteidigung der Ehre der eigenen Mannschaft ein Stück selbstverständliche regionale Identität, die in der späten DDR offenkundig auch auf Parteiebene einen Keil zwischen Peripherie und Zentrale zu treiben vermochte.

---

renner, Anke / Lenz, Britta (Hg.): Überall ist der Ball rund. Zur Geschichte und Gegenwart des Fußballs in Ost- und Südosteuropa, Essen 2006, 41–59, hier 45. Berijas Ziel war die Dominanz von Dinamo Teams in der Liga. In seiner Funktion als Geheimdienstchef ließ er aus diesem Grund den Spitzenspieler von Spartak Moskau, Nikolaj Starostin und seine drei ebenfalls bei Spartak spielenden Brüder 1942 verhaften. Nikolaj Starostin wurde als ‚Förderer des bürgerlichen Sports' zu zehn Jahren Zwangsarbeit im Gulag verurteilt, auch seine Brüder wurden interniert. Ebd.

[38] Die Schiedsrichterproblematik ist ausführlich beschrieben bei Leske: Erich Mielke und das runde Leder, 479-532, worauf sich auch die vorliegende Darstellung bezieht.

Kinder der Oberliga

Spiegelbildlich zu den „Kindern der Bundesliga", wie Otto Rehhagel die Generation der in den 1970er und 1980er Jahren heranwachsenden Fußballanhänger einst bezeichnete,[39] haben auch die ostdeutschen Fußballfans eine generationelle Vergemeinschaftung über den Fußballsport erlebt. Eine weiterführende Frage wäre, welche sozialen Hintergründe, Mentalitäten und Verhaltensweisen die Fußballfans der DDR von den eher als staatstreu und parteikonform geltenden Zuschauern der Deutschen Turn- und Sportfeste oder aber der sozialistischen Vorzeige-Publikumsattraktion schlechthin, der Friedensfahrt, unterschieden.[40] Die reiche Populär-Literatur zum „Zonenfussball"[41] gibt jedenfalls mittlerweile beredtes Zeugnis davon, daß die DDR-Fußballfans eigene Erinnerungsräume gesucht und gefunden haben. Hierbei spielen nicht nur Buchmarkt und Nostalgiewellen bei Fanzeitschriften[42] eine Rolle, als „Treffpunkt" dienen inzwischen auch zahlreiche Foren im World Wide Web. Daß selbst problematische Traditionen nicht einfach abgelegt werden können, zeigte die Nach-Wende-Geschichte des BFC Dynamo. Belastet durch die Stasi-Vergangenheit streifte der Verein zwar bald nach dem Mauerfall seinen Namen ab und trat als FC Berlin an, kehrte allerdings knapp zehn Jahre später wieder zu seiner alten Bezeichnung zurück. Doch ist Fußball in der DDR nicht allein in seinen sportlichen Traditionen präsent. Es gilt, auch seine vielfältigen kulturellen Bezüge angemessen zu erfassen – auch und gerade solche, die in den europäischen Raum hineinreichen. Ein Beispiel hierfür ist die in der Bundesrepublik nahezu unbekannte, in der DDR jedoch hochpopuläre Kunst des polnischen Zeichners Edward Alaszewski.[43] Seine Porträt-Karikaturen von Fußball-Stars aus aller Welt zierten regelmäßig die beiden wichtigsten Sportblätter der DDR, das *Sportecho* und die *Neue Fußballwoche*, und machten auch die jährlichen Fußball Almanache zu begehrten Publikumsrennern. Ob Platini, Blochin, Charlton, Cruyff oder Eusebio, Alaszewski schaffte es mit wenigen Zeichenstrichen, die spielerische Klasse und individuelle Strahlkraft dieser Größen auf den Punkt zu bringen. Alaszewskis Karikatur-Stil fand Bewunderer in ganz Europa; er veröffentlicht nicht nur in der Sowjetunion, Ungarn und Bulgarien, sondern auch jenseits des Eisernen Vorhangs, vor allem in Spanien und Italien wie etwa in der *Gazzetta dello Sport*. Die größte Wertschätzung außerhalb Polens erhielt der Künstler jedoch in der DDR und prägte mit seinem Werk bis heute das kollektive

---

[39] Pyta, Wolfram: Einleitung: Der Beitrag des Fußballsports zur kulturellen Identitätsstiftung in Deutschland. In: Ders.: (Hg.): Der lange Weg zur Bundesliga. Zum Siegeszug des Fußballs in Deutschland, Münster 2004, 2.

[40] Diese Zuschauergruppen hat Molly Wilkinson Johnson in anregender Weise charakterisiert. Wilkinson Johnson, Molly: Training Socialist Citizens. Sports and the State in East Germany, Leiden 2008.

[41] Zuletzt: Willmann, Frank (Hg.): Zonenfussball. Von Wismut Aue bis Rotes Banner Trinwillershagen, Berlin 2011.

[42] So etwa die jeweiligen 50er, 60er, 70er und 80er Jahre-Sonderausgaben des Magazins 11Freunde.

[43] 1908–1983, Studium an der Sporthochschule Warschau, Kriegseinsatz in Frankreich und deutsche Kriegsgefangenschaft; in den 1950er Jahren Publikationen in u.a. *Trybuna Ludu*; in den 1960er Jahren Einzelausstellungen in Ost-Berlin und Prag; internationaler Durchbruch 1975 mit Goldmedaille bei der Satire-Ausstellung in Ancona für seine Karikatur ‚Tomaszewskis magischer Flug'. Braun, Jutta / Wiese, René: Polens Europameister. In: Der Tagesspeigel vom 20. Juni 2012.

Fußball-Gedächtnis Ostdeutschlands. Alaszewski porträtierte nicht nur Sparwasser und Moldenhauer – auch Zeichnungen von Müller und Beckenbauer aus seiner Feder schmückten die ostdeutschen Sportseiten und erlaubten somit zumindest im Bereich der Kunst eine friedliche Koexistenz der beiden deutschen Fußballnationen. Es ist an der Zeit, diese vielfältigen Facetten der Kulturgeschichte des ostdeutschen Fußballs und seiner Anhänger in eine gesamtdeutsche Kulturgeschichte des Fußballs zu integrieren.

Autoren

BRAUN, JUTTA Dr. phil.; Mitarbeiterin der Professur für Zeitgeschichte des Sports an der Universität Potsdam und am Zentrum für Zeithistorische Forschungen Potsdam. Autorin von: Fußball und politische Freiheit. Historische Erfahrungen des geteilten Deutschland, Berlin 2008.

GEBAUER, GUNTER, Prof. em. Dr. phil.; Institut für Philosophie, FU Berlin, Arbeitsbereich Anthropologie, Sprachphilosophie, Sozialphilosophie. Autor von: Poetik des Fußballs. Frankfurt am Main, 2006; Sport in der Gesellschaft des Spektakels. Studien zur Historischen Anthropologie und zur Philosophie des Sports. St. Augustin 2002. Leiter des Projekts „Die Aufführung der Gesellschaft in Spielen" im SFB „Kultur des Performativen". (2010 beendet)

HAVEMANN, NILS, Dr. phil.; Projektmitarbeiter „Kulturgeschichte der Fußball-Bundesliga (1963 bis 1995)" bei der Abteilung für Neuere Geschichte am Historischen Institut der Universität Stuttgart. Autor von: Fußball unterm Hakenkreuz. Der DFB zwischen Sport, Politik und Kommerz. Frankfurt/Main, 2005.

JONAS, HANNAH; Wissenschaftliche Mitarbeiterin im Forschungsverbund „Nach dem Boom" am Seminar für Zeitgeschichte der Universität Tübingen mit dem Projekt „Whose Game is it? Vereinsfußball als Projektionsfläche zwischen regionaler Identität und globalen Märkten. 1975-2000."

KRÜGER, MICHAEL, Dr. phil.; Universitätsprofessor an der Westfälischen Wilhelms-Universität, Fachbereich Psychologie und Sportwissenschaft, Institut für Sportwissenschaft. Kürzlich publiziert: Erinnerungskultur im Sport. Vom kritischen Umgang mit Carl Diem, Sepp Herberger und anderen Größen des deutschen Sports, Berlin/Münster 2012. Zudem: Einführung in die Geschichte der Leibeserziehung und des Sports, 3 Bde., Schorndorf 1993. Leiter des Projektes: „Doping in Deutschland von 1950 bis heute aus historisch-soziologischer Perspektive im Kontext ethischer Legitimation" (im September 2012 beendet).

MAU, ANDREAS; Projektmitarbeiter am Institut für Geschichte der Universität Halle: „Vom ‚Wunder von Bern' zur ‚Ware Bundesliga'. Fußball im Umfeld gesellschaftlicher Modernisierung und Pluralisierung".

PYTA, WOLFRAM, Dr. phil.; Universitätsprofessor für Neuere Geschichte am Historischen Institut der Universität Stuttgart. Herausgeber von: Der lange Weg zur Bundesliga, Münster 2004. Forscht derzeit im Bereich Geschichte des EU-Projekts „Football Research in an Enlarged Europe. Identity dynamics, perception patterns and cultural change in Europe's most prominent form of popular culture".

SCHILLER, KAY, Dr. phil.; Reader am Department of History der University of Durham, UK. Zusammen mit Christopher Young publizierte er: München 1972. Olympische Spiele im Zeichen des modernen Deutschland, Göttingen 2012.

STRÜNCK, CHRISTOPH, Dr. phil.; Universitätsprofessor für Politikwissenschaft und Sozialpolitik an der Universität Siegen. Autor von: In einer eigenen Liga? Der Deutsche Fußball-Bund als Interessenverband. In: Jürgen Mittag/Jörg-Uwe Nieland (Hg.): Das Spiel mit dem Fußball. Interessen, Projektionen und Vereinnahmungen. Essen 2007, S. 191-201.

YOUNG, CHRISTOPHER; Professor of Modern and Medieval German Studies am Department of German and Dutch der University of Cambridge. Zusammen mit Kay Schiller publizierte er: München 1972. Olympische Spiele im Zeichen des modernen Deutschland, Göttingen, 2012. Gemeinsam mit Alan Tomlinson: German football. History, culture, society, London 2006. Derzeitiges Projekt: „A media history of German sport".

WERRON, TOBIAS, Dr. phil.; Akademischer Rat a. Z. an der Soziologischen Fakultät der Universität Bielefeld. Autor von: Der Weltsport und sein Publikum. Zur Autonomie und Entstehung des modernen Sports, Weilerswist 2009.